1 fr. 25 le volume

ŒUVRES COMPLÈTES D'HECTOR MALOT

CARA

PARIS
LIBRAIRIE MARPON & FLAMMARION
E. FLAMMARION, SUCC^r
26, RUE RACINE, PRÈS L'ODÉON

EN VENTE A LA MÊME LIBRAIRIE

ŒUVRES COMPLÈTES D'HECTOR MALOT
à 1 fr. 25 le volume

POUR PARAITRE SUCCESSIVEMENT DANS CETTE COLLECTION

Le Lieutenant Bonnet	1 vol.
Suzanne	1 vol.
Miss Clifton	1 vol.
Clotilde Martory	1 vol.
Pompon	1 vol.
Marichette	1 vol.
Un Curé de Province	1 vol.
Un Miracle	1 vol.
Romain Kalbris	1 vol.
La Fille de la Comédienne	1 vol.
L'Héritage d'Arthur	1 vol.
Le Colonel Chamberlain	1 vol.
La Marquise de Lucillière	1 vol.
Ida et Carmelita	1 vol.
Thérèse	1 vol.
Le Mariage de Juliette	1 vol.
Une Belle-Mère	1 vol.
Séduction	1 vol.

PARIS. — IMP. C. MARPON ET E. FLAMMARION, RUE RACINE, 26.

CARA

OUVRAGES DE HECTOR MALOT

COLLECTION GRAND IN-18 JÉSUS

LES VICTIMES D'AMOUR : LES AMANTS, LES ÉPOUX, LES ENFANTS	3 vol.	SANS FAMILLE	2 vol.
LES AMOURS DE JACQUES	1 —	LE DOCTEUR CLAUDE	1 —
ROMAIN KALBRIS	1 —	LA BOHÈME TAPAGEUSE	2 —
UN BEAU-FRÈRE	1 —	UNE BELLE D'ARGENT	1 —
MADAME OBERNIN	1 —	POMPON	1 —
UNE BONNE AFFAIRE	1 —	SÉDUCTION	1 —
UN CURÉ DE PROVINCE	1 —	LES MILLIONS HONTEUX	1 —
UN MIRACLE	1 —	LA PETITE SŒUR	2 —
SOUVENIRS D'UN BLESSÉ : SUZANNE	1 —	PAULETTE	1 —
		LES BESOIGNEUX	2 —
SOUVENIRS D'UN BLESSÉ : MISS CLIFTON	1 —	MARICHETTE	2 —
		MICHELINE	1 —
LA BELLE MADAME DONIS	1 —	LE SANG BLEU	1 —
CLOTILDE MARTORY	1 —	LE LIEUTENANT BONNET	1 —
UNE BELLE-MÈRE	1 —	BACCARA	1 —
LE MARI DE CHARLOTTE	1 —	ZYTE	1 —
L'HÉRITAGE D'ARTHUR	1 —	VICES FRANÇAIS	1 —
L'AUBERGE DU MONDE : LE COLONEL CHAMBERLAIN, LA MARQUISE DE LUCILLIÈRE	2 —	GHISLAINE	1 —
		CONSCIENCE	1 —
		JUSTICE	1 —
		MARIAGE RICHE	1 —
L'AUBERGE DU MONDE : IDA ET CARMELITA, THÉRÈSE	2 —	MONDAINE	1 —
		MÈRE	1 —
MADAME PRÉTAVOINE	2 —	ANIE	1 —
		COMPLICES	1 —
CARA	1 —	EN FAMILLE	2 —

Mme HECTOR MALOT

FOLIE D'AMOUR	1 vol.	LE PRINCE	1 vol.

ÉMILE COLIN — IMPRIMERIE DE LAGNY

CARA

PAR

HECTOR MALOT

PARIS
LIBRAIRIE ERNEST FLAMMARION
26, RUE RACINE, PRÈS L'ODÉON
—
Tous droits réservés.

Dédié

A FERDINAND FABRE

Son ami

H. M.

CARA

PREMIÈRE PARTIE

I

HAUPOIS-DAGUILLON (Ch. P.), ✻ [N. C], *orfèvre fournisseur des cours d'Angleterre, d'Espagne, de Belgique, de Grèce, rue Royale, maisons à Londres, Regent street, et à Madrid, calle de la Montera.* — (O) 1802—6—19—23—27—34—44 —49. — (P. M.) Londres, 1851. — (A) New-York, 1853. — Hors concours, Londres 1862 et Paris 1867.

C'est ainsi que se trouve désignée dans le *Bottin* une maison d'orfèvrerie qui, par son ancienneté, — près d'un siècle d'existence, — par ses succès artistiques, — (O) (A) médailles d'or et d'argent à toutes les grandes expositions de la France et de l'étranger, — par sa solidité financière, par son honorabilité, est une des gloires de l'industrie parisienne.

Jusqu'en 1840, elle avait été connue sous le seul nom de Daguillon; mais à cette époque l'héritier unique de cette vieille maison était une fille, et celle-ci, en se mariant, avait ajouté le nom de son mari à celui de ses pères : Haupois-Daguillon.

Ce Haupois (Ch. P.) était un Normand de Rouen, venu, dans une heure d'enthousiasme juvénile, de sa province à Paris pour être statuaire, mais qui, après quelques années d'expérience, avait, en esprit avisé qu'il était, pratique et industrieux, abandonné l'art pour le commerce.

Il n'eût très-probablement été qu'un médiocre sculpteur, il était devenu un excellent orfévre, et sous sa direction, qui réunissait dans une juste mesure l'inspiration de l'artiste à l'intuition et à la prudence du marchand, les affaires de sa maison avaient pris un développement qui aurait bien étonné le premier des Daguillon si, revenant au monde, il avait pu voir, à partir de 1850, le chiffre des inventaires de ses héritiers.

Il est vrai que dans cette direction il avait été puissamment aidé par sa femme, personne de tête, intelligente, courageuse, résolue, âpre au gain, dure à la fatigue, en un mot, une de ces femmes de commerce qu'il n'était pas rare de rencontrer il y a quelques années dans la bourgeoisie parisienne, assises à leur comptoir ou derrière le grillage de leur caisse, ne sortant jamais, travaillant toujours, et n'entrant dans leur salon, quand elles en avaient un, que le dimanche soir.

En unissant ainsi leurs efforts, le mari et la femme n'avaient point eu pour but de quitter au plus vite les affaires, après fortune faite, pour vivre bourgeoisement de leurs rentes. Vivre de ses rentes, l'héritière des Daguillon l'eût pu, et même très-largement, à l'époque à laquelle elle s'était mariée. Pour cela elle n'aurait eu qu'à vendre sa maison de commerce. Mais l'inaction n'était point son fait, pas plus que les loisirs d'une existence mondaine n'étaient pour lui plaire. C'était l'action au contraire qu'il lui fallait, c'était le travail qu'elle aimait, et ce qui la passionnait c'étaient les affaires, c'é... le commerce pour les émotions et les orgueil- l... atisfactions qu'ils donnent avec le succès.

Il était venu ce succès, grand, complet, superbe, et à mesure qu'étaient arrivées les médailles et les déco- rations, à mesure qu'avait grossi le chiffre des inven- taires, les satisfactions orgueilleuses étaient venues aussi, de sorte que d'années en années le mari et la femme avaient été de plus en plus fiers de leur nom : Hanpois-Daguillon, c'était tout dire.

Deux enfants étaient nés de leur mariage, une fille, l'aînée, et, par une grâce vraiment providentielle, un fils qui continuerait la dynastie des Daguillon.

Mais les rêves ou les projets des parents ne s'accor- dent pas toujours avec la réalité. Bien que ce fils eût été élevé en vue de diriger un jour la maison de la rue Royale et de devenir un vrai Daguillon, il n'avait mon- tré aucune disposition à réaliser les espérances de ses parents, et la gloire de sa maison avait paru n'exercer aucune influence, aucun mirage sur lui.

Cette froideur s'était manifestée dès son enfance; et alors qu'il suivait les cours du lycée Bonaparte et qu'il venait le jeudi ou pendant les vacances passer quel- ques heures dans les magasins, on ne l'avait jamais vu prendre intérêt à ce qui se faisait ni à ce qui se disait autour de lui. Combien était sensible la différence en- tre la mère et le fils, car les distractions les plus agréa- bles de son enfance, c'était dans ce magasin que made- moiselle Daguillon les avait trouvées, écoutant, regardant curieusement les clients, admirant les pièces d'orfèvrerie exposées dans les vitrines, et la plus heureuse petite fille du monde lorsqu'on lui permettait d'en prendre quelques-unes (de celles qui n'étaient pas terminées bien entendu) pour jouer à la marchande avec ses camarades.

Mais était-il sage de s'inquiéter de l'apathie d'un enfant? plus tard la raison viendrait, et, quand il comprendrait la vie, il ne resterait assurément pas insensible aux avantages que sa naissance lui donnait.

L'âge seul était venu, et lorsque, ses études finies, Léon était entré dans la maison paternelle, il avait gardé son apathie et son indifférence, restant de glace pour les joies commerciales, insensible aux bonnes aussi bien qu'aux mauvaises affaires.

Sans doute il n'avait pas nettement déclaré qu'il ne voulait point être commerçant, car il n'était point dans son caractère de procéder par des affirmations de ce genre. D'humeur douce, ayant l'horreur des discussions, aimant tendrement son père et sa mère, enfin étant habitué depuis son enfance à entendre les espérances de ses parents, il ne s'était pas senti le courage de dire franchement que la gloire d'être un Daguillon ne l'éblouissait pas, et qu'il ne sentait pas la vocation nécessaire pour remplir convenablement ce rôle.

Mais, ce qu'il n'avait pas dit, il l'avait laissé entendre, sinon en paroles, au moins en actions, par ses manières d'être avec les clients, avec les employés, les ouvriers, avec tous et dans toutes les circonstances.

Si M. et madame Haupois-Daguillon avaient exigé de leur fils le zèle et l'exactitude d'un commis ou d'un associé, ils auraient pu s'expliquer son apathie et son indifférence par la paresse; mais cette explication n'était malheureusement pas possible.

Léon n'était pas paresseux ; collégien, il avait figuré parmi les lauréats du grand concours ; élève de l'École de droit, il avait passé tous ses examens régulièrement et avec de bonnes notes ; enfin, dans l'atelier où il avait appris le dessin, il avait acquis une habileté et une sûreté de main qu'une longue application peut seule donner.

Et puis, d'autre part, ce n'était pas du zèle, ce n'était même pas du travail qu'ils lui demandaient. Le jour où ils l'avaient fait entrer dans leur maison, ils ne lui avaient pas dit : « Tu travailleras depuis sept heures et demie du matin jusqu'à neuf heures du soir, et tu emploieras ton temps sans perdre une minute. » Loin de là. Car ce jour même ils lui avaient offert un appartement de garçon luxueusement aménagé, avec deux chevaux dans l'écurie, un pour la selle, l'autre pour l'attelage, voiture sous la remise, cocher, valet de chambre ; et un pareil cadeau, qui lui permettait de mener désormais l'existence d'un riche fils de famille, n'était pas compatible avec de rigoureuses exigences de travail. Aussi ces exigences n'existaient-elles ni dans l'esprit du père ni dans celui de la mère. Qu'il s'amusât. Qu'il prît dans le monde parisien la place qui selon eux appartenait à l'héritier de leur maison, cela était parfait ; ils en seraient heureux ; mais par contre cela n'empêchait pas (au moins ils le croyaient) qu'il s'intéressât aux affaires de cette maison, qui en réalité serait un jour, qui était déjà la sienne.

C'était là seulement ce qu'ils attendaient, ce qu'ils espéraient, ce qu'ils exigeaient de lui.

Cependant, si peu que cela fût, ils ne l'obtinrent pas.

A quoi pouvait tenir son indifférence, d'où venait-elle ?

Ce furent les questions qu'ils agitèrent avec leurs amis et particulièrement avec le plus intime, un commerçant nommé Byasson, mais sans leur trouver une réponse satisfaisante, chacun ayant un avis différent.

Ils s'arrêtèrent donc à cette idée, que les choses changeraient si, comme l'avait soutenu leur ami Byasson, on donnait à Léon un rôle plus important dans la direction de la maison, plus d'initiative, plus de responsabilité, et, pour en arriver à cela, ils décidèrent de s'éloigner de Paris pendant quelque temps.

Depuis plusieurs années, les médecins conseillaient à M. Haupois d'aller faire une saison aux eaux de Balaruc, dans l'Hérault. Il avait toujours résisté aux médecins. Il céda. La femme accompagna le mari.

Léon, resté seul maître de la maison, serait bien forcé de prendre l'habitude de diriger tout et de commander à tous, même aux vieux employés, qui jusqu'à ce jour l'avaient traité un peu en petit garçon.

Cependant il ne dirigea rien et ne commanda à personne, ni aux jeunes ni aux vieux employés.

II

Le départ de son père et de sa mère lui avait imposé une obligation qu'il avait dû accepter, si désagréable qu'elle fût : c'était d'abandonner son appartement de la rue de Rivoli pour coucher rue Royale.

Lorsque le dernier des Daguillon, qui était le père de madame Haupois, avait quitté le quartier du Louvre, où sa maison avait été fondée, pour la transférer rue Royale, il avait installé son appartement à côté de ses magasins ; mais plus tard lorsque, sous la direction de M. Haupois, les affaires de la maison s'étaient développées et avaient atteint leur apogée, il avait fallu prendre cet appartement pour le transformer en salons d'exposition, en bureaux, en magasins. De ce qui jusqu'à ce jour avait servi à l'habitation particulière on n'avait conservé qu'une chambre avec une cuisine. Et pour loger la famille on avait dû louer un appartement rue de Rivoli, entre la rue de Luxembourg et la rue Saint-Florentin. C'était là que les enfants avaient grandi, en bon air, au soleil, les yeux égayés par la verdure des Tuileries. Mais cet appartement confortable, madame Haupois-Daguillon ne l'avait guère habité, car obligée de rester rue Royale, où l'œil du maître était nécessaire, elle avait conservé sa chambre auprès de ses magasins, la première levée, la dernière couchée, ne vivant de la vie de famille que le dimanche seulement.

Tant que durerait l'absence de ses parents, Léon devait habiter cette chambre, remplacer ainsi sa mère, et comme elle faire bonne garde sur toutes choses.

Mais pour coucher rue Royale Léon ne s'était pas trouvé obligé à s'occuper plus attentivement des affaires de la maison : il avait rempli le rôle de gardien, voilà tout, et encore en dormant sur les deux oreilles.

Pour le reste, il avait laissé les choses suivre leur cours, et quand le vieux caissier, le vénérable Savourdin, bonhomme à lunettes d'or et à cravate blanche le priait chaque soir de vérifier la caisse, il s'acquittait de cette besogne avec une nonchalance véritablement inexplicable. Quelle différence entre la mère et le fils! et le bonhomme Savourdin, qui avait des lettres, s'écriait de temps en temps : *O tempora, o mores !* en se demandant avec angoisse à quels abîmes courait la société.

Il y avait déjà douze jours que M. et madame Haupois-Daguillon étaient partis pour les eaux de Balaruc, lorsqu'un jeudi matin, en classant le courrier que le facteur venait d'apporter, le bonhomme Savourdin trouva une lettre adressée à M. Léon Haupois, avec la mention « personnelle et pressée » écrite au haut de sa large enveloppe.

Aussitôt il appela un garçon de bureau :

— Portez cette lettre à M. Léon.

— M. Léon n'est pas levé.

— Eh bien, remettez-la à son domestique en lui faisant remarquer qu'elle est pressée.

— Ce ne sera pas une raison pour que M. Joseph prenne sur lui d'éveiller son maître.

— Vous lui direz, ajouta le caissier en haussant doucement les épaules par un geste de pitié, que ce n'est pas une lettre d'affaires ; l'écriture de l'adresse est de la main de M. Armand Haupois, l'oncle de M. Léon, et le timbre est celui de Luc-sur-Mer, village auprès duquel M. l'avocat général habite ordinairement avec sa fille pendant les vacances pour prendre les bains. Cela décidera sans doute Joseph, ou comme vous dites « M. Joseph », à réveiller son maître.

Le garçon de bureau prit la lettre et, secouant la tête en homme bien convaincu qu'on lui fait faire une course inutile, il sortit du magasin et alla frapper à une petite porte bâtarde, — celle de la cuisine, — qui ouvrait directement sur l'escalier.

Une voix lui ayant répondu de l'intérieur, il entra : deux hommes se trouvaient dans cette cuisine; l'un d'eux, en veste de velours bleu, évidemment un commissionnaire, était en train de cirer des bottines; l'autre, en gilet à manches, assis sur deux chaises, les pieds en l'air, était occupé à lire le journal.

— Tiens ! monsieur Pierre, dit ce dernier en abandonnant sa lecture.

— Moi-même, monsieur Joseph, qui me fais le plaisir de vous apporter une lettre pour M. Léon.

— Monsieur n'est pas éveillé.

Et comme le commissionnaire qui cirait les bottines avait ralenti le mouvement de son bras droit :

— Frottez donc, père Manhac ; vous avez déjà flatté les vêtements tout à l'heure, n'ayez pas peur d'appuyer sur le cuir, vous savez : ce n'est pas monsieur qui paye, c'est moi, donnez-m'en pour mon argent.

Puis se tournant vers le garçon de bureau :

— Ma parole d'honneur, c'est agaçant de ne pouvoir pas avoir une minute de tranquillité ; si vous vous relâchez de votre surveillance, rien ne va plus.

Pendant cette observation faite d'un ton rogue, le père Manhac avait achevé de cirer les bottines ; les ayant posées délicatement sur une table, il sortit le dos tendu en homme qui trouve plus sage de fuir les observations que de les affronter.

— Ne portez-vous pas ma lettre à M. Léon? demanda le garçon de bureau.

— Non, bien sûr.

— Ce n'est pas une lettre d'affaires.

— Quand même ce serait une lettre d'amour, je ne le réveillerais pas.

— C'est une lettre de famille, le bonhomme Savourdin a reconnu l'écriture, il dit qu'elle est de M. Armand Haupois, l'avocat général de Rouen, l'oncle de M. Léon; ce qui est assez étonnant, car les deux frères ne se voient plus; mais ils veulent peut-être se réconcilier; M. Armand Haupois a une fille très-jolie, mademoiselle Madeleine, que M. Léon aimait beaucoup.

— Elle n'a pas le sou, votre fille très-jolie; cela m'est donc bien égal que M. Léon l'ait aimée, car l'héritier de la maison Haupois-Daguillon n'épousera jamais une femme pauvre; je suis tranquille de ce côté, les parents feront bonne garde, ils ont d'autres idées, que je partage d'ailleurs jusqu'à un certain point.

— Oh! alors...

— Est-ce que vous vous imaginez, mon cher, qu'un homme comme moi aurait accepté M. Léon Haupois si j'avais admis la probabilité, la possibilité d'un mariage prochain? Allons donc! Ce qu'il me faut, c'est un garçon qui mène la vie de garçon; c'est une règle de conduite. Voilà pourquoi je suis entré chez M. Léon; c'était un fils de bourgeois enrichi et je m'étais imaginé qu'il irait bien: mais il m'a trompé.

— Il ne va donc pas?

Joseph haussa les épaules.

— Pas de femmes, hein? insista le garçon de bureau en clignant de l'œil.

— Mon cher, les hommes ne sont pas ruinés par les femmes, ils le sont par une; plusieurs femmes se neutralisent; une seule prend cette influence décisive qui conduit aux folies.

— Eh bien, vous m'étonnez, car, à l'époque où M. Léon n'était encore que collégien, je croyais qu'il irait bien, comme vous dites. Il venait souvent le jeudi au magasin avec un de ses camarades, le fils Clergeau, et, tout le temps qu'ils étaient là, ils restaient le nez écrasé contre les vitres à regarder le défilé des voitures qui vont au Bois ou qui en reviennent, et qui naturellement passent sous nos fenêtres. De ma place je les entendais chuchoter, et ils ne parlaient que des cocottes à la mode; ils savaient leur nom, leur histoire, avec qui elles étaient, et, en les écoutant, je me disais à part moi : « Il faudra voir plus tard, ça promet. » Je suis joliment surpris de m'être trompé. En tout cas, si j'ai raisonné faux pour le fils, j'ai tombé juste pour la fille.

— Mademoiselle Haupois-Daguillon s'occupait aussi des cocottes ?

— Quelle bêtise ! Comme son frère, mademoiselle Camille restait aussi le nez collé contre les vitres, mais le défilé qu'elle regardait, c'était celui des gens titrés. Tout ce qui avait un nom dans le grand monde parisien, elle le connaissait ; il n'y avait que ces gens-là qui l'intéressaient ; elle parlait de leur naissance ; elle savait sur le bout du doigt leur parenté ; elle annonçait leur mariage, et alors comme pour le frère je me disais : « Il faudra voir ; » j'ai vu ; elle a épousé un noble.

— Baronne Valentin, la belle affaire en vérité.

— Enfin elle a des armoiries, et la preuve c'est qu'on vient de lui finir à la fabrique une garniture de boutons en or pour un de ses paletots, avec sa couronne de baronne gravée sur chaque bouton ; c'est très-joli.

— Ridicule de parvenu, mon cher, voilà tout ; on fait porter ses armes par ses valets, on ne les porte pas soi-même.

Un coup de sonnette interrompit cette conversation.

III

Lorsque Joseph entra dans la chambre de son maître, celui-ci était debout, le dos appuyé contre un des chambranles de la fenêtre, occupé à allumer une cigarette : les manches de la chemise de nuit retroussées, le col rejeté de chaque côté de la poitrine, les cheveux ébouriffés, il apparaissait, dans le cadre lumineux de la fenêtre, comme un grand et beau garçon, au torse vigoureux, avec une tête aux traits réguliers, harmonieux, aux yeux doux, à la physionomie ouverte et bienveillante.

— Une lettre pour monsieur, dit Joseph. L'adresse porte : « Personnelle et pressée. »

— Donnez, dit-il nonchalamment.

Mais aussitôt qu'il eut jeté les yeux sur l'adresse, l'intérêt remplaça l'indifférence.

— Vite une voiture, s'écria-t-il en jetant cette lettre sur la table, un cheval qui marche bien ; courez.

Comme Joseph se dirigeait vers la porte, son maître le rappela :

— Savez-vous à quelle heure part l'express pour Caen ?

— A neuf heures.

— Quelle heure est-il présentement ?

— Huit heures quarante.

— Allez vite ; trouvez-moi un bon cheval ; quand la voiture sera à la porte, courez rue de Rivoli et mettez-moi dans un sac à main du linge pour trois ou quatre jours, puis revenez en vous hâtant de manière à me remettre ce sac.

Tout en donnant ces ordres d'une voix précipitée, il s'était mis à sa toilette ; en quelques minutes il fut habillé et prêt à partir.

Alors, sortant vivement de sa chambre, il passa dans les magasins et se dirigea vers la caisse :

— Savourdin, je pars.

— C'est impossible. J'ai des signatures à vous demander.

— Vous vous arrangerez pour vous en passer.

Le vieux caissier leva au ciel ses deux bras par un geste désespéré, mais Léon lui avait déjà tourné le dos.

— Monsieur Léon, cria le bonhomme, monsieur Léon, je vous en prie, au nom du ciel...

Mais Léon avait gagné le vestibule et descendait l'escalier.

Au moment où il franchissait la porte cochère, une voiture, avec Joseph dedans, s'arrêtait devant le trottoir.

— A la gare Saint-Lazare ! dit Léon, montant brusquement dans la voiture, et aussi vite que vous pourrez !

Le cheval, enlevé par un vigoureux coup de fouet, partit au grand trot ; aussitôt Léon voulut reprendre la lecture de la lettre, dont les premières lignes l'avaient si profondément bouleversé.

Mais la voiture franchit en moins de cinq minutes la distance qui sépare la rue Royale de la rue Saint-Lazare : quand elle entra dans la cour de la gare, il n'avait pas encore tourné le premier feuillet; l'horloge allait sonner neuf heures.

Il était temps : on ferma derrière lui le guichet de distribution des billets.

Ce fut seulement quand il se trouva installé dans son wagon, où il était seul, qu'il reprit sa lecture, non au point où il l'avait interrompue, mais à la première ligne :

« Mon cher Léon,

» Ma dépêche télégraphique d'hier, par laquelle je te demandais si tu serais à Paris libre de toute occupation pendant la fin de la semaine, a dû te surprendre jusqu'à un certain point.

» En voici l'explication :

» Je vais mourir, et tu es la seule personne au monde, mon cher neveu, qui puisse assister ma fille, ta cousine ; dans cette circonstance, il fallait donc que je fusse certain qu'aussitôt prévenu tu pourrais accourir près d'elle.

» Cette certitude, ta réponse me la donne, et, comme d'avance je suis sûr de ton cœur, je puis maintenant accomplir ma résolution.

» Tu connais ma position, je n'ai pas de fortune. Nés de parents pauvres, ton père et moi nous n'avons pas eu de patrimoine. Mais tandis que ton père, jetant un clair regard sur la vie, embrassait la carrière commerciale au lieu d'être artiste, comme il l'avait tout d'abord souhaité, j'entrais dans la magistrature. Et, d'autre part, tandis que ton père épousait une femme riche qui lui apportait des millions, j'en épousais une qui n'avait pour dot et pour tout avoir qu'une cinquantaine de mille francs.

» Cette dot avait été placée dans une affaire industrielle; je ne changeai point ce placement, car il ne me convenait pas de défaire ce qui avait été fait par mon beau-père, et d'un autre côté j'étais bien aise de tirer de ces cinquante mille francs un revenu assez gros pour que ma femme et ma fille n'eussent point trop à souffrir de la médiocrité de mon traitement de substitut.

» C'est grâce à ce revenu qu'après avoir perdu ma femme au bout de quatre années de mariage, je pus garder ma fille près de moi, et qu'elle a été élevée sous mes yeux, sur mon cœur.

» En la mettant dans un pensionnat, j'aurais pu faire de sérieuses économies, car, lorsqu'on prend, pour instruire un enfant dans la maison paternelle, les meilleurs professeurs dans chaque branche d'instruction, pour la peinture un peintre de mérite, pour la musique des artistes de talent, cela coûte cher, très-cher, et en employant utilement ces économies, soit à former un capital, soit à constituer une assurance sur la vie, payable entre les mains de ma fille le jour de son mariage, je serais arrivé à lui constituer une dot moitié plus forte que celle que sa mère avait reçue. Mais je n'ai point cru que c'était là le meilleur. Plusieurs raisons d'ordre différent me déterminèrent : j'aimais ma fille, et ce m'eût été un profond chagrin de me séparer d'elle; je n'étais pas partisan de l'éducation en commun pour les filles; jeune encore, je ne voulais pas m'exposer à la tentation de me remarier, ce qui eût pu arriver si je n'avais pas eu ma fille près de moi, enfin je me disais que, si les hommes ne cherchent trop souvent qu'une dot dans le mariage, il en est cependant qui veulent une femme, et c'était une femme que je voulais élever; toi qui connais Madeleine, ses qualités d'esprit et de cœur, tu sais si j'ai réussi.

» Tu as passé quelques-unes de tes vacances avec nous; tu sais quelle était notre vie dans notre petite maison du quai des Curandiers et notre étroite intimité dans le travail comme dans le plaisir; tu as assisté à nos soirées de lecture, à nos séances de musique, à nos réunions entre amis, je n'ai donc rien à te dire de tout cela; à le faire je m'attendrirais dans ces souvenirs si doux, si charmants, et je ne veux pas m'attendrir.

» Cependant, en rappelant ainsi un passé que tu connais dans une certaine mesure, je dois relever un point que tu ignores peut-être, et qui a son importance : nos dépenses dépassèrent chaque année mes prévisions et m'entraînèrent dans des embarras d'argent qui furent les seuls tourments de ces années si heureuses; mais ton père me vint en aide, et, grâce à son concours fraternel, je pus en sortir à mon honneur.

» Malgré ces embarras d'argent causés le plus souvent par des besoins imprévus, mais dans plus d'une circonstance aussi, je l'avoue, par une mauvaise administration, j'espérais pouvoir suivre jusqu'au bout le plan que je m'étais tracé pour l'éducation de Madeleine, quand un incident désastreux vint bouleverser toutes mes combinaisons : la maison dans laquelle notre capital était placé se trouva en mauvaises affaires, et de telle sorte que si nous n'apportions pas une nouvelle mise de fonds tout était perdu. Sans économies, sans ressources autres que celles provenant de mon traitement, il m'était difficile, pour ne pas dire impossible, de me procurer la somme nécessaire pour cet apport. J'aurais pu, il est vrai, la demander à ton père ; mais j'en étais empêché par des raisons, à mes yeux décisives : ton père m'ayant déjà aidé dans plusieurs circonstances, je ne pouvais m'adresser à lui sans augmenter les obligations que j'avais déjà contractées à son égard dans des proportions qui n'étaient nullement en rapport avec ma situation financière ; en un mot, je n'empruntais plus, je me faisais donner ; enfin, je ne voulais pas m'exposer à voir nos relations fraternelles gênées par des questions d'argent, et même à voir les liens d'amitié qui nous unissaient brisés par ces questions. Mais ce que je n'avais pas voulu faire, un de nos cousins le fit à mon insu, et ton père apprit les difficultés de ma situation ; il vint à Rouen et voulut régler cette affaire d'après certains principes de commerce qui n'étaient pas les miens. Une discussion s'ensuivit entre nous ; tu sais combien nos idées sont différentes sur presque tous les points ; cette discussion s'envenima et se termina par une rupture complète, telle que nos relations ont été brisées et que depuis ce jour nous ne nous sommes pas revus, malgré certaines avances que j'ai cru devoir faire, mais qui ont trouvé ton père implacable.

« Si difficile que fût ma position, je parvins cependant à me procurer la somme qu'il me fallait, mais ce fut au prix d'engagements très-lourds que je ne contractai que parce que j'avais la conviction que notre affaire devait reprendre et bien marcher. Elle ne reprit point. Elle vient de s'effondrer, me laissant ruiné, et ce qui est plus terrible, endetté pour des sommes qu'il m'est impossible de payer.

» Si l'insolvabilité est grave pour tout le monde, combien plus encore l'est-elle pour un magistrat ! admets-tu que le chef d'un parquet poursuivi par les huissiers soit obligé de parlementer avec eux, d'user de finesses plus ou moins légales, de les abuser, de les prier d'attendre ? Les prier !

» Ce n'est pas tout.

» Il y a quatre mois je remarquai un affaiblissement dans ma vue, ou plus justement du trouble et de l'obscurité. Tout d'abord je ne m'en inquiétai pas. Mais bientôt les objets ne m'apparurent plus qu'entourés d'un nuage et avec des formes confuses ; en lisant, les lettres semblaient vaciller devant mes yeux, et se réunir toutes ensemble au point que je n'apercevais plus qu'une ligne noire uniforme.

» Je consultai le docteur La Roë, que tu connais bien ; il constata une amaurose qui dans un temps plus ou moins long devait me rendre aveugle.

» On ne reste pas impassible sous le coup d'une pareille menace. Cependant je ne me laissai pas accabler, je résolus d'employer ce que j'avais d'énergie et d'intelligence à lutter. Un de mes collègues et des plus éminents est aveugle, ce qui ne l'empêche pas de remplir les devoirs de sa charge : j'espérai pouvoir suivre son exemple et remplir aussi les miens.

» Tu as fait ton droit, tu sais que notre travail est de deux espèces, celui du cabinet et celui de l'audience ; dans le cabinet on lit les dossiers, on prend des notes, c'est-à-dire qu'on fait usage des yeux ; à l'audience on conclut; c'est-à-dire qu'on fait surtout usage de la parole. Lorsque je sortis de chez mon médecin, je rentrai chez moi et aussitôt je révélai la vérité ou tout au moins une partie de la vérité à Madeleine, en lui expliquant d'autre part notre situation financière ; puis je lui demandai si elle voulait me servir de secrétaire et me lire les dossiers que j'avais à étudier, en un mot être, selon l'expression de Sophocle, « la fille dont les yeux voient pour elle et pour son père. »

» Elle non plus ne s'abandonna pas, et si un mouvement irrésistible de désespoir la fit se jeter dans mes bras elle réagit contre cette faiblesse, et tout de suite nous nous mîmes au travail.

» Ces doigts habitués à manier le pinceau et le crayon ou à courir sur les touches du piano tournèrent les feuillets poudreux des dossiers ; ces lèvres qui jusqu'à ce jour n'avaient prononcé que des phrases harmonieuses savamment arrangées par nos grand écrivains, prononcèrent les mots baroques du grimoire en usage chez les notaires et les avoués.

» Et moi, assis en face d'elle, je l'écoutais, mais sans pouvoir m'empêcher de la regarder de mes yeux obscurcis et de me laisser distraire par les pensées qui m'oppressaient ; plus d'une fois je détournai la tête et d'une main furtive j'essuyai les larmes qui roulaient sur mes joues; pauvre Madeleine ! comme elle était charmante ainsi ! bientôt je ne la verrais plus ! entre elle et moi la nuit éternelle !

» Mes affaires préparées, je devais prendre mes conclusions à l'audience sans notes, sans pièces, même sans code et en parlant d'abondance. La tâche était d'autant plus difficile pour moi, que jusqu'alors j'avais eu l'habitude de me servir très-peu de ma mémoire, parlant le plus souvent avec mon dossier sous les yeux, et, dans les circonstances importantes, m'aidant de notes manuscrites qui me servaient de canevas. Malgré mon application et mes efforts, j'échouai misérablement. Que cette impuissance fût le résultat de ma maladie, ce qui est possible, car l'amaurose est souvent une conséquence de certaines lésions du cerveau; qu'elle fût due au contraire à l'absence de cette faculté que les phrénologues appellent la *concentrativité*, cela importait peu, ce qui était capital, c'était cette impuissance même; et par malheur elle est absolue.

» Convaincu par cette déplorable expérience que bientôt je ne pourrais plus remplir mes fonctions d'avocat général, je fis faire des démarches à Paris pour voir s'il me serait possible d'obtenir un siége de conseiller; je n'avais guère l'espérance de réussir, mais enfin je devais ne rien négliger et tenter même l'absurde. Tu trouveras ci-jointe la réponse que j'ai reçue: c'est la copie de mes notes individuelles et confidentielles qu'un de mes amis, un de mes camarades a pu prendre à la chancellerie. Tu la liras, et non-seulement elle t'apprendra que je n'ai rien à espérer, rien à attendre, mais encore elle te montrera ce que je suis; au moment d'exécuter la résolution que la fatalité m'impose, j'ai besoin de penser que lorsque tu parleras de moi avec ma fille, tu le feras en connaissance de cause.

« Voici donc ma situation : le magistrat et l'homme sont perdus, l'un par les dettes, l'autre par la maladie : si je n'offre pas ma démission, on me la demandera ; si je la refuse, on me destituera.

» Destitué, ruiné, aveugle, que puis-je ?

» Deux choses seules se présentent : mendier auprès de mes parents et de mes amis, ou bien me faire nourrir par ma fille qui travaillera pour moi à je ne sais quel travail, puisqu'elle n'a pas de métier.

» Je n'accepterai ni l'une ni l'autre ; ce n'est pas pour entraîner cette pauvre enfant dans ma chute et la perdre avec moi que je l'ai élevée.

» Tant que je serai vivant, Madeleine sera ma fille ; le jour où je serai mort elle deviendra la fille de ton père.

» Il faut donc qu'elle soit orpheline.

» Je n'ai pas besoin de te développer cette idée, qui s'imposera à ton esprit avec toutes ses conséquences ; c'est elle qui a déterminé ma résolution.

» Nos dissentiments et notre rupture n'ont point changé mes sentiments à l'égard de ton père ; je sais quelle est sa générosité, sa bonté, son affection pour les siens, et quant à toi, mon cher Léon, je connais ton cœur plein de tendresse et de dévouement ; Madeleine va perdre en moi un père qui lui serait un fardeau ; elle trouvera en vous une famille, en toi un frère.

» Je sais que je n'ai pas besoin de consulter ton père à l'avance et de lui demander son consentement ; il acceptera Madeleine, parce qu'elle est sa nièce ; mais à toi, mon cher Léon, je veux la confier par un acte solennel de dernière volonté.

» La pauvre enfant va éprouver la plus horrible douleur qu'elle ait encore ressentie, je te demande d'être près d'elle à ce moment, afin que, lorsqu'elle sera frappée, elle trouve une main qui la soutienne, et un cœur dans lequel elle puisse pleurer.

» Demain tout sera fini pour moi.

» Je ne peux pas retarder davantage l'exécution de ma résolution : ma guérison est impossible, ma destitution est imminente, et la perte complète de la vue peut se produire d'un moment à l'autre; j'ai pu encore écrire cette lettre tant bien que mal en enchevêtrant très-probablement les lignes et les mots, dans huit jours je ne le pourrais peut-être plus; dans huit jours je ne pourrais pas davantage me conduire, et Madeleine ne me laisserait pas sortir seul.

» Et précisément, pour accomplir ce que j'ai arrêté, il faut que je sorte seul; nous sommes à la veille d'une grande marée, et demain la mer découvrira une immense étendue de rochers jusqu'à deux kilomètres au moins de la côte; je partirai pour aller à la pêche ainsi que je l'ai fait souvent; je n'en reviendrai point; je serai tombé dans un trou, ou bien je me serai laissé surprendre par la marée montante; ma mort sera le résultat d'un accident comme il en arrive trop souvent sur ces grèves; toi seul sauras la vérité, et j'ai assez foi en ta discrétion pour être certain que personne, — je répète et je souligne *personne*, — personne au monde ne la connaîtra.

» Cette lettre reçue, quitte Paris, fais diligence, et quand tu arriveras à Saint-Aubin, Madeleine ne saura rien encore, je l'espère; au moins j'aurai tout arrangé pour cela.

» Adieu, mon cher Léon, mon cher enfant, je t'embrasse tendrement.

« ARMAND HAUPOIS. »

A cette longue lettre était attachée une feuille de papier portant un en-tête imprimé, — la copie des notes de la chancellerie ; — mais Léon n'en commença pas la lecture immédiatement, et ce fut seulement après être resté assez longtemps immobile, anéanti par ce qu'il venait d'apprendre, étourdi par la secousse qu'il avait reçue, qu'il revint à ces notes et qu'il se mit à lire machinalement.

Note individuelle.

Nom et prénoms du magistrat. — Haupois (Armand-Charles).

Lieu et département où il est né. — Rouen (Seine-Inférieure).

Son état ou profession avant d'être magistrat. — Avocat.

Etat ou profession de son père. — Officier retraité.

Dire s'il parle ou écrit quelque langue étrangère ou quelque idiome utile. — L'anglais, l'italien.

Quel est son revenu indépendamment de son traitement ? — Nul.

Demande-t-il quelque avancement ? — Il accepterait les fonctions de conseiller, mais il ne demande rien.

Dire s'il irait partout où il pourrait être envoyé en France. — Non.

Quel est le ressort où il désire être placé ? — Rouen.

Renseignements confidentiels.

Caractère. — Très ferme.
Conduite privée. — Irréprochable.
Conduite publique. — Légère.
Impartialité. — Incontestable.
Travail. — Suffisant.
Exactitude, assiduité. — Bonnes.
Zèle, activité. — Suffisants.
Fermeté. — Mal appliquée.
Santé. — Bonne; menacé d'une maladie des yeux.
Rapports avec ses chefs. — Officiels et froids.
Rapports avec les autorités. — Officiels et froids.
Rapports avec le public. — Affables.
Habitudes sociales. — Homme de bonne compagnie, mais ses relations artistiques l'obligent à fréquenter des personnes qui ne sont pas dignes de lui.
Capacité. — Réelle.
Sagacité. — Grande.
Jugement. — Droit.
Style. — Simple, ferme.
Elocution. — Facile.
S'il est propre au service de l'audience civile. — Oui.
S'il est propre au service de l'audience correctionnelle. — Oui.
S'il est propre au service de la cour d'assises. — Oui.
S'il convient à la magistrature assise. — Non.
S'il se livre à des occupations étrangères à ses fonctions. — A la musique, à la poésie.
S'il jouit de l'estime publique. — Oui.

S'il a encouru des peines disciplinaires. — Non.

Si ses liens de parenté apportent quelque obstacle au service. — Non.

S'il a droit à quelque avancement. — Non, à cause de ses goûts artistiques qui le distraient de ses fonctions et l'entraînent dans la fréquentation de gens peu convenables.

Faits particuliers.

Ses goûts d'artiste lui font mener une vie difficile.
Embarras d'argent.
Dettes.
Magistrat intègre.

IV

Le train marchant à grande vitesse avait dépassé Poissy et ces stations qui sont sans nom pour les express ; Léon, le front appuyé contre la vitre, regardait machinalement et sans les voir les coteaux boisés devant lesquels il défilait.

La lecture entière de cette lettre ne l'avait pas tiré de la stupéfaction dans laquelle l'avaient jeté ses premières lignes, et son esprit était emporté dans un tourbillon comme il était emporté lui-même dans l'espace.

Mais si extraordinaire, si inimaginable que fût cette

résolution de suicide chez un homme tel que son oncle, il fallait bien cependant s'habituer à la considérer comme réelle : — « Demain tout sera fini pour moi. »

Le seul point sur lequel l'espérance était encore possible était celui qui avait rapport au moment où ce suicide s'accomplirait; à l'heure présente, neuf heures quarante minutes, était-il ou n'était-il pas accompli? Tout était là?

Après quelques instants de douloureuse réflexion, il se dit que dans dix minutes, le train allait s'arrêter à Mantes, où se trouve un bureau télégraphique, et qu'il fallait saisir cette occasion pour envoyer une dépêche à Madeleine.

Il avait dans son sac papier, plume et encre; sans perdre une minute, il se mit aussitôt à rédiger sa dépêche :

Mademoiselle Madeleine Haupois,
maison Exupère Héroult.
Saint-Aubin-sur-Mer, *par Bernières.*
(Avec exprès.)

« Je viens de voir un médecin de Rouen qui me dit qu'il est dangereux de laisser mon oncle sortir seul; veille sur lui; ne le quitte pas; je serai près de vous vers quatre heures de soir.

» LÉON HAUPOIS. »

Il eût fallu être plus précis, mais cela n'était possible qu'en disant la vérité entière; or, cette vérité, il ne pouvait la dire qu'en commettant un abus de confiance.

De là cette dépêche étrange.

C'était cette étrangeté même qui faisait précisément son mérite; — si elle arrivait à Saint-Aubin avant que son oncle sortît de chez lui, elle était assez claire pour que Madeleine ne le laissât point partir, ou tout au moins pour qu'elle l'accompagnât; si, au contraire, elle arrivait trop tard, elle était assez obscure pour ne pas révéler le suicide et permettre des explications telles quelles.

D'ailleurs les minutes s'écoulaient, et il n'avait pas le loisir de chercher le meilleur; il fallait prendre ce qui se présentait à son esprit; cette première dépêche terminée, il en écrivit une seconde adressée au chef de la gare de Caen pour le prier de lui retenir une voiture attelée de deux bons chevaux, qui devrait l'attendre au train de deux heures dix-huit minutes, et le conduire aussi vite que possible à Saint-Aubin.

Il écrivait ces derniers mots lorsque le sifflet de la machine annonça l'arrivée à Mantes: avant l'arrêt complet du train, Léon sauta sur le quai et courut au télégraphe; il n'avait que trois minutes.

En sortant du bureau, ses dépêches expédiées, il passa devant la bibliothèque des chemins de fer, et ses yeux tombèrent par hasard sur un paquet de journaux parmi lesquels se trouvait le *Journal de Rouen*. Instantanément le souvenir lui revint qu'au temps où il passait une partie de ses vacances chez son oncle, il lisait dans ce journal un bulletin météorologique donnant l'heure des marées sur la côte. Il acheta un numéro et, remonté dans son compartiment, il chercha vivement ce bulletin; l'heure de la pleine mer allait lui dire si son oncle pouvait être ou ne pas être sauvé par sa dépêche: la pleine mer était annoncée pour six heures au Havre; par conséquent, c'était à midi qu'avait lieu la basse mer, et c'était entre onze heures et une heure que son oncle devait accomplir son suicide.

La dépêche arriverait-elle à temps?

Si elle arrivait avant que M. Haupois fût sorti, il était sauvé ; si elle arrivait après, il était perdu; sa vie dépendait donc du hasard.

Comme la plupart de ceux qui n'ont point eu encore le cœur brisé par la perte d'une personne aimée, Léon repoussait l'idée de la mort pour les siens ; que ceux qui nous sont indifférents meurent, cela nous paraît tout naturel, non ceux que nous aimons.

Et il aimait son oncle, bien qu'en ces derniers temps, par suite de la rupture survenue entre les deux frères, il eût cessé de le voir. Pourquoi son oncle et son père s'étaient-ils fâchés ? Il le savait à peine. Ils avaient eu de sérieuses raisons sans doute, aussi bonnes probablement pour l'un que pour l'autre ; mais pour lui il n'avait jamais voulu prendre parti dans cette rupture, qui n'avait changé en rien les sentiments d'affectueuse tendresse et de respect qu'il avait, dès son enfance, conçus pour cet oncle si bon, si jeune de cœur, si prévenant, si indulgent pour les jeunes gens dont il savait se faire le camarade et l'ami avec tant de bonne grâce.

Et, entraîné par les souvenirs que la lecture de cette lettre venait de réveiller en lui, il revint à ce temps de sa jeunesse.

Il retourna à Rouen et se retrouva dans cette petite maison du quai des Curandiers où il avait eu tant de journées de gaieté et de liberté. Il la revit avec sa parure de plantes grimpantes dont le feuillage jauni par les premiers brouillards de septembre produisait de si curieux effets dans la Seine, quand le soleil couchant les frappait de ses rayons obliques. Devant ses yeux passa tout une flotte de grands navires arrivant de la mer avec le flot ; ceux-ci carguant leurs voiles et jetant l'ancre devant l'île du Petit-Gay ; ceux-là continuant leur route pour aller s'amarrer au quai de la Bourse.

A son oreille retentit la voix claire de Madeleine comme au moment où, surprise par le sifflet d'un remorqueur ou du bateau de La Bouille, elle appelait son cousin pour qu'il vînt avec elle au bord de la rivière ; sans l'attendre, elle courait jusqu'à l'extrémité de la berge, et quand le remous des eaux soulevé par les roues du vapeur arrivait frangé d'écume, elle se sauvait devant cette vague en poussant des petits cris joyeux, ses cheveux dorés flottant au vent.

Le soir, quelques amis sonnaient à la porte verte ; quand tous ceux qu'on attendait étaient venus, le père prenait son violon, la fille s'asseyait au piano et l'on faisait de la musique. Bien que Madeleine ne fût encore qu'une enfant, elle chantait, parfois seule, parfois tenant sa partie dans un ensemble où se trouvaient de véritables artistes auprès desquels elle savait se faire applaudir ; car elle était déjà très-bonne musicienne et sa voix était charmante. Vers dix heures, ces amis s'en allaient, on les reconduisait en suivant la rivière dont le courant miroitait sous les reflets de la lune ou du gaz, et on ne les quittait que quand ils s'embarquaient dans un de ces lourds bachots recouverts d'un *carrosse* à peu près comme les gondoles de Venise, mais qui, pour le reste, ne ressemblent pas plus aux barques légères de la lagune que le ciel bleu de la reine de l'Adriatique ne ressemble au ciel brumeux de la capitale de la Normandie.

Cette existence modeste et tranquille, dans laquelle

les plaisirs intellectuels occupaient une juste place, n'avait rien de la vie affairée que ses parents menaient à Paris, et c'était justement pour cela qu'elle avait eu tant de charmes pour lui : elle avait été une révélation et, par suite, un sujet de rêverie et de comparaison ; il n'y avait donc pas que l'argent et les affaires en ce monde ; on pouvait donc causer d'autre chose que d'échéances et de recouvrements ; il y avait donc des pères qui faisaient passer avant tout l'éducation de leurs enfants !

De souvenir en souvenir, il en revint aux discussions qui tant de fois s'étaient engagées entre sa sœur et lui, alors qu'elle l'accompagnait à Rouen.

Autant il avait de plaisir à passer quelques semaines dans la maison du quai des Curandiers, autant Camille avait d'ennui ; elle la trouvait misérablement bourgeoise, cette maisonnette ; son mobilier était démodé ; les gens qui la fréquentaient étaient vulgaires, communs, sans nom ; Madeleine s'habillait mesquinement, le blond de ses cheveux était fade, ses manières ne seraient jamais nobles. Que le mobilier fût démodé, il avouait cela ; mais les tableaux, les dessins, les gravures, les objets d'art, sculptures, faïences, antiquités, curiosités qui couvraient les murs, n'étaient-ils pas d'une tout autre importance que des fauteuils ou des tables ? Que Madeleine s'habillât sans coquetterie, il le concédait encore, mais non que ses manières ne fussent pas nobles. Pas noble, Madeleine. Mais en vérité elle était la noblesse même, ayant reçu sa distinction de race de sa mère, qui descendait des conquérants normands, ainsi que le prouvait d'ailleurs son nom de Valletot, venant du mot germain *tot*, qui signifie demeure. De sa mère aussi elle avait reçu ce type de beauté scandinave qui lui donnait un cachet si particulier : la tête ovale avec des pommettes un peu saillantes, le front moyennement développé, le nez droit, le teint rosé, les yeux d'un bleu clair limpide, au regard doux et pensif, les cheveux blond doré, la figure suave avec une expression candide, la taille svelte, les mains fines et allongées, le pied petit et cambré.

Comme elle avait dû grandir, embellir depuis qu'il ne l'avait vue ! Ce n'était plus une petite fille, mais une jeune fille de dix-neuf ans.

V

A deux heures dix-huit minutes, le train entrait dans la gare de Caen ; à deux heures vingt minutes, Léon montait dans la voiture qui l'attendait.

— Nous allons à Saint-Aubin, dit le conducteur.

— Oui, et grand train.

Le conducteur cingla ses chevaux de deux coups de fouet vigoureusement appliqués.

— Combien vous faut-il de temps ? demanda Léon.

— Nous avons vingt kilomètres.

— Faites votre compte.

— Il y a la traversée de la ville.

Cette manière normande de se dérober au lieu de répondre exaspéra Léon :

— Combien de temps ? répéta-t-il.

— Si nous disions une heure et demie ?

— Ne soyez qu'une heure en route, et il y a vingt francs pour vous.

Le cocher ne répondit pas, mais à la façon dont il empoigna son fouet, il fut évident qu'il ferait tout pour gagner ces vingt francs. Epron, Cambes, Mathieu furent promptement atteints et dépassés ; étendant son fouet en avant, le cocher se retourna vers son voyageur :

— Voilà le clocher de la chapelle de la Délivrande, dit-il.

En sortant de la Délivrande, Léon se trouva en face de la mer, qui développait son immensité jusqu'aux limites confuses de l'horizon ; une plaine nue sans arbres, sans haies, descendant en pente douce au rivage bordé d'une ligne de maisons, puis les eaux se dressant comme un mur azuré et le ciel abaissant dessus sa coupole nuageuse.

A l'entrée de Saint-Aubin, le cocher arrêta pour demander à une femme qui faisait de la dentelle, assise sur le seuil de sa porte, où se trouvait la maison Exupère Héroult ; puis, aussitôt qu'il eut obtenu ce renseignement, il repartit grand train ; la voiture roula encore pendant une minute ou deux, puis elle s'arrêta devant une maison de chétive apparence contre les murs de laquelle étaient accrochés des filets tannés au cachou.

Au même moment une jeune femme parut sur la porte.

— Mon cousin ! s'écria-t-elle.

Mais, avant de descendre, Léon l'enveloppa d'un rapide coup d'œil : aucune trace de chagrin ne se montrait sur son visage souriant.

Il sauta vivement à bas de la voiture, et prenant dans ses deux mains celles que Madeleine lui tendait :

— Mon oncle ? demanda-t-il.

— Il est à la pêche.

Léon resta un moment sans trouver une parole : il arrivait donc trop tard.

— Tu n'as pas reçu ma dépêche ? demanda-t-il enfin ; car sous peine de se trahir il fallait bien parler.

— Si, mais papa était déjà parti ; je l'avais conduit jusqu'à la porte d'un de nos amis, M. Soullier, et c'est en revenant le long de la grève que l'homme du sémaphore, m'ayant rejointe, m'a remis ta dépêche ; j'ai été pour retourner sur mes pas, mais j'ai réfléchi que papa ne courait aucun danger, puisque M. Soullier l'accompagne.

— Ah ! ce monsieur l'accompagne ?

— Comme tu me dis cela.

— C'est que, ne connaissant pas ce M. Souillier, je m'étonne qu'il accompagne mon oncle.

— M. Soullier est un magistrat de la cour de Caen qui habite Bernières pendant les vacances ; papa et lui se voient presque tous les jours et bien souvent ils vont à la pêche ensemble ; il va ramener papa tout à l'heure et tu feras sa connaissance ; je suis même surprise qu'ils ne soient pas encore arrivés. Mais entre donc ; donne-moi ton sac ; on le portera à l'hôtel, où je t'ai retenu une chambre, car nous n'en avons pas à te donner dans cette maison qui n'est pas grande, tu le vois.

Pendant que Madeleine lui donnait ces explications, Léon eut le temps de se remettre et de composer son visage.

La vérité n'était que trop évidente : l'irréparable était à cette heure accompli, et les dispositions prises par son oncle s'étaient réalisées : « Quand tu arriveras à Saint-Aubin, Madeleine ne saura rien, au moins j'aurai tout arrangé pour cela. » Ils étaient faciles à deviner ces arrangements, et certainement cette visite à ce M. Soullier avait été une tromperie inventée par le père pour abuser la fille. Maintenant il n'y avait plus qu'à attendre que cette tromperie se révélât; il n'y avait plus qu'à se conformer aux désirs de la lettre : « Au moment où elle sera frappée, qu'elle trouve une main qui la soutienne et un cœur dans lequel elle puisse pleurer. » S'il arrivait trop tard pour sauver son oncle, au moins arrivait-il assez tôt pour tendre la main à sa cousine. Cependant telles étaient les circonstances, qu'il ne devait pas devancer les événements, mais au contraire n'intervenir qu'après qu'ils auraient parlé.

— Es-tu fatigué? demanda Madeleine.

— Pas du tout.

— Je te demande cela pour savoir si tu veux attendre papa ici, ou bien si tu veux que nous allions dans notre cabine au bord de la mer.

— Je ferai ce que tu voudras, dit-il.

— Eh bien! allons sur la plage, c'est le mieux pour voir papa plus tôt.

Ayant mis vivement un chapeau et un manteau, elle tendit la main à son cousin.

— M'offres-tu ton bras? dit-elle.

Avant de prendre le chemin qui conduit à la plage, Madeleine frappa doucement au carreau d'une fenêtre.

— Madame Exupère, dit-elle à la femme qui ouvrit cette fenêtre, voulez-vous avoir la complaisance de dire à papa, si par hasard il revenait par la grande route, que je suis dans la cabine avec mon cousin Léon; vous n'oublierez pas, n'est-ce pas, mon cousin Léon?

La pauvre enfant, comme elle était loin de prévoir le coup épouvantable qui allait la frapper dans quelques instants, dans quelques secondes peut-être! Et Léon se demanda s'il n'était pas possible d'amortir la violence de ce coup en la préparant à le recevoir. Mais comment? Que dire? Lorsque la vérité serait connue, n'éclairerait-elle pas d'une lueur sinistre ce qu'il aurait tenté en ce moment? Toute parole n'était-elle pas imprudente?

Madeleine ne lui laissa pas le temps de réfléchir.

— Sais-tu, dit-elle, que ta dépêche m'a causé autant de surprise que de joie? Te souviens-tu du dernier jour où nous nous sommes vus?

— Il y a environ deux ans.

— Il y a deux ans, trois mois et onze jours.

— J'ai dû par respect et par convenance ne pas donner un démenti à mon père.

— Qu'allons-nous inventer pour expliquer ton voyage, il ne faut pas l'effrayer, et il s'inquiète tant du danger qui le menace que ce serait lui porter un coup pénible, que de lui dire que tu as été averti de ce danger par... par qui? Est-ce par le docteur La Roë?

Léon avait préparé sa réponse à cette question, car il avait bien prévu qu'elle lui serait posée : il raconta donc l'histoire qu'il avait inventée à l'avance.

— Ne peux-tu pas dire que tu faisais une excursion de plaisir sur le littoral?

— Précisément; et comme mon oncle me parlera sans doute de sa maladie, je pourrai tout naturellement lui demander si je peux lui être utile à quelque chose.

Ils étaient arrivés sur la plage.

VI

La mer calme, que frappaient les rayons obliques du soleil, arrivait menaçante comme une inondation, et sur la grève plate, déjà aux trois quarts recouverte, les pointes verdâtres des rochers qui émergeaient encore de l'eau semblaient sombrer tout à coup au milieu des vagues clapoteuses, exactement comme une barque qui aurait coulé à pic; là où quelques secondes auparavant on avait vu des amas de pierres et de goëmons, ou des sables jaunes, on ne voyait plus qu'une ligne d'écume blanche qui se rapprochait d'instants en instants.

Et devant la marée montante, tous ceux qui avaient profité de la basse mer pour aller au loin, sur les roches qui ne se découvrent que rarement, pêcher des coquillages ou ramasser des varechs, se hâtaient vers le rivage; à l'entrée des chemins qui du village ou des champs aboutissent à la grève, c'était un long défilé de voitures chargées d'étoiles de mer, de moules, de fucus, d'algues, de goëmons que les cultivateurs des environs rapportaient pour fumer leurs champs, et aussi toute une procession de pêcheurs et de pêcheuses, le filet à crevette sur l'épaule ou le crochet à la main, qui, mouillés jusqu'aux épaules, s'en revenaient gaiement.

— Tout le monde rentre, dit Madeleine, nous ne devons pas tarder maintenant à voir mon père arriver avec M. Soullier.

Et guidant Léon elle le conduisit à leur cabine, dont elle ouvrit les deux portes vitrées, puis l'ayant fait asseoir et s'étant elle-même installée en se tournant du côté de Bernières :

— Ainsi placée, dit-elle, je verrai mon père arriver de loin et je te préviendrai :

C'était toujours la même idée qui revenait comme si Madeleine eut été sous l'oppression d'un funeste pressentiment. Il eut voulu l'en distraire, mais comment ? Ne valait-il pas mieux après tout qu'elle fû. jusqu'à un certain point préparée à recevoir le coup suspendu au-dessus de sa tête, et qui d'un moment à l'autre, dans quelques minutes, peut-être allait la frapper ; n'en serait-il pas moins dangereux, s'il n'en était pas moins rude ?

— Qu'as-tu donc ? lui demanda-t-elle après un moment de silence.

— Je pense à mon oncle.

— Tu es inquiet, n'est-ce pas ?

— Inquiet, pourquoi ? Je pense à sa maladie.

— Si tu savais comme il en souffre, non par le mal lui-même, mais par l'angoisse qu'il lui cause pour le présent et plus encore pour l'avenir, car tu comprends que sa position se trouve compromise. Aussi voudrait-il cacher à tous le danger qui le menace. S'il se doute que quelqu'un de Rouen t'a parlé de sa maladie, cela le tourmentera beaucoup.

— N'est-il pas convenu que je suis arrivé ici en me promenant ?

3

— Enfin, fais le possible pour qu'il n'ait pas cette pensée, et fais le possible aussi pour le rassurer. Pour moi, c'est là ma grande préoccupation, et c'est pour qu'il ne s'inquiète pas que je ne l'accompagne pas toujours comme je le voudrais; il me semble que quand il est seul, comme il ne peut pas douter de ma sollicitude ni de ma tendresse, il en arrive parfois à douter de la gravité de son mal, et à se faire illusion sur le danger qui le menace. Je voudrais tant lui rendre un peu de tranquillité!

Tandis qu'elle parlait, Léon regardait ce qui se passait sur la grève et remarquait un mouvement parmi les baigneurs qui n'existait pas lorsqu'il était arrivé avec Madeleine.

Des groupes s'étaient formés, çà et là, dans lesquels on paraissait s'entretenir avec animation : ceux qui parlaient gesticulaient avec de grands mouvements de bras, ceux qui écoutaient prenaient des attitudes affligées ou consternées.

En face de la cabine dans laquelle ils étaient assis, mais à une certaine distance sur la plage se trouvaient de grandes jeunes filles qui jouaient au croquet : bien qu'elles fussent trop éloignées pour qu'on entendît ce qu'elles disaient, il était évident, à leurs exclamations et à la façon dont elles accompagnaient, dont elles poussaient leur boule lancée de la tête, des épaules ou du maillet qu'elles apportaient un très-vif intérêt à leur partie. Tout à coup, une personne étant venue parler à l'une d'elles, toutes cessèrent instantanément de jouer et formèrent le cercle autour de la nouvelle arrivante; et alors, ce que Léon avait déjà remarqué pour les groupes se reproduisit : même animation dans celle qui parlait, même consternation dans celles qui écoutaient ; puis l'une de ces jeunes filles s'étant tournée vers la cabine de Madeleine en levant les bras au ciel, on lui abaissa vivement les mains, et aussitôt elle reprit sa place dans le cercle.

Près de ces jeunes filles des enfants s'amusaient à construire des fortifications en sable pour les opposer à la marée montante ; l'un d'eux abandonna ce travail pour aller écouter ce que disaient les joueuses de croquet, puis étant revenu près de ses camarades, ceux-ci l'entourèrent et les fortifications furent abandonnées sans défenseurs à l'assaut des vagues.

Il était impossible de ne pas reconnaître que tout cela était significatif. Quelque chose d'extraordinaire venait de se passer.

Tout à coup Madeleine s'arrêta, et se levant vivement :

— Veux-tu venir avec moi ? s'écria-t-elle. J'ai peur. Cette animation n'est pas naturelle. On nous regarde et comme si l'on osait pas nous regarder. Il faut que je sache. Je vais interroger ceux qui paraissent savoir quelque chose.

Comme elle venait de faire quelques pas en avant pour se diriger vers les joueuses de croquet, elle s'arrêta brusquement.

— M. Soullier, s'écria-t-elle en désignant de la main un monsieur qui s'avançait marchant à grands pas.

Et elle se mit à courir, sans plus s'inquiéter de Léon, qui la suivit.

Ils arrivèrent ainsi tous deux ensemble près de M. Soullier.

— Mon père ! s'écria Madeleine.

— Mais je ne l'ai pas vu.
— Mon Dieu !

Léon posa un doigt sur ses lèvres en regardant M. Soullier, mais celui-ci, qui ne le connaissait pas, ne fit pas attention à ce signe ; d'ailleurs, il était tout à Madeleine.

— Avez-vous eu de mauvaises nouvelles de mon oncle ? demanda Léon.

La question avait l'avantage de permettre à M. Soullier de ne pas répondre directement à Madeleine ; celui-ci le sentit, et se tournant aussitôt vers Léon :

— On m'a parlé de monsieur votre oncle, dit-il, ou tout au moins j'ai cru que c'était de lui qu'il s'agissait.

Léon s'était rapproché de Madeleine et il lui avait pris la main.

— Que vous a-t-on dit ? demanda-t-elle, qu'avez-vous appris ? Où est mon père ? Courons près de lui.

Sans lui répondre directement, M. Soullier s'adressa à Léon :

— Ne voyant pas monsieur votre oncle venir, je restai chez moi, tout d'abord l'attendant, ensuite me disant qu'il avait sans doute renoncé à son projet de pêche. Il y a une heure environ, un de mes voisins, qui avait profité de la grande marée pour aller pêcher sur les roches qu'on appelle îles de Bernières, vient de me dire qu'un... accident... un malheur était arrivé.

— Mon Dieu ! s'écria Madeleine.

Sans s'adresser à elle, M. Soullier continua vivement, en homme qui a hâte d'achever ce qu'il doit dire :

— Une personne restée en arrière, quand déjà tout le monde revenait vers le rivage, avait été surprise par la marée montante. Cette personne se trouvait alors sur un flot, et c'est là ce qui explique comment elle n'avait pas senti la mer monter. Mais entre cet îlot et la terre se trouvait une large fosse qu'il fallait traverser avant qu'elle fût remplie. Ceux qui virent la situation périlleuse de ce pêcheur attardé poussèrent des cris pour lui signaler le danger qu'il courait. Aussitôt le pêcheur se dirigea vers cette fosse, mais soit qu'il se fût laissé tomber dans un trou, soit que la fosse fût déjà remplie, il disparut sans qu'il fût possible de lui porter secours.

— Mon père, mon père ! s'écria Madeleine.

— Mon enfant, il n'est nullement prouvé que cette personne fût votre père... on ne m'a pas affirmé que c'était lui. Il est vrai que le signalement qu'on m'a donné se rapportait jusqu'à un certain point à votre père; c'est là ce qui m'a inquiété, c'est ce qui m'a fait accourir ici pour voir...

— Et vous voyez qu'il n'est pas là; oh ! mon Dieu !

Elle resta un moment éperdue, affolée ; puis, son regard se dégageant des larmes qui emplissaient ses yeux, elle vit devant elle son cousin qui lui tendait les bras, et elle s'abattit sur son épaule.

VII

Lorsqu'elle sortit enfin de sa longue crise nerveuse, sa première parole fut une prière adressée à son cousin :

— La marée basse aura lieu cette nuit à une heure, dit-elle; tu m'accompagneras, n'est-ce pas?

Elle ne dit point où elle voulait aller ni ce qu'elle voulait faire, mais il n'était pas nécessaire qu'elle s'expliquât plus clairement pour être comprise de Léon.

— Nous irons ensemble, répondit-il.

Mais ce n'était pas seuls qu'ils pouvaient tenter la recherche que Madeleine demandait; qu'eussent-ils pu faire sur la grève, au milieu des rochers, en pleine nuit?

Abandonnant Madeleine un moment, Léon s'entendit avec la propriétaire pour que celle-ci s'occupât de réunir une dizaine d'hommes de bonne volonté, marins ou pêcheurs, qui les accompagneraient la nuit sur les îles de Bernières, munis de torches ou de lanternes; puis, cela fait, il envoya un mot à M. Soullier, en le priant de retrouver quelques-unes des personnes qui avaient vu disparaître M. Haupois dans la fosse, et qui par conséquent pouvaient indiquer d'une façon exacte la place où il avait disparu.

Et, ces dispositions prises, il revint vers Madeleine, non pour détourner ou étourdir son désespoir par de banales paroles de consolation, mais pour être près d'elle, pour qu'elle ne fût pas seule.

Elle marchait en long et en large; tournant autour de la table devant laquelle il s'était assis, puis, quand dans le silence arrivait le ronflement de la mer qui battait son plein, elle s'arrêtait parfois tout à coup, et avec un tressaillement qui la secouait de la tête aux pieds elle écoutait; la brise passait, la plainte des vagues s'éteignait et Madeleine reprenait sa marche.

Parfois aussi elle restait immobile devant son cousin,

et alors, comme si elle se parlait à elle-même, elle répétait un mot que dix fois, que vingt fois déjà elle avait dit :

— Mais comment ne l'a-t-on pas secouru ?

Vers dix heures, on entendit dans la pièce voisine un bruit de pas lourds et de voix étouffées ; c'étaient les marins et les pêcheurs qui arrivaient : Léon en avait demandé dix, une vingtaine répondirent à son appel, car en apprenant la mort de M. Haupois et le service qu'on demandait, chacun avait voulu venir en aide au chagrin de cette pauvre jeune fille qui pleurait son père ; et puis sur les côtes on est compatissant aux catastrophes causées par la mer ; aujourd'hui notre voisin, demain nous-même.

Quand Madeleine entra dans la pièce où ces gens étaient réunis, tous les bonnets de laine se levèrent devant elle, et ces rudes visages halés par la mer exprimèrent la compassion et la sympathie ; cela s'était fait silencieusement, sans que personne dît un seul mot.

Alors un homme sortit du groupe et s'avança vers Madeleine.

C'était un pêcheur nommé Pécune, dont le père et le fils avaient été noyés, trois mois auparavant, dans une de ces sautes de vent si fréquentes et si dangereuses sur ces côtes sans ports, où les barques de pêche qui doivent échouer par tous les temps sur la grève presque plate sont mal construites pour résister à un coup de vent.

— Mademoiselle, dit-il, comptez sur nous ; j'ai retrouvé mon père, nous retrouverons le vôtre.

Un autre s'avança aussi d'un pas :

— La mer ne garde rien, tout le monde sait cela, mademoiselle.

Madeleine voulut prononcer une parole de remerciment, mais de sa gorge contractée il ne sortit qu'un son étouffé et qu'un sanglot.

On se mit en marche, Madeleine enveloppée dans un manteau et s'appuyant sur le bras de Léon, qui la guidait ; les pêcheurs s'avançant par groupes de deux ou trois, silencieux.

En peu de temps, par les rues sombres et désertes du village, ils arrivèrent sur la grève ; la mer s'était déjà retirée à une assez grande distance, et le sable humide réfléchissait çà et là avec des miroitements argentins la lumière de la lune, dont le disque commençait à s'échancrer ; il soufflait une brise de terre qui poussait les nuages vers l'embouchure de la Seine, et, de ce côté, ils s'entassaient en des profondeurs sombres au milieu desquelles scintillaient les deux yeux des phares de la Hève.

Madeleine eut un frisson, et ses doigts se crispèrent sur le bras de son cousin : la vague, qui déferlait sur la plage, frappait sur son cœur.

En moins d'une demi-heure, par la grève, ils arrivèrent devant le sémaphore de Bernières ; alors trois ombres se détachèrent de la terre pour venir au-devant d'eux sur la plage : M. Soullier et deux pêcheurs qui avaient vu la catastrophe.

Mais les recherches ne purent pas commencer aussitôt, car la marée lente à descendre était encore trop haute : il fallut attendre, et les hommes se promenèrent de long en large tandis que Madeleine appuyée sur le bras de Léon restait immobile, regardant la mer, se demandant si elle ne se retirerait jamais.

Elle se retira cependant et l'on alluma les torches goudronnées dont les flammes avivées par la brise et reflétées par le sable humide, par les flaques d'eau et par les goëmons ruisselants éclairèrent toute cette partie de la grève à une assez grande distance.

Mais, au moment de commencer les recherches, une discussion s'engagea entre les deux pêcheurs de Bernières sur la question de savoir le point précis où M. Haupois avait été englouti ; l'un soutenait que c'était à gauche d'un long rocher encore couvert par la vague écumeuse, l'autre que c'était au contraire à droite.

Léon, pour trancher le différend, qui entre Normands menaçait de prendre les proportions d'un procès à plaider, décida qu'on se diviserait en deux groupes ; l'une explorerait la droite, l'autre la gauche ; ceux qui trouveraient le corps devaient balancer trois fois leurs torches, car le ressac empêcherait d'entendre les paroles comme les cris.

Madeleine voulut suivre l'une de ces troupes, mais Léon la retint.

— Non, dit-il, restons ici, c'est le plus sûr moyen d'arriver vite auprès de ceux qui nous avertiront.

Elle n'était pas en état de discuter, encore moins de raisonner ; elle se laissa retenir et ses yeux suivirent anxieusement le va-et-vient des torches, secouée à chaque instant par le balancement d'une de ces torches, attendant le second, et reconnaissant avec désespoir que ce qu'elle avait pris tout d'abord pour un signal était en réalité le résultat du hasard ou de l'inégalité des rochers sur lesquels les hommes marchaient.

a.

Une heure s'écoula ainsi, la plus longue assurément, la plus cruelle qu'elle eût jamais passée ; puis, un à un, les pêcheurs se rapprochèrent d'elle, et la réunion des torches fit revenir ceux qui s'étaient le plus éloignés ; chez tous ce fut le même signe de tête ou la même parole : rien.

A la façon dont elle s'appuya contre lui, Léon sentit combien profonde était la douleur qu'elle éprouvait, combien affreux était son désespoir.

— Ne voulez-vous pas chercher encore ? demanda-t-il.

— A quoi bon ?

— L'ombre a pu vous tromper.

— Je vous en prie ! s'écria Madeleine.

Pécune s'avança :

— Voyez-vous, mamzelle, dit-il, il ne faut pas croire que c'est par désespérance que nous vous disons ça ; seulement nous connaissons la mer, vous pensez bien ; il y a un courant infernal par cette grande marée.

— Précisément, interrompit Léon, c'est ce courant qui nous oblige à persévérer ; il peut avoir entraîné le corps plus loin que là où vos recherches se sont arrêtées.

Une nouvelle discussion s'engagea entre les pêcheurs, chacun émit son avis, mais sans rien affirmer, d'une façon dubitative et comme si l'on raisonnait en théorie ; en réalité, tous semblaient convaincus que pour le moment de nouvelles recherches était entièrement inutiles.

Ce qui, depuis plusieurs heures, soutenait Madeleine, c'était l'espérance, c'était la croyance qu'elle allait retrouver son père. Dans son désespoir, c'était là pour elle une sorte de consolation, au moins c'était une occupation pour son esprit. Se détachant du passé, sa pensée se portait sur l'avenir ; ce n'était pas le vide pour son cœur, et c'est là un point capital dans la douleur.

En écoutant cette discussion et en voyant les pêcheurs disposés à abandonner toutes recherches, elle eut un moment de défaillance et elle s'affaissa contre l'épaule de Léon ; mais presque aussitôt elle réagit contre cette faiblesse, et relevant la tête :

— Messieurs, dit-elle d'une voix entrecoupée, encore un peu de courage, je vous en supplie.

L'appel était si déchirant qu'il toucha ces rudes natures.

— Mamzelle a raison, dit Pécune ; il ne faut pas lâcher comme ça ; ce que la mer n'a pas fait il y a un moment, elle peut le faire maintenant. Allons-y !

— J'irai avec vous ! s'écria Madeleine.

Léon comprit qu'il valait mieux la laisser agir ; cette attente dans l'immobilité, cette anxiété étaient horribles et devaient fatalement briser le courage le plus résolu.

— Oui, dit-il, allons avec eux.

— Je vas vous éclairer, dit Pécune.

Et ayant mouché sa torche à demi consumée, en posant son sabot dessus, il la leva en l'air, éclairant Madeleine et Léon qui le suivirent, tandis que les autres pêcheurs se dispersaient çà et là dans les rochers.

Ils arrivèrent assez rapidement sur l'îlot de rochers où M. Haupois avait disparu, ce qui rendit leur marche plus lente, plus difficile et plus pénible, car les pierres étaient couvertes d'herbes glissantes, et çà et là se trouvaient des crevasses pleines d'eau qu'il fallait traverser en se mouillant à mi-jambes ; mais Madeleine n'était sensible ni à la fatigue, ni à l'eau ; elle allait courageusement en avant, regardant autour d'elle bien plus qu'à ses pieds et se cramponnant à la main de Léon quand elle faisait un faux pas.

Pendant longtemps ils explorèrent ainsi cet îlot, mais, hélas ! inutilement ; ce qui de loin et dans l'ombre avait une forme humaine, de près et sous la lumière de la torche n'était qu'une pierre recouverte de goëmons à la longue chevelure.

La marée, en montant, les força de revenir en arrière près des pêcheurs réunis sur le sable.

L'un d'eux comprit le désespoir de cette pauvre fille.

— Nous reviendrons à la basse mer du jour, dit-il.

Pour Madeleine, cette parole était une espérance.

On revint lentement à Saint-Aubin. La nuit était avancée, et, dans l'aube qui blanchissait déjà l'orient, l'éclat des phares de la Hève pâlissait.

VIII

Léon ayant reconduit Madeleine jusqu'à sa porte pria Pécune de vouloir bien le guider jusqu'à l'hôtel où une chambre lui avait été retenue, et qu'il eût été bien embarrassé de trouver seul.

D'ailleurs il voulait consulter le pêcheur, ce qu'il n'avait pu faire en présence de Madeleine.

— Croyez-vous donc que nous devons renoncer à l'espérance de retrouver mon oncle? demanda-t-il.

— Non, monsieur, je ne crois pas ça; même qu'on le trouvera pour sûr; c'est le courant qui aura entraîné le corps, mais il le ramènera. Et puis, voyez-vous, il n'y a pas de danger: M. Haupois était bien vêtu, il avait un bon pantalon de laine, un paletot, une grosse cravate et des bottes; je l'ai vu passer quand il est parti pour la pêche; les crabes, les pieuvres et toute la vermine de la mer ne pourront pas lui faire de mal. Ce n'est pas comme mon pauvre père et mon garçon que j'ai perdus il y a trois mois; eux, ils n'avaient qu'une mauvaise blouse et des sabots, et les sabots, vous savez, ça flotte, ça ne coule pas avec le corps. Quand il a été bien certain qu'ils étaient noyés, je me disais : « S'ils pouvaient seulement revenir pour que j'aille les chercher tous les deux, le père et le garçon. » C'était toute mon espérance, toute ma consolation. Ils sont revenus; mais en quel état, mon Dieu! Vous n'avez pas ça à craindre pour votre oncle. Et mademoiselle Madeleine, la chère demoiselle, pourra embrasser son père une dernière fois; ça lui sera bon.

— Mais quand?

— Le bon Dieu seul le sait!

— Je voudrais qu'un bateau croisât toujours dans ces parages à la mer haute, et qu'à la mer basse on continuât les recherches.

— Le bateau, c'est trop tôt.

— Peut-être, mais cela rassurera Madeleine, elle verra que son père n'est pas abandonné. Trouvez-moi ce bateau, et qu'on soit ce matin même sur les îles de Bernières pour ne plus s'en éloigner.

— Eh bien, j'irai, si vous voulez, avec mon bateau ; seulement je ne vous cache pas qu'il y a pour le moment plus de chance sur la grève.

— Je placerai des hommes sur la grève.

— Il faudrait prévenir aussi les douaniers.

— Je m'occuperai de cela.

Léon ne se coucha pas ; mais, s'étant fait allumer un grand feu, il se sécha et se réchauffa ; puis, quand les maisons commencèrent à s'ouvrir, il fit ce que Pécune lui avait recommandé.

Quand il se présenta chez Madeleine, il la trouva assise devant la cheminée de sa petite salle : elle non plus ne s'était pas couchée.

— Je t'attendais, dit-elle, veux-tu que nous allions sur la plage ?

— Ce que tu veux, je le veux.

Ils se dirigèrent vers le rivage, et quand ils arrivèrent en vue de la mer, Léon vit les yeux de Madeleine prendre une expression affolée.

Alors, étendant la main dans la direction de l'ouest, il lui montra une barque aux voiles d'un roux de rouille qui courait une bordée devant le sémaphore de Bernières.

— C'est la barque de Pécune, dit-il, elle restera là à croiser en examinant la mer, tant qu'il sera utile, et ne rentrera que la nuit.

Il lui expliqua aussi ce qu'il avait fait pour mettre des hommes en vedette sur la côte depuis le phare de Ver jusqu'à l'embouchure de l'Orne.

Elle marchait près de lui, seule, sans lui donner le

bras; tout à coup elle s'arrêta, et, lui tendant la main:

— Tu es bon, dit-elle.

Il garda cette main dans la sienne, puis la plaçant sous son bras, il se remit en marche se dirigeant vers Bernières.

— Je n'ai pas voulu parler de toi jusqu'à présent, dit-il, de moi, ni de nous; c'était à un autre que nous devions être entièrement d'esprit et de cœur; mais il faut que tu saches que tu n'es pas seule au monde, chère Madeleine, et que tu as un frère.

Elle tourna vers lui son visage convulsé, et dans ses yeux hagards, quelques instants auparavant, il vit rouler des larmes d'attendrissement.

Il continua.

— Dans mon père, dans ma mère, dans ma sœur, sois certaine que tu trouveras une famille, sois certaine aussi que le différend survenu si malheureusement entre nos parents n'a altéré en rien les sentiments de mon père; il m'a toujours parlé de toi avec tendresse, et s'il était ici il te tiendrait ce langage avec plus d'autorité seulement, mais non avec plus d'amitié, avec plus d'affection; notre maison est la tienne.

— Je voudrais rester ici, dit-elle.

— Assurément nous y resterons tant que cela sera nécessaire, j'y resterai avec toi; tu comprends bien que je ne te parle pas d'aujourd'hui.

— Je comprends, je sens que tu es la bonté même, mais tout le reste je le comprends mal, pardonne-moi, mon esprit est ailleurs.

Disant cela, elle détourna les yeux et par un mouvement rapide elle les jeta sur la ligne blanche des vagues qui frappaient le rivage.

— Je ne veux pas te distraire, continua Léon, et je ne te dirai que ce qui doit être dit.

— Descendons à la mer, je te prie.

— Si tu le veux, mais en tant que cela ne nous éloignera pas de Bernières, où je vais pour prévenir par dépêche mon père de ce qui est arrivé; il faut que tu aies près de toi ceux qui t'aiment.

Mais la réponse de M. Haupois-Daguillon ne fut pas ce que Léon avait prévu : malade en ce moment, il ne pourrait pas quitter Balaruc avant plusieurs jours, le médecin s'y opposait formellement, et madame Haupois-Daguillon restait près de lui pour le soigner. Ils étaient l'un et l'autre désolés de ne pouvoir pas accourir auprès de Madeleine à qui ils envoyaient l'assurance de leur tendresse et leur dévouement.

— C'est près de ton père que tu devrais être, dit Madeleine, lorsque Léon lui lut cette dépêche, pars donc, je t'en prie.

— Si mon père était en danger je partirais, mais cela n'est pas, ses douleurs se sont exaspérées sous l'influence des eaux, voilà tout; mon devoir est de rester ici, j'y reste, et j'y resterai jusqu'au moment où nous pourrons partir ensemble.

Ce moment n'arriva pas aussi promptement que Léon l'espérait; les jours s'écoulèrent et chaque matin, chaque soir, les nouvelles qu'il reçut des gens postés le long de la côte furent toujours les mêmes : rien de nouveau.

Chaque jour, chaque heure qui s'écoulaient augmentaient l'angoisse de Madeleine : jamais plus elle ne verrait son père qui n'aurait pas une tombe sur laquelle elle pourrait venir pleurer

Elle ne quittait pas la grève et du matin au soir on la voyait marcher sur le rivage, avec Léon près d'elle, depuis Langrune jusqu'à Courseulles, et, suivant le mouvement du flux et du reflux, remontant vers la terre quand la mer montait, l'accompagnant quand elle descendait.

Devant cette jeune fille en noir, au visage pâle, au regard désolé, tout le monde se découvrait respectueusement ; mais elle ne répondait jamais à ces témoignages de sympathie, quelle ne voyait pas, et lorsqu'elle les remarquait, elle le faisait par une simple inclinaison de tête, sans parler à personne.

C'était seulement aux douaniers et aux gens qui étaient chargés d'explorer le rivage qu'elle adressait la parole, encore était-ce d'une façon contrainte :

— Rien de nouveau encore ? demandait-elle.

Mais elle ne prononçait pas de nom, et le mot décisif elle l'évitait.

On lui répondait de la même manière, et le plus souvent sans parole, en secouant la tête.

Le septième jour après la mort de M. Haupois, le temps, jusque-là beau, se mit au mauvais.

Le vent, qui avait constamment été au sud, passa à l'est, puis au nord, d'où il ne tarda pas à souffler en tempête : toutes les barques revinrent à la côte, et sur la mer démontée on n'aperçut plus à l'horizon que de grands navires : le bateau de Pécune, que depuis sept jours on était habitué à voir du matin au soir courir des bordées devant Bernières, dut aborder ne pouvant plus tenir la mer.

Aussitôt à terre, Pécune vint trouver Madeleine dans la cabine où elle se tenait avec Léon.

— J'ai résisté tant que j'ai pu, dit-il, mais il n'y avait plus moyen de rester à la mer, excusez-moi, mamzelle.

Madeleine inclina la tête.

— Faut pas que cela vous désole, continua Pécune, c'est un bon vent pour votre malheureux, il porte à la côte; soyez sûre que demain ou après-demain il doit aborder.

Comme elle levait la main avec un signe d'incrédulité et de désespérance, Pécune se pencha vers elle, et d'une voix basse :

— Croyez-moi, mamzelle, quand je vous dis que le neuvième jour les noyés qui n'ont pas été retrouvés se lèvent eux-mêmes dans la mer et se mettent en marche pour venir se coucher dans la terre bénite; s'ils ne sont pas trop loin ou si le vent est favorable ils abordent; ils ne restent en route que si le chemin à faire est trop long ou si le vent leur est contraire. Vous voyez bien que le vent est bon présentement. Rentrez chez vous, mamzelle, et mettez des draps blancs au lit de votre pauvre père.

Le vent continua de souffler du nord pendant trente-six heures, puis il faiblit mais sans tomber complètement.

Le matin du neuvième jour Léon vit arriver l'homme qui avait la garde du rivage de Bernières : M. Haupois venait d'aborder sur la grève, selon la prédiction de Pécune.

L'enterrement eut lieu le même jour à trois heures de l'après-midi, et le soir Léon monta avec Madeleine dans le train qui arrive à Paris à cinq heures du matin.

Pendant ces neuf jours il avait exécuté l'acte de dernière volonté de son oncle, il était resté près de Madeloine, « elle avait trouvé en lui une main qui l'avait soutenue, et un cœur dans lequel elle avait pu pleurer. »

Mais sa tâche n'était pas finie.

IX

Avant de quitter Saint-Aubin, Léon avait envoyé une dépêche pour qu'on préparât à Madeleine un appartement dans la maison de la rue de Rivoli, — celui que sa sœur occupait avant son mariage.

En arrivant il la conduisit lui-même à son appartement :

— Te voilà chez toi, dit-il ; tu vois que cette chambre est celle de Camille ; maintenant elle est la tienne : la sœur cadette prend la place de la sœur aînée.

Il se dirigea vers la porte de sortie, mais après avoir fait quelques pas il revint en arrière :

— Tu vas sans doute manquer de beaucoup de choses ; ne t'en inquiète pas trop, mon intention est d'aller ce soir ou demain à Rouen pour m'occuper des affaires de mon oncle, tu me donneras une liste de ce que tu veux et je le rapporterai.

— J'aurais voulu aller à Rouen.

— Pourquoi ?

— Mais...

Elle hésita.

Aussitôt il lui vint en aide.

— Tu voudrais aussi, n'est-ce pas, t'occuper de ses affaires ?

Elle inclina la tête avec un signe affirmatif.

— Sois tranquille, elles seront arrangées à la satisfaction de tous ; aussi bien à l'honneur de... mon oncle, qu'à l'intérêt de ceux avec qui il était en relations ; je ne ferai rien sans te consulter. Mais c'est trop causer. A tantôt !

Elle le retint :

— Un seul mot.

— Mais...

— Mieux vaut le dire tout de suite que plus tard, puisqu'il est douloureux et qu'il doit être dit : ces affaires sont embarrassées... très-embarrassées ; nous avons des dettes qui certainement dépasseront notre avoir ; de combien, je ne sais, car mon pauvre papa, pour ne pas m'effrayer, ne me disait pas tout ; mais enfin ces dettes se révéleront assez lourdes, je le crains : qu'il soit bien entendu que je veux qu'elles soient toutes payées.

— C'est bien ainsi que je le comprends.

— On n'est pas la fille d'un magistrat sans entendre parler des choses de la loi ; j'ai des droits à faire valoir comme héritière de ma mère ; j'abandonne ces droits, j'abandonne tout, je consens à ce que tout ce que je possède soit vendu pour que ces dettes soient payées.

Mais Léon ne partit pas le soir pour Rouen comme il le désirait, car il trouva rue Royale une dépêche de son père annonçant son arrivée à Paris pour le soir même.

Ce que Léon voulait en se rendant à Rouen, c'étai

prendre connaissance des affaires de son oncle, et dire aux créanciers qui allaient s'abattre menaçants, qu'ils n'avaient rien à craindre, qu'ils seraient payés intégralement et qu'il le leur garantissait, lui Léon Haupois-Daguillon, de la maison Haupois-Daguillon de Paris.

Son père à Balaruc, cela lui était facile, il n'avait personne à consulter, il agissait de lui-même, dans le sens qu'il jugeait convenable.

Mais l'arrivée de son père à Paris changeait la situation.

Il fallait laisser à celui-ci le plaisir de sa générosité envers cette pauvre Madeleine ; cela était convenable, cela était juste, et, de plus, cela était, jusqu'à un certain point, habile ; on s'attache à ceux qu'on oblige ; le service rendu serait un lien de plus qui attacherait son père à Madeleine ; il l'aimerait d'autant plus qu'il aurait plus fait pour elle.

C'était par le train de six heures que M. et madame Haupois-Daguillon devaient arriver à la gare de Lyon. A six heures moins quelques minutes, Léon les attendait à la porte de sortie des voyageurs. Tout d'abord il avait pensé à demander à Madeleine si elle voulait l'accompagner, ce qui eût été une prévenance à laquelle son père et sa mère auraient été sensibles ; mais la réflexion l'avait fait vite renoncer à cette idée ; il ne pouvait pas, à Paris, sortir seul avec Madeleine.

De la gare de Lyon à la rue de Rivoli, le temps se passa pour M. et madame Haupois en questions, pour Léon en récit.

Il y avait une demande qu'il attendait et pour laquelle il avait préparé sa réponse : « Comment était-il arrivé à Saint-Aubin juste au moment de la mort de son oncle ? »

Ce fut sa mère qui la lui posa.

Son explication fut celle qu'il avait déjà donnée à Madeleine : le médecin de Rouen qu'il rencontre par hasard et qui le prévient que son oncle est menacé de devenir aveugle.

Cette histoire du médecin avait l'inconvénient de ne pas expliquer la lettre de son oncle ; mais devait-on supposer que Savourdin parlerait de cette lettre ? Cela n'était pas probable ; si contre toute attente le vieux caissier en parlait, il serait temps alors de l'expliquer d'une façon telle quelle.

Elevé par un père et une mère qui l'aimaient, Léon n'avait pas été habitué à mentir, aussi se serait-il assez mal tiré de son récit fait dans le calme et en tête à tête avec ses parents ; mais en voiture, au milieu du bruit et des distractions, il en vint à bout sans trop de maladresse.

En entrant dans le salon où Madeleine se tenait, M. Haupois-Daguillon ouvrit ses bras à sa nièce et l'embrassa tendrement.

Puis après l'oncle vint la tante.

Mais ce fut plutôt en père et en mère qu'ils l'accueillirent qu'en oncle et en tante.

Madame Haupois-Daguillon eut soin d'ailleurs de bien marquer cette nuance :

— Désormais cette maison sera la tienne, lui dit-elle, et tu trouveras dans ton oncle un père, dans Léon un frère ; pour moi tu peux compter sur toute ma tendresse.

Madeleine était trop émue pour répondre, mais ses larmes parlèrent pour elle.

Madame Haupois-Daguillon était depuis trop longtemps éloignée de sa maison de commerce pour ne pas vouloir reprendre dès le soir même les habitudes de toute sa vie ; aussi, malgré les fatigues d'un voyage de vingt-deux heures, voulut-elle, après le dîner, aller coucher rue Royale.

— Je vais t'accompagner, lui dit son fils.

A peine dans la rue, Léon se pencha à l'oreille de sa mère :

— Comment trouves-tu Madeleine ? lui demanda-t-il.

L'intonation de cette question était si douce, que madame Haupois-Daguillon s'arrêta surprise et, s'appuyant sur le bras de son fils, elle força celui-ci à la regarder en face :

— Pourquoi me demandes-tu cela ? lui dit-elle.

— Mais pour savoir ce que tu penses maintenant de Madeleine, que tu n'avais pas vue depuis deux ans.

— Et pourquoi tiens-tu tant à savoir ce que je pense de Madeleine ?

— Pour une raison que je te dirai quand tu auras bien voulu me répondre.

Ces quelques paroles s'étaient échangées rapidement ; la voix du fils était émue ; celle de la mère était inquiète.

Cependant tous deux avaient pris le ton de l'enjouement.

— Sur quoi porte ta question ? demanda madame Haupois-Daguillon, qui paraissait vouloir gagner du temps et peser sa réponse avant de la risquer.

— Comment sur quoi ? Mais sur Madeleine, puisque c'est d'elle que je te parle.

— J'entends bien, mais toi aussi tu m'entends bien ; tu me demandes comment je trouve Madeleine ; est-ce de sa figure que tu parles ? de son esprit, de son cœur, de son caractère ?

— De tout.

— Quand je voyais Madeleine, elle était une bonne petite fille, intelligente.

— N'est-ce pas ?

— Douce de caractère et d'humeur facile.

— N'est-ce pas ? et pleine de cœur.

— Elle était tout cela alors, mais ce qu'elle est maintenant je n'en sais rien ; deux années changent beaucoup une jeune fille.

— Assurément, mais moi qui, depuis dix jours, vis près d'elle, je puis t'assurer que, s'il s'est fait des changements dans le caractère de Madeleine, ils sont analogues à ceux qui se sont faits dans sa personne.

— Il est vrai qu'elle a embelli et qu'elle est charmante.

— Alors que dirais-tu si je te la demandais pour ma femme ?

— Je dirais que tu es fou.

X

Lorsque pendant trente ans on a dirigé une grande maison de commerce, avec une armée d'employés ou d'ouvriers sous ses ordres, on a pris bien souvent dans cette direction des habitudes d'autorité qu'on porte dans la vie et dans le monde ; partout l'on commande, et à tous, sans admettre la résistance ou la contradiction.

C'était le cas de madame Haupois-Daguillon qui, même avec ses enfants qu'elle aimait cependant tendrement, était toujours madame Haupois-Daguillon.

Lorsqu'elle avait pris le bras de son fils, c'était en mère qu'elle lui avait tout d'abord parlé d'un ton affectueux et vraiment maternel ; mais ce ne fut pas la mère qui s'écria : « Tu es fou » ; ce fut la femme de volonté, d'autorité, la femme de commerce.

Léon connaissait trop bien sa mère pour ne pas saisir les moindres nuances de ses intonations, et c'était précisément parce qu'il avait au premier mot senti chez elle de la résistance qu'il avait été si net et si précis dans sa demande : c'était là un des côtés de son caractère ; mou dans les circonstances ordinaires, il devenait ferme et même cassant aussitôt qu'il se voyait en face d'une opposition.

— En quoi est-ce folie de penser à prendre Madeleine pour femme ? demanda-t-il.

Ils étaient arrivés sur la place de la Concorde, madame Haupois s'arrêta tout à coup, puis, après un court mouvement d'hésitation, elle tourna sur elle-même.

— Rentrons rue de Rivoli, dit-elle.

— Et pourquoi ?

— Ton père n'est pas encore couché, tu vas lui expliquer ce que tu viens de me dire...

— Mais...

— Madeleine est la nièce de ton père ; elle est son sang ; par le malheur qui vient de la frapper, elle de-

A

vient jusqu'à un certain point sa fille, c'est donc à lui qu'il appartient de décider d'elle. Je ne veux pas, si la réponse de ton père est contraire à tes désirs... que tu m'accuses d'avoir pesé sur lui et d'avoir inspiré cette réponse.

— Mais c'était là justement ce que je voulais, dit-il avec un sourire, tu l'as bien deviné.

— Rentrons, explique-toi franchement avec ton père, il te dira ce qu'il pense.

— Mais toi ?

— Je te le dirai aussi.

— Tu me fais peur.

Et, sans échanger d'autres paroles, ils revinrent à l'appartement de la rue de Rivoli.

M. Haupois fut grandement surpris en voyant entrer dans sa chambre sa femme et son fils.

— Que se passe-t-il donc ? demanda-t-il.

— Léon va te l'expliquer, mais en attendant qu'il le fasse longuement, je veux te le dire en deux mots, — il désire prendre Madeleine pour femme.

— Il est donc fou !

— C'est justement le mot que je lui ai répondu.

Puis, s'adressant à son fils :

— Tu ne diras pas que ton père et moi nous nous étions entendus.

Léon resta déconcerté, et pendant plusieurs minutes il regarda son père et sa mère, ses yeux ne quittant celui-ci que pour se poser sur celle-là.

Enfin il se remit.

— Il y a une question que j'ai adressée à ma mère, veux-tu me permettre de te la poser

— Laquelle ?

— En quoi est-ce folie de vouloir épouser Madeleine?
— Elle n'a pas un sou.
— Je ne tiens nullement à épouser une femme riche.
— Nous y tenons, nous!
— Je ne t'obligerai jamais, dit M. Haupois, à épouser une femme que tu n'aimerais pas, mais je te demande qu'en échange tu ne prennes pas une femme qui ne nous conviendrait pas.
— En quoi Madeleine peut-elle ne pas vous convenir? ma mère reconnaissait tout à l'heure qu'elle était charmante sous tous les rapports.
— Sous tous, j'en conviens, répondit M. Haupois, sous un seul excepté, sous celui de la fortune; ta position...
— Oh! ma position.
— Notre position si tu aimes mieux, notre position t'oblige à épouser une femme digne de toi.
— Je ne connais pas de jeune fille plus digne d'amour que Madeleine.
— Il n'est pas question d'amour.
— Il me semble cependant que, si l'on veut se marier, c'est la première question à examiner, répliqua Léon avec une certaine raideur, et pour moi je puis vous affirmer que je n'épouserai qu'une femme que j'aimerai.

Peu à peu le ton s'était élevé chez le père aussi bien que chez le fils, madame Haupois jugea prudent d'intervenir.

— Mon cher enfant, dit-elle avec douceur, tu ne comprends pas ton père, tu ne nous comprends pas; ce n'est pas sur la femme, ce n'est pas sur Madeleine que nous discutons, c'est sur la position sociale et financière que doit occuper dans le monde celle qui épousera l'héritier de la maison Haupois-Daguillon. Aie donc un peu la fierté de ta maison, de ton nom et de ta fortune. Autrefois on disait: « noblesse oblige » ; la noblesse n'est plus au premier rang; aujourd'hui c'est « fortune qui oblige ». Tu sens bien, n'est-il pas vrai, que tu ne peux pas épouser une femme qui n'a rien.

Depuis que ce gros mot de fortune avait été prononcé, Léon avait une réplique sur les lèvres : « Mon père n'avait rien, ce qui ne l'a pas empêché d'épouser l'héritière des Daguillon ; » mais, si décisive qu'elle fût, il ne pouvait la prononcer qu'en blessant son père aussi bien que sa mère, et il la retint.

— Il y aurait un moyen que Madeleine ne fût pas une femme qui n'a rien, dit-il en essayant de prendre un ton léger.

— Lequel ? demanda M. Haupois, qui n'admettait pas volontiers qu'on ne discutât pas toujours gravement et méthodiquement.

— Elle est, par le seul fait de la mort de mon pauvre oncle, devenue ta fille, n'est-ce pas ?

— Sans doute.

— Eh bien ! tu ne marieras pas ta fille sans la doter ; donne-lui la moitié de ma part, et en nous mariant nous aurons un apport égal.

— Allons, décidément, tu es tout à fait fou.

— Non, mon père, et je t'assure que je n'ai jamais parlé plus sérieusement; car je m'appuie sur ta bonté, sur ta générosité, sur ton cœur, et cela n'est pas folie.

— Tu as raison de croire que je doterai Madeleine ; nous nous sommes déjà entendus à ce sujet, ta mère et moi, de même que nous nous sommes entendus aussi sur le choix du mari que nous lui donnerons.

— Charles ! interrompit vivement madame Haupois en mettant un doigt sur ses lèvres ; puis tout de suite s'adressant à son fils : C'est assez ; nous savons les uns et les autres ce qu'il était important de savoir ; ton père et moi nous connaissons tes sentiments, et tu connais les nôtres ; il est tard ; nous sommes fatigués, et d'ailleurs il ne serait pas sage de discuter ainsi à l'improviste une chose aussi grave ; nous y réfléchirons chacun de notre côté, et nous verrons ensuite chez qui ces sentiments doivent changer. Reconduis-moi.

XI

Les mauvaises dispositions manifestées par son père et sa mère ne pouvaient pas empêcher Léon de s'occuper des affaires de Madeleine : tout au contraire.

Le lendemain, il parla à son père de son projet d'aller à Rouen pour voir quelle était précisément la situation de son oncle.

Mais, aux premiers mots, M. Haupois l'arrêta :

— Ce voyage est inutile, dit-il, j'ai déjà écrit à Rouen, et j'ai chargé un de mes anciens camarades, aujourd'hui avoué, de mener à bien cette liquidation ; il vaut mieux que nous ne paraissions pas ; un homme d'affaires viendra plus facilement à bout des créanciers.

4.

Le mot « liquidation » avait fait lever la tête à Léon, l'idée de venir « à bout des créanciers facilement » le souleva :

— Pardon, s'écria-t-il, mais l'intention de Madeleine est d'abandonner tous les droits qu'elle tient de sa mère, pour que les créanciers soient payés; il n'y a donc pas à venir à bout d'eux.

— Ceci me regarde et ne regarde que moi ; les droits de Madeleine sont insignifiants, et si c'est pour en faire abandon que tu veux aller à Rouen, ton voyage est inutile.

— Je te répète ce que Madeleine m'a dit.

— C'est bien, je sais ce que j'ai à faire. Mais puisqu'il est question de Madeleine, revenons, je te prie, sur notre entretien d'hier soir : ce n'est pas sérieusement que tu penses à prendre Madeleine pour ta femme, n'est-ce pas ?

— Rien n'est plus sérieux.

— Tu veux te marier ?

— Je désire devenir le mari de Madeleine.

— A vingt-quatre ans, tu veux dire adieu à la vie de garçon, à la liberté, au plaisir ! Il n'y a donc plus de jeunes gens ?

— La vie de garçon n'a pas pour moi les charmes que tu supposes, et je me soucie peu d'une liberté dont je ne sais bien souvent que faire. J'ai plutôt besoin d'affection et de tendresse.

— Il me semble que ni l'affection ni la tendresse ne t'ont manqué, répliqua M. Haupois. Je t'ai dit hier que tu étais fou, je te le répète aujourd'hui, non plus sous une impression de surprise, mais de sang-froid et après réflexion. Toute la nuit j'ai réfléchi à ton projet, à ta fantaisie ; et de quelque côté que je l'aie retourné, il m'a paru ce qu'il est réellement, c'est-à-dire insensé ; aussi, pour ne pas laisser aller les choses plus loin, je te déclare, puisque nous sommes sur ce sujet, que je ne donnerai jamais mon consentement à un mariage avec Madeleine. Jamais ; tu entends, jamais ; et en te parlant ainsi, je te parle en mon nom et au nom de ta mère ; tu n'épouseras pas ta cousine avec notre agrément ; sans doute tu toucheras bientôt à l'âge où l'on peut se marier malgré ses parents ; mais, si tu prends ainsi Madeleine pour femme, il est bien entendu dès maintenant que ce sera malgré nous. Nous avons d'autres projets pour toi, et je dois te le dire pour être franc, nous en avons d'autres pour Madeleine. Quand ne t'ai écrit que notre intention était de recueillir cette pauvre enfant et de la traiter comme notre fille, nous pensions, ta mère et moi, que tu n'éprouverais pour elle que des sentiments fraternels, en un mot qu'elle serait pour toi une sœur et rien qu'une sœur ; mais ce que tu nous a appris hier nous prouve que nous nous trompions.

— Jusqu'à ce jour Madeleine n'a été pour moi qu'une sœur.

— Jusqu'à ce jour ; mais maintenant, si vous vous voyez à chaque instant, et si vous vivez sous le même toit, les sentiments fraternels seront remplacés par d'autres sans doute ; tu te laisseras entraîner par la sympathie qu'elle t'inspire et tu l'aimeras ; elle, de son côté, pourra très-bien ne pas rester insensible à ta tendresse et t'aimer aussi. Cela est-il possible, je le demande ?

— Que voulez-vous donc, ma mère et toi ?

— Nous voulons ce que le devoir et l'honneur exigent, puisque nous sommes décidés à ne pas te laisser épouser Madeleine.

— Lui fermer votre maison ! Ah ! ni toi ni ma mère vous ne ferez cela.

— Il dépend de toi que Madeleine reste ici comme si elle était notre fille.

— Et comment cela?

— Tu comprends, n'est-ce pas, qu'après ce que tu nous as dit nous ne pouvons pas, nous qui ne voulons pas que Madeleine devienne ta femme, nous ne pouvons pas tolérer que vous viviez l'un et l'autre dans une étroite intimité.

— Vous reconnaissez donc de bien grandes qualités à Madeleine, que vous craignez qu'une intimité de chaque jour développe un amour naissant? Si Madeleine n'est pas digne d'être aimée, le meilleur moyen de de me le prouver n'est-il pas de me laisser vivre près d'elle pour que j'apprenne à la connaître et à la juger telle qu'elle est ?

— Il ne s'agit pas de cela. Je dis que vous ne devez pas vivre sous le même toit, et bien que tu aies ton appartement particulier, il en serait ainsi si nous laissions les choses aller comme elles ont commencé ; régulièrement, beaucoup plus régulièrement qu'autrefois, tu déjeunerais avec nous, tu dînerais avec nous, tu passerais tes soirées avec nous, c'est-à-dire avec Madeleine. Pour que cela ne se réalise pas, il n'y a que deux partis à prendre : ou Madeleine quitte notre maison, ou tu t'éloignes toi-même.

— C'est ma mère qui a eu cette idée ?

— Ta mère et moi ; mais ne nous fais pas porter une

responsabilité qui t'incombe à toi-même, et si ce que je viens de te dire te blesse, n'accuse que celui qui nous impose ces résolutions.

— Et où dois-je aller?

— A Madrid, où ta présence sera utile, très-utile aux affaires de notre maison. Tu acceptes cette combinaison, Madeleine reste chez nous, et nous avons pour elle les soins d'un père et d'une mère; tu la refuses, alors je m'occupe de trouver pour elle une maison respectable où elle vivra jusqu'au jour de son mariage.

Léon resta assez longtemps sans répondre.

— Eh bien? demanda M. Haupois. Tu ne dis rien?

— Je sens que votre résolution est par malheur bien arrêtée, je ne lui résisterai donc pas. J'irai à Madrid, car je ne veux pas causer à Madeleine la douleur de sortir de cette maison. Mais pour me rendre à votre volonté, je ne renonce pas à Madeleine. Loin d'elle j'interrogerai mon cœur. L'absence me dira quels sentiments j'éprouve pour elle, quelle est leur solidité et leur profondeur; à mon retour je vous ferai connaître ces sentiments, j'interrogerai ceux de Madeleine et nous reprendrons alors cet entretien. Quand veux-tu que je parte ?

— Le plus tôt sera le mieux.

XII

Ce n'était pas la première fois que Léon se trouvait en opposition avec les idées ambitieuses de son père et de sa mère; il les connaissait donc bien et, mieux que personne, il savait qu'il n'y avait pas à lutter contre elles.

Quand sa mère avait dit avec modestie et les yeux baissés : « notre position », tout était dit.

Et, pour son père, il n'y avait rien au-dessus de la fortune « gagnée loyalement dans le commerce ».

Tous deux avaient au même point la fierté de l'argent et le mépris de la médiocrité.

Plus jeune que sa sœur de deux ans, il avait vu, lorsqu'il avait été question de marier celle-ci, quelle était la puissance tyrannique de ces idées, qui avaient fait repousser, malgré les supplications de Camille, les prétendants les plus nobles, mais pauvres, pour accepter en fin de compte un baron Valentin, à peine noble mais riche. Combien de fois Camille, qui voulait être duchesse et qui n'admettait qu'avec rage la possibilité d'être simple marquise, avait-elle versé des torrents de larmes. Mais ni larmes ni rage n'avaient touché M. et madame Haupois.

— Nous ne nous amoindrirons pas dans notre gendre.

Cette réponse avait toujours été la même en présence d'un mari pauvre.

S'amoindrir! s'abaisser! pour eux c'était faire faillite moralement.

Que répondre à son père et à sa mère lui disant: « Ce n'est pas Madeleine que nous repoussons, c'est la fille sans fortune? »

Toutes les raisons du monde les meilleures et les plus habiles ne feraient pas Madeleine riche du jour au lendemain; et ce qu'il dirait, ce qu'il tenterait en ce moment, tournerait en réalité contre elle.

Ce qu'il fallait pour le moment, c'était que Madeleine restât près de son père et de sa mère et qu'elle devînt de fait ce qu'elle n'était encore qu'en parole : eur fille.

Et puis d'ailleurs ce temps d'attente aurait cela de bon qu'il serait pour lui-même un temps d'épreuve. Loin de Madeleine, il sonderait son cœur. Et, s'étan, dégagé du sentiment de sympathie et de tendresse qui à cette heure le poussait vers elle, il verrait s'il aimait réellement sa cousine, et surtout s'il l'aimait assez pour l'épouser malgré son père et sa mère.

La chose était assez grave pour être mûrement pesée et ne point se décider à la légère par un coup de tête ou dans un mouvement de révolte.

Résolu à partir, il voulut l'annoncer lui-même à Madeleine, et pour cela il choisit un moment où, sa mère étant occupée rue Royale et son père étant à son cercle, il était certain de la trouver seule et de n'être point dérangés dans leur entretien.

— Je viens t'annoncer mon départ pour demain, dit-il.

A ce mot, Madeleine ne montra ni surprise ni émotion, mais tirant un morceau de papier d'un carnet elle le plia en quatre et le tendit à son cousin.

— Voici la liste des objets que je te prie de me faire expédier, dit-elle.

— Mais je ne vais point à Rouen, je pars pour Madrid.

— Madrid !

Et cette émotion que Léon lui reprochait tout bas de n'avoir point manifestée quelques secondes auparavant fit trembler sa voix et pâlir ses lèvres frémissantes.

— Tu pars ! répéta-t-elle tout bas et machinalement. Ainsi tu pars.

— Demain.

— Et tu seras longtemps absent ?

Il hésita un moment avant de répondre.

— Je ne sais.

— C'est-à-dire pour être franc que tu ne peux pas prévoir le moment de ton retour, n'est-ce pas ? Tu as été si bon, si généreux pour moi, que me voilà tout attristée.

Puis baissant la voix :

— Avec qui parlerai-je de lui ?

Et deux larmes coulèrent sur ses joues.

C'était la pensée de son père qui, assurément, faisait couler les larmes, et cette pensée seule.

— Et pourquoi n'en parlerais-tu pas avec mon père ? demanda Léon après quelques minutes de réflexion; tu sais qu'ils se sont aimés tendrement comme deux frères, et je t'assure qu'avant cette rupture qui a brisé nos relations, mon père avait plaisir à raconter des histoires de son enfance et de sa jeunesse, auxquelles son frère Armand se trouvait mêlé : tu seras agréable à mon père en lui parlant de ce temps.

— Certes je le ferai.

— Puisque je te demande d'être agréable à mon père, veux-tu me permettre de te donner un conseil, ma chère petite Madeleine?...

Il s'arrêta brusquement, car, se laissant entraîner par son émotion il avait été plus loin, beaucoup plus loin qu'il ne voulait aller.

Mais aussitôt il reprit en souriant :

— Tiens ! voilà que je parle comme lorsque tu n'étais qu'une petite fille et que nous jouiions au mariage.

Elle détourna la tête et ne répondit pas.

— Ce que je veux te demander, poursuivit Léon vivement, c'est que tu t'appliques à faire la conquête de mon père et de ma mère. Cela te sera facile, gracieuse, bonne, charmante, fine comme tu l'es.

— Tu ne me crois donc pas modeste, que tu me parles ainsi en face, dit-elle en s'efforçant de sourire.

— Je dirai, si tu veux, que tu n'es que charmante, et cela, il faut bien que je l'exprime brutalement, puisque je te demande de faire usage de cette qualité.

— Adresse-toi à mon désir de t'être agréable à toi-même, c'est assez.

— Enfin, je veux que tu charmes mon père et ma mère de telle sorte qu'à mon retour tu sois leur fille, leur vraie fille, non-seulement par l'adoption, mais encore par l'affection. Présentement tu sais qu'ils t'aiment et que tu peux compter sur eux. Je te demande de faire en sorte qu'ils t'aiment plus encore. Tu me diras qu'on plaît parce qu'on plaît, sans raison bien souvent; mais on plaît aussi parce qu'on veut plaire. Fais-moi l'amitié, chère petite... cousine, de leur plaire à tous deux, à l'un comme à l'autre. Ce qui sera le plus sensible à ma mère, ce sera l'intérêt que tu porteras aux affaires de notre maison. Si tu veux bien aller souvent lui tenir compagnie au magasin, si tu l'aides à écrire quelques lettres dans un moment de presse, si tu admires intelligemment quelques belles pièces d'orfévrerie, elle t'adorera. Quant à mon père, il sera très-heureux que tu l'accompagnes dans sa promenade de tous les jours aux Champs-Élysées, et quand il sera fier de toi pour les regards d'admiration que tu auras provoqués en passant appuyée sur son bras, sa conquête sera faite aussi, et solidement, je t'assure. Ne dis pas que tu ne provoqueras pas l'admiration.

— Je ne dis rien pour que tu n'insistes pas, mais pour cela seulement.

— Maintenant il me reste à parler d'un membre de notre famille avec qui tu n'as pas besoin de te mettre en frais, je veux parler de Camille. Il n'est même pas à souhaiter que tu fasses sa conquête.

— Et pourquoi donc ne veux-tu pas que je sois aimable avec elle?

— Parce qu'elle voudrait te marier.

Elle ne put retenir un mouvement de répulsion.

— Tu ne sais pas comme cette manie matrimoniale a fait de progrès en elle, depuis qu'elle est mariée; elle a toujours à offrir une collection de jeunes gens et de jeunes filles, portant tous, bien entendu, les plus beaux noms de la noblesse française ou étrangère, car elle n'a pas de préjugés patriotiques.

— Malheureusement pour Camille, il n'y a pas de maris pour les filles pauvres.

— Tu crois cela, petite cousine, tu as tort, il ne faut pas être si pessimiste : il y a, tu peux m'en croire, des hommes qui cherchent dans une femme autre chose que la fortune, et qui se laissent toucher par la beauté, par la grâce, par les qualités de l'esprit et de l'âme...

Il avait prononcé ces paroles avec élan, il s'arrêta, et reprenant le ton enjoué :

— Comme dans la collection de Camille il peut y avoir des hommes ainsi faits, je ne veux pas qu'elle te les propose, car je me réserve de te marier...

Elle le regarda interdite, ne sachant évidemment que penser de ces paroles et cherchant leur sens.

Il continua en souriant :

— Plus tard, à mon retour, nous parlerons de cela ; aussi ne permets à personne de t'en parler, n'est-ce pas, ou bien si l'on t'en parle malgré toi, écris-moi. Je sais bien qu'il n'est pas convenable qu'une jeune fille écrive ainsi, même à son cousin ; mais dans une circonstance aussi grave, ce ne serait pas à ton cousin que tu écrirais, ce serait à..... ce serait à ton frère. Me le promets-tu ?

Il lui tendit la main, elle lui donna la sienne.

— Maintenant, dit-il, j'ai encore quelque chose à te demander. Je voudrais emporter un souvenir de mon oncle..... et de toi, qui ne me quitterait pas. Veux-tu me donner le petit médaillon qui était suspendu à la chaîne de mon oncle et dans lequel se trouve l'émail fait d'après ton portrait quand tu étais petite fille ?

— Si je veux, ah ! de tout cœur !

Et vivement elle courut chercher ce médaillon qu'elle tendit à Léon.

— Merci, dit-il.

Et lui prenant les deux mains il les retint dans les siennes en la regardant dans les yeux.

A ce moment la porte s'ouvrit, et madame Haupois, entrant, les couvrit d'un coup d'œil.

— Je faisais mes adieux à Madeleine, dit Léon après un court moment d'embarras, car j'avance mon départ, je me mettrai en route demain matin.

XIII

Après le départ de Léon, Madeleine s'appliqua de tout cœur à suivre les conseils qu'il lui avait donnés, et cela lui fut d'autant plus facile qu'elle désirait elle-même très-franchement plaire à son oncle et à sa tante.

Si elle n'avait pas la vocation du commerce elle n'en avait ni le dégoût, ni le mépris, et ce n'était nullement un ennui pour elle d'aller passer quelques heures de sa journée auprès de sa tante; elle prenait intérêt à ce qui l'entourait, elle avait des yeux pour voir, elle avait des oreilles pour entendre, surtout des oreilles toujours attentives pour toutes les explications ou toutes les histoires, et madame Haupois-Daguillon était enchantée d'elle.

Si elle n'éprouvait pas non plus un plaisir extrême à monter chaque jour les Champs-Élysées jusqu'à l'Arc de Triomphe et à les redescendre à l'heure où le tout-Paris mondain s'en va faire au Bois sa banale promenade, cela ne lui était pas en réalité une bien grande fatigue : son oncle se montrait satisfait qu'elle l'accompagnât, elle était elle-même contente du contentement de son oncle.

M. Haupois-Daguillon, en sa jeunesse beau garçon et homme à bonnes fortunes, avait, malgré l'âge et ses occupations commerciales, conservé l'amour et le culte plastique, qui avaient failli faire de lui un statuaire ; il y avait peu d'hommes plus sensibles à la beauté féminine que ce riche bourgeois. Sa nièce eût été laide ou mal bâtie, il ne l'eût point pour cela repoussée ; mais les sentiments de compassion qu'il eût éprouvés pour elle n'eussent en rien ressemblé à ceux de tendre sympathie qui tout de suite l'avaient touché lorsqu'après une séparation de deux ans il l'avait revue. Car, loin d'être laide ou mal bâtie, elle était au contraire fort belle et surtout admirablement modelée cette jeune nièce : son cou onduleux, sa poitrine pleine et ronde, ses épaules tombantes sans saillies osseuses, son torse entier étaient dignes de la sculpture, et comme sur ces épaules se dressait une tête gracieuse et fine d'une beauté délicate, que la douleur en ces derniers temps avait pétrie pour lui donner quelque chose de tendre et de poétique, qu'elle n'avait pas en sa première jeunesse, elle produisait une vive sensation sur ceux qui la voyaient, alors même qu'il ne la connaissaient pas. Et pour suivre des yeux cette jeune fille en deuil à la démarche modeste, il arrivait souvent qu'on se détournât ou qu'on s'arrêtât alors qu'elle accompagnait son oncle qui, lui, s'avançait en vainqueur superbe : il marchait la tête haute et ses favoris blancs tombaient sur une cravate longue et sur une chemise d'une blancheur éblouissante formant le plastron ; cambrant sa poitrine bien prise dans une redingote boutonnée qui maintenait au majestueux un ventre proéminent ; tenant dans sa main soigneusement gantée une canne dont la pomme en argent était ciselée et niellée avec art ; frappant du talon de ses bottines l'asphalte du trottoir ; tendant le mollet, il passait à travers la foule, heureux de sa bonne santé, satisfait de sa prestance, glorieux de sa fortune et fier de l'impression que produisait sur les hommes celle qu'il promenait à son bras.

En peu de temps Madeleine avait fait ainsi, selon le désir de Léon, la conquête de son oncle et de sa tante, et si elle ne retrouva pas en eux un père et une mère, elle sentit au moins qu'elle était adoptée avec tendresse et non comme une parente pauvre dont on prend la charge parce qu'il le faut.

Dans l'apaisement que le temps amena peu à peu en elle, deux points noirs restèrent cependant inquiétants pour son esprit et menaçants pour son repos.

L'un se trouva dans les soins gênants dont l'entoura le principal employé de son oncle, un jeune homme de l'âge de Léon et son camarade de classes, nommé Eugène Saffroy ; — l'autre dans l'ignorance où son oncle la laissait à propos du règlement des affaires de son père.

Le premier souci de son oncle, dès qu'elle s'était installée à Paris, avait été de provoquer son émancipation, et, aussitôt qu'il l'eut obtenue, de se faire donner une procuration générale, de telle sorte que Madeleine n'eût à se préoccuper ni à s'occuper de rien. Si elle avait osé, elle aurait dit qu'elle désirait au contraire régler elle-même tout ce qui touchait la succession de son père; mais une extrême réserve lui était imposée en un pareil sujet, et aux premiers mots qu'elle avait osé risquer, son oncle lui avait fermé la bouche:

— As-tu confiance en moi?
— Oh! mon oncle.
— Eh bien! ma mignonne, laisse-moi faire; Léon m'a dit que tu abandonnais tous tes droits, nous aurons égard à ta volonté, qui est respectable; pour le reste, je pense que tu voudras bien t'en rapporter à ceux qui ont l'habitude des affaires; je te promets de te remettre aux mains les quittances de tous ceux à qui ton père devait; cela, il me semble, doit te suffire.

Evidemment cela devait lui suffire, et l'observation de son oncle était parfaitement juste. N'était-ce pas lui qui payait? Il avait bien le droit, alors, de vouloir garder la direction d'une affaire qui, en fin de compte, lui coûterait assez cher.

Elle se disait, elle se répétait tout cela, et cependant elle était tourmentée autant qu'affligée que son oncle ne lui parlât jamais de ce qui se passait à Rouen. Pourquoi ce silence? Qui plus qu'elle pouvait prendre à cœur de sauver l'honneur de son père et de défendre sa mémoire? De tous les malheurs qu'apporte la pauvreté, celui-là était pour elle le plus douloureux et le plus humiliant : rien, elle ne pouvait rien, pas même parler, pas même savoir; elle n'avait qu'à attendre dans son impuissance et surtout dans une confiance apparente.

Du côté d'Eugène Saffroy, son tourment, pour être moins profond, n'était pourtant pas sans avoir quelque chose de blessant.

Fils d'un ancien commis des Daguillon, cet Eugène Saffroy avait été recueilli, après la mort de ses parents, par madame Haupois-Daguillon, qui l'avait fait élever et instruire avec Léon, jusqu'au jour où celui-ci avait quitté le collége pour l'Ecole de droit. A cette époque Eugène Saffroy était entré dans la maison de la rue Royale, et rapidement, par son zèle, par son activité, par son intelligence des affaires, il était devenu un employé modèle, réalisant ainsi le secret désir de madame Haupois-Daguillon qui avait été de faire de lui le soutien de Léon, c'est-à-dire l'homme de travail et le directeur réel de la maison dont Léon serait bientôt le chef en nom beaucoup plus qu'en fait.

Lorsqu'on a de pareilles visées sur un homme qui, par son activité et son intelligence, peut se créer partout une bonne situation, on ne saurait trop le ménager pour se l'attacher solidement.

C'était ce qu'avait fait madame Haupois-Daguillon et, sous le double rapport des intérêts et des relations, elle l'avait traité aussi généreusement que possible ; non-seulement il avait une part dans les bénéfices de la maison, mais encore il trouvait son couvert mis tous les dimanches, à Paris pendant l'hiver, et pendant l'été au château de Noiseau : il était presque un associé et jusqu'à un certain point un membre de la famille

Cette position l'avait mis en relations fréquentes avec Madeleine, qu'il voyait tous les jours de la semaine pendant les heures qu'elle passait dans les magasins de la rue Royale auprès de sa tante, et le dimanche quand il venait dîner à Noiseau.

Tout d'abord Madeleine n'avait pas pris garde à ses attentions et à ses politesses, mais bientôt elle avait dû reconnaître qu'il n'était pour personne ce qu'il était pour elle.

Alors elle s'était renfermée dans une extrême réserve ; mais, sans se décourager, il avait persisté, s'empressant au-devant d'elle lorsqu'elle arrivait, cherchant sans cesse à lui adresser la parole, et, ce qu'il y avait de particulier, le faisant plus librement lorsque M. ou madame Haupois-Daguillon étaient présents, comme s'il se savait assuré de leur consentement.

Madeleine était assez femme pour ne pas se tromper sur la nature de ces politesses. Saffroy lui faisait la cour ou tout au moins cherchait à lui plaire ; à la vérité, c'était avec toutes les marques du plus grand respect, mais enfin le fait n'en existait pas moins, et il était visible pour tous.

Comment son oncle, comment sa tante ne s'en apercevaient-ils pas ? S'en apercevant, comment ne disaient-ils rien ?

Cela était étrange.

La sœur de Léon, la baronne Camille Valentin, lorsqu'elle revint de la campagne, se chargea de l'éclairer à ce sujet.

Au temps où Camille venait passer une partie de ses vacances à Rouen, elle n'avait pas grande amitié pour sa cousine Madeleine, mais maintenant la situation n'était plus la même, Madeleine était malheureuse, orpheline, pauvre, et c'était assez pour que la baronne Valentin, qui ne désirait rien tant que de trouver « des personnes intéressantes » qu'elle pût conseiller, secourir et protéger, lui témoignât une active sympathie.

Son premier mot, lorsqu'elle avait trouvé Madeleine installée chez ses parents et l'avait embrassée affectueusement, avait été pour lui dire tout bas à l'oreille :

— Sois tranquille, je te marierai ; mon mari, tu le sais, a les plus belles relations.

Quelques jours plus tard, lorsqu'elle avait remarqué l'attitude de Saffroy, elle s'était expliqué franchement et vigoureusement sur les prétentions du commis :

— Tu vois, n'est-ce pas, que monseigneur de Saffroy, — elle se plaisait à se moquer des roturiers en leur donnant la particule, — tu vois que monseigneur de Saffroy te fait la cour. Mais ce que tu ne vois peut-être pas, c'est qu'il est encouragé par mon père et ma mère.

— Ils te l'ont dit ? s'écria Madeleine.

— Non, mais cela n'était pas nécessaire ; j'ai des yeux pour voir, il me semble. D'ailleurs, cette faveur que mon père et ma mère accordent à Saffroy entre dans leur système : ils veulent se l'attacher et ils vont jusqu'à vouloir en faire leur neveu, parce qu'alors ils seront bien certains qu'il ne se séparera jamais de Léon et qu'il s'exterminera toute la vie pour lui. Ce n'est pas maladroit, mais cela ne sera pas. D'abord, parce que nous trouvons que Saffroy n'a déjà que trop de puissance dans la maison. Et puis, parce qu'il ne peut pas te convenir. Allons donc, toi, madame Saffroy, toi une Bréauté de Valletot ! Sois tranquille, tu seras de notre monde et non une boutiquière.

XIV

Dans ces circonstances, Madeleine crut que le mieux était de se conduire avec Saffroy de façon à ce que celui-ci comprît bien qu'elle ne serait jamais sa femme: si elle lui inspirait cette conviction, il renoncerait sans doute à son projet; on n'épouse pas volontiers une jeune fille qui vous dit sur tous les tons, qui vous crie bien haut et bien clairement qu'elle ne vous aime pas.

Mais les choses ne tournèrent point comme elle l'avait espéré; Saffroy ne montra aucun découragement, et, comme elle persistait dans sa réserve et sa froideur, sa tante intervint entre eux.

— Que t'a donc fait Saffroy? lui demanda-t-elle un soir que le jeune commis avait été tenu à distance avec plus de raideur encore que de coutume.

— Mais rien.

— Alors, mon enfant, permets-moi de te dire que je te trouve bien hautaine avec lui.

— Hautaine !

— Dure, si tu aimes mieux, raide et cassante. Saffroy, tu le sais, est notre ami bien plus que notre employé; il a toute notre confiance. Et j'ajoute qu'il la mérite pleinement sous tous les rapports, il mérite d'être aimé; jeune, beau garçon, intelligent, instruit, il rendra heureuse la femme qu'il épousera et il lui donnera une belle position dans le monde.

Disant cela elle regarda Madeleine avec attention, l'enveloppant entièrement d'un coup d'œil profond.

Puis, après un moment de réflexion, elle continua :

— Puisque nous avons parlé de Saffroy, il convient d'aller jusqu'au bout, dit-elle.

Et, lui prenant les deux mains, elle l'attira vers elle, de manière à la bien tenir sous ses yeux :

— Tu n'as pas oublié que nous t'avons dit que tu serais notre fille. Ce rôle que nous voulons prendre dans ta vie nous impose des obligations sérieuses ; la première et la plus importante est de penser à ton avenir, c'est-à-dire à ton mariage.

— Mais ma tante...

— Pour une jeune fille toute l'existence n'est-elle pas dans le mariage ? Tu veux me dire sans doute que ce n'est point en ce moment que tu peux songer au mariage. Nous partageons ton sentiment. Mais nous serions coupables, tu en conviendras, si nous n'avions souci que de l'heure présente ; nous devons nous préoccuper du lendemain, et c'est ce que nous faisons.

Madeleine écoutait avec inquiétude, car elle ne voyait que trop clairement où l'entretien allait aboutir.

— En raisonnant ainsi, continua madame Haupois-Daguillon, nous ne voulons pas, comme certains parents égoïstes, nous décharger au plus vite de la responsabilité qui nous incombe, et il n'est nullement dans nos intentions d'avancer le jour où nous nous séparerons. Nous t'aimons, ton oncle et moi, avec tendresse, et ce sera un chagrin pour nous que cette séparation, un chagrin très-vif, je t'assure. Cela dit, je reviens à Saffroy dont, en réalité, je ne me suis pas éloignée autant que l'incohérence de mes paroles peut te le faire supposer.

Nous avons donc un double désir : te marier, te bien marier, et aussi ne pas nous séparer de toi. Ce double désir, nous croyons avoir trouvé le moyen de le réaliser. Ne devines-tu pas comment ?

Madeleine ne répondit pas. Peut-être, en attendant, trouverait-elle une réponse qui ne blesserait pas sa tante. Elle attendit donc.

— Le projet de ton oncle et le mien, continua madame Haupois-Daguillon, c'est de te donner Saffroy pour mari.

Prévenue, Madeleine ne broncha pas.

— Tu ne dis rien ?

— Je n'ai qu'une chose à dire, c'est que je désire ne pas me marier.

— En ce moment, je te répète que nous comprenons cela. Mais je ne parle pas de demain. Je parle de l'avenir.

Cette ouverture fut pour elle un sujet de douloureuses pensées ; que diraient son oncle et sa tante lorsqu'elle déclarerait qu'elle ne voulait pas accepter Saffroy ? Ne verraient-ils pas dans cette réponse une marque d'ingratitude ? Et alors la tendresse qu'ils lui témoignaient, et qui était si douce à son cœur brisé, ne se changerait-elle pas en froideur ? Elle n'était pas leur fille ; et si elle voulait être aimée d'eux il fallait qu'elle se fît aimer, et c'était prendre une mauvaise route pour arriver au but que de les contrarier et de les blesser.

Comme elle cherchait, sans les trouver, hélas ! les raisons qui pourraient convaincre son oncle et sa tante qu'ils ne devaient pas se fâcher de son refus, elle reçut de Rouen une lettre qui, tout en lui causant un très-vif chagrin, lui parut propre à rompre complétement tout projet de mariage avec Saffroy.

Quelques jours auparavant, son oncle lui avait remis une liasse de papiers qui étaient les reçus des sommes dues par son père.

— Je t'avais promis de mener à bien le règlement des affaires de ton pauvre père, j'ai tenu ma promesse, tu trouveras dans cette liasse que tu devras conserver avec soin, les reçus pour solde, — il avait souligné ce mot, — de ses créanciers, de tous ses créanciers.

Elle s'était jetée alors dans ses bras, et, ne trouvant pas de paroles pour lui exprimer sa reconnaissance, elle l'avait tendrement embrassé.

L'honneur de son père était sauf et c'était à son oncle qu'elle le devait. Il avait tout payé puisque les créanciers, tous les créanciers avaient signé des quittances pour solde : on ne donne des quittances que contre argent.

La lettre de Rouen lui prouva qu'en raisonnant ainsi, elle se trompait et connaissait mal les affaires.

Elle était d'une vieille dame, cette lettre, avec qui Madeleine s'était trouvée assez souvent en relations dans une maison amie, et c'était en rappelant le souvenir de ces relations que cette vieille dame s'appuyait pour lui écrire.

Créancière de l'avocat général pour une somme de dix mille francs prêtée d'une façon assez irrégulière, elle avait été appelée par l'homme d'affaires chargé de liquider la succession de M. Haupois, et on lui avait offert cinq mille francs pour tout paiement, en exigeant d'elle une quittance entière ; tout d'abord elle avait refusé ; mais l'homme d'affaires, ne se laissant émouvoir par rien, lui avait démontré que si elle refusait ces cinq mille francs elle perdrait tout, et, après avoir pris conseil de ceux qui pouvaient la guider, elle avait contre quittance entière de 10,000 francs, touché les cinq mille qu'on lui proposait. Son cas n'avait pas été unique ; d'autres comme elle avaient perdu la moitié de ce qui leur était dû et cependant avaient signé les reçus qu'on exigeait d'eux. Mais, si ces créanciers avaient pu supporter ce sacrifice, elle n'était pas dans une aussi bonne situation qu'eux ; cette perte de cinq mille francs était une ruine pour elle, et c'était pour cela qu'elle s'adressait directement à mademoiselle Madeleine Haupois, en faisant appel à ses sentiments de justice, d'honneur et de piété filiale.

La lecture de cette lettre avait atterré Madeleine. Eh quoi ! c'était là ce que son oncle appelait mener à bien le règlement des affaires de son père !

Mais, après une nuit d'insomnie, elle crut avoir trouvé un moyen qui non-seulement payerait entièrement les dettes de son père, mais qui encore empêcherait Saffroy de persister dans ses projets de mariage.

Et le jour même, à l'heure de sa promenade ordinaire avec son oncle, profondément émue, mais aussi fermement résolue, elle s'ouvrit à lui.

XV

M. Haupois était un homme méthodique en toutes choses, même en ses distractions et ses plaisirs ; ce qu'il avait fait une fois, il le faisait une seconde fois, une troisième, et toujours. Ainsi, ayant pris l'habitude de monter chaque jour les Champs-Élysées et de les redescendre, il ne dépassait jamais le rond-point de l'Étoile; arrivé là, il faisait le tour de l'Arc de Triomphe, regardait pendant dix ou douze minutes le mouvement des voitures dans l'avenue du bois de Boulogne, et revenait à petits pas à Paris, prenant pour descendre le trottoir opposé à celui qu'il avait suivi pour monter.

Madeleine monta les Champs-Élysées, appuyée sur le bras de son oncle, sans oser aborder son sujet, s'excitant au courage, se fixant un arbre, une maison, un endroit quelconque où elle parlerait, et dépassant cette maison, cet arbre sans avoir rien dit; combien de prétextes, combien de raisons même n'avaient-elle pas pour se taire! son oncle était distrait; on les avait salués; on allait les aborder.

Enfin, ils arrivèrent au rond-point de l'Étoile: il fallait se décider ou renoncer.

— Est-ce que nous n'irons pas un jour jusqu'au Bois? dit-elle en s'efforçant de prendre un ton enjoué alors que son cœur était serré à étouffer.

— Jusqu'au Bois!

Et M. Haupois resta un moment stupéfait, se demandant ce que pouvait signifier une pareille extravagance. Mais c'était une voix douce et harmonieuse qui venait de lui parler, c'étaient de beaux yeux tendres qui le regardaient, il se laissa toucher.

— Au fait, dit-il, pourquoi n'irions-nous pas au Bois?

— C'est ce que je me demande. Le temps est à souhait pour la promenade, ni chaud ni froid; pas de poussière, pas de boue et un splendide coucher de soleil qui se prépare derrière le Mont-Valérien.

— Eh bien! allons au Bois si tu n'as pas peur de marcher.

En peu de temps, ils arrivèrent à l'entrée du Bois : le soleil s'était abaissé derrière le Mont-Valérien, dont la dure silhouette se découpait en noir sur un fond d'or, et déjà des vapeurs blanches s'élevaient çà et là au-dessus des arbres dépouillés de feuilles.

Puis, ayant pris l'allée des fortifications ils se trouvèrent seuls au milieu du bois, dans le silence qui n'était troublé que par le bruit des feuilles sèches soulevées par leurs pas : le moment était venu de parler.

Comme elle réfléchissait depuis quelques instants, son oncle l'interpella :

— Je te trouve bien mélancolique, si tu es fatiguée, dis-le franchement, ma mignonne, nous rentrerons.

— Ce n'est pas la fatigue qui m'attriste, mon oncle, c'est le souvenir d'une lettre que j'ai reçue, une lettre de Rouen.

— De Rouen?

— De madame Monfreville.

A ce nom, qui était celui de la vieille dame créancière de l'avocat général, M. Haupois ne put retenir un mouvement de contrariété.

— Et que te veut madame Monfreville?

— Elle me dit quelle n'a touché que cinq mille francs sur les dix mille qui étaient dus par mon père, et elle me demande, elle me prie de lui faire payer ces cinq mille francs.

— Ah! vraiment, et comment madame Monfreville veut-elle que tu lui payes ces cinq mille francs?

Cette vieille folle sait bien cependant qu'il ne t'est rien resté, ce qui s'appelle rien, de la succession de ta mère. Elle veut t'apitoyer après avoir vu qu'elle n'obtiendrait rien de moi. Tu me donneras sa lettre, et je me charge de lui répondre moi-même de façon à ce qu'elle te laisse tranquille désormais.

— Mais, mon oncle.

Il ne la laissa pas prendre la parole comme elle le voulait.

— Les comptes faits, le passif de ton père s'est trouvé de 75 0/0 supérieur à son actif augmenté de l'abandon de tes droits, j'ai pris à ma charge 25 0/0 et nous sommes ainsi arrivés à offrir aux créanciers 50 0/0, qui ont été acceptés avec une véritable reconnaissance, je te l'assure. Pour un bon nombre c'était plus qu'il ne leur était dû réellement, et ils avaient encore un joli bénéfice, tant ton pauvre père avait mal arrangé ses affaires. C'était le cas particulièrement de ta vieille madame Monfreville, à qui, je le parierais, ton père ne devait pas légitimement plus de quatre ou cinq mille francs. Au reste, pas un seul n'a fait de résistance pour donner une quittance entière, et cela prouve mieux que tout la valeur de ces créances.

Cette explication pouvait être bonne, mais elle ne porta nullement la conviction dans l'esprit de Madeleine, et encore moins dans son cœur: que son père dût légitimement ou non, elle ne s'en inquiétait pas; il devait, c'était assez pour qu'elle voulût payer.

— Mon cher oncle, dit-elle en le regardant avec des yeux suppliants, je suis pénétrée de reconnaissance pour ce que vous avez fait, et cependant j'ose encore vous demander davantage.

— Tu veux que je paye madame Monfreville; cela ne serait pas juste, et je ne le ferai pas.

— Vous êtes un homme d'affaires, moi je ne suis qu'une femme; cela vous expliquera comment j'ose avoir une manière de comprendre et de sentir les choses autrement que vous. Pardonnez-le-moi. Je voudrais que tout ce que mon père doit fût payé.

— Tout ce qu'il devait réellement a été payé.

— J'entends tout ce qu'on lui réclamait.

— C'est de la folie.

— Je ne viens pas vous demander de vous imposer ce nouveau sacrifice, mais ma tante m'a dit que, dans votre générosité, vous vouliez me donner une dot, afin de rendre possible un mariage que vous jugez avantageux pour moi. Eh bien, mon bon oncle, je vous en prie, je vous en supplie, ne me donnez pas cette dot, et employez-la à payer ce que mon père doit.

— Ton père ne doit rien, je te le répète, et ce que tu me demandes là est absurde à tous les points de vue.

— Il n'y en a qu'un qui me touche, c'est la mémoire de mon père; permettez-moi de l'honorer comme je crois, comme je sens qu'elle doit l'être, alors même que cela serait absurde.

— Une fille dans ta position, orpheline et sans fortune, est folle de repousser un bon mariage. C'est son indépendance qu'elle refuse.

— Mais l'indépendance ne peut-elle pas aussi s'acquérir, pour une orpheline sans fortune, par le travail? Si vous consacrez la dot que vous me destiniez à payer ces dettes, ce sera précisément et seulement cette permission de travailler que je vous demanderai. Et, m'accordant ces deux grâces, vous aurez été pour moi le meilleur des parents. Pourquoi ne me permetteriez-vous pas de travailler dans vos bureaux? ma tante, qui n'est pas jeune comme moi, et qui, au lieu d'être pauvre comme moi, est riche, y travaille bien du matin au soir.

M. Haupois-Daguillon s'arrêta, et durant assez longtemps il regarda sa nièce, dont le visage pâli par l'émotion recevait en plein la lumière du soleil couchant.

— Ainsi, dit-il, tu me demandes trois choses : 1° payer ce que tu crois que ton père doit encore; 2° ne pas épouser Saffroy; 3° travailler, et surtout travailler dans notre maison, n'est-ce pas ?

— Oui, mon oncle, dit-elle.

— Eh bien! je ne consentirai à aucune de ces trois choses, — je ne payerai pas ce que ton père ne doit pas, — je ferai tout au monde pour que tu épouses Saffroy, — je ne te permettrai jamais de travailler dans ma maison. Sur les deux premiers points, je n'ai pas de raisons à te donner, tu les connais déjà ou tu les sens. Mais comme tu pourrais t'étonner que je ne veuille pas te donner à travailler dans notre maison, alors que nous t'y recevons et t'y traitons comme notre fille, j'admets que des explications sont nécessaires; les voici donc : tu es jeune, jolie, séduisante; eh bien! une jeune fille ainsi faite ne peut pas vivre sur le pied de l'intimité avec un homme jeune aussi, beau garçon aussi, qui est son cousin. Il y a là un danger pour tous. Mariée, nous ne nous séparerions jamais, puisque ton mari serait notre associé. Jeune fille, restant chez nous comme notre fille ou simplement comme employée de la maison, nous serions obligés de tenir notre fils loin de Paris; c'est ce que nous avons fait en l'envoyant à Madrid malgré le chagrin que nous éprouvions à nous séparer de lui. Il y restera tant que tu n'auras pas accepté Saffroy. Et si tu refuses celui-ci, cela nous créera pour tous une situation bien difficile. Réfléchis à tout cela, et plus un mot sur ce sujet douloureux pour tous, avant que dans le calme tu n'aies compris combien ce que tu demandes est grave. Nous voici à Passy; nous allons prendre le train pour rentrer.

XVI

Seule dans sa chambre au milieu du silence de la nuit, quand tous les bruits de la maison se furent éteints, Madeleine réfléchit à ce que son oncle lui avait demandé.

Qu'on ne voulût pas payer les dettes de son père, c'était ce qu'elle ne comprenait pas. Son oncle, elle en était convaincue, était un honnête homme, et ce qui valait mieux que ce qu'elle pouvait croire, c'était la réputation de probité commerciale dont il jouissait. D'autre part, il poussait jusqu'à l'orgueil la fierté de son nom. Alors comment se faisait-il qu'il ne voulût pas payer intégralement les dettes de son propre frère, et qu'il s'abaissât à chercher un arrangement avec les créanciers de celui-ci?

Pendant de longues heures elle chercha les raisons qui pouvaient le déterminer à procéder ainsi : il ne croyait point que ce que l'on réclamait à la succession de son frère fût dû réellement, avait-il dit. Mais qu'importait? ce n'était pas cette succession qui était engagée, c'était la mémoire de ce frère.

Ce que son oncle n'avait pas fait, elle devait donc le faire elle-même.

Mais comment payer cinquante ou soixante mille francs, alors qu'on ne possède rien?

Sans doute, il y avait un moyen qui se présentait à elle et qui très-probablement réussirait, — c'était d'accepter Saffroy pour mari. Qu'elle allât à lui et franchement qu'elle lui dît : « Je serai votre femme si vous voulez prendre l'engagement de payer les dettes de mon père avec la dot ou plutôt sur la dot que mon oncle me donnera », et il semblait raisonnable de penser que Saffroy ne refuserait pas; si ce n'était pas l'amour, ce serait l'intérêt qui lui dirait d'accepter cette condition.

Mais pour agir ainsi il eût fallu qu'elle fût libre, et elle ne l'était pas.

Pour donner sa vie en échange de l'honneur de son père, il eût fallu qu'elle fût maîtresse de cette vie, et elle ne lui appartenait pas.

Ce n'était plus l'heure des ménagements et des compromis avec soi-même, et eût-elle voulu encore fermer les yeux qu'elle ne l'eût pas pu, les paroles de son oncle les lui ayant ouverts : elle aimait Léon.

Dans sa pureté virginale elle avait repoussé cet aveu chaque fois que de son cœur il lui était monté aux lèvres. Ingénieuse à se tromper elle-même, elle s'était dit et répété que les sentiments qu'elle éprouvait pour Léon étaient ceux d'une cousine pour son cousin, d'une sœur pour son frère, et que la tendresse profonde qu'elle ressentait pour lui prenait sa source dans la reconnaissance.

Mais cela était hypocrisie et mensonge.

La vérité, la réalité c'était qu'elle l'aimait non comme son cousin, non comme son frère, non pas par reconnaissance ; c'était l'amour qui emplissait son cœur.

Ce ne fut pas sans rougir qu'elle se fit cet aveu, mais comment le repousser quand, pensant à un mariage avec Saffroy, elle se sentait étouffée par la honte ? Est-ce que, voulant sauver l'honneur de son père, elle eût ressenti ces mouvements de honte si elle n'avait pas aimé Léon ? c'était son cœur qui se révoltait contre sa tête, c'était l'amour de l'amante, qui refusait de se sacrifier à l'amour de la fille.

Libre, elle eût pu accepter Saffroy même ne l'aimant pas, — la tendresse sinon l'amour naîtrait peut-être plus tard.

Mais le pouvait-elle maintenant qu'elle ne s'appartenait plus et qu'elle était à un autre ? Q'eût été tromperie de se dire que la tendresse naîtrait peut-être plus tard ; elle savait bien maintenant, elle sentait bien qu'elle n'aimerait jamais que Léon

Même pour l'honneur de son père, elle ne pouvait pas se déshonorer ni déshonorer son amour.

Et cependant elle ne pouvait pas permettre non plus que par sa faute la mémoire de son père fût déshonorée.

Jamais elle n'avait éprouvé pareille angoisse : par moments son cœur s'arrêtait de battre ; et par moments aussi, le sang bouillonnait dans sa tête à croire que son crâne allait éclater, puis tout à coup un anéantissement la prenait, et, s'enfonçant la tête dans son oreiller, elle pleurait comme une enfant; mais ce n'étaient pas des larmes qu'il fallait, et alors s'indignant contre sa faiblesse, se raidissant contre son désespoir, elle se disait qu'elle devait être digne de son amour pour son père, aussi bien que de son amour pour Léon.

Oui, c'était cela, et cela seul qu'elle devait

Elle ne pouvait donc compter que sur elle seule, et, à cette pensée, elle se sentait si petite, si faible, si incapable que ses accès de désespérance la reprenaient : ah ! misérable fille qu'elle était, sans initiative et sans force.

A qui s'adresser, à qui demander conseil ?

Il y avait dans sa chambre, qui avait été autrefois celle de Camille, un portrait de Léon fait à l'époque où celui-ci avait vingt ans, et que Camille, se mariant, n'avait pas emporté chez son mari. Combien souvent, portes closes et sûre de n'être pas surprise, Madeleine était-elle restée devant ce portrait qui lui rappelait son cousin à l'âge précisément où, sans qu'elle eût conscience du changement qui se faisait dans son cœur de quinze ans, il était devenu pour elle plus qu'un cousin.

Anéantie par l'angoisse qui l'oppressait, elle descendit de son lit, et, allumant une lumière, elle alla s'agenouiller sur un fauteuil placé devant ce portrait, et elle resta là longtemps, plongée dans une muette contemplation.

La pendule sonna trois heures du matin; partout, dans la maison comme au dehors, le silence et le sommeil; dans la chambre l'ombre que ne perçait pas la flamme de la bougie qui n'éclairait guère que le portrait devant lequel elle brûlait comme un cierge devant une sainte image.

Et de fait pour Madeleine n'en était-ce point une : celle de son dieu, devant qui elle restait agenouillée lui demandant l'inspiration.

Elle lui avait promis de lui écrire si on la pressait de se marier, mais la promesse qu'elle lui avait faite alors était maintenant impossible à tenir.

Il arriverait, cela était bien certain, si elle lui écrivait qu'on voulait la marier à Saffroy. Mais alors que se passerait-il?

Ou Léon prendrait son parti, et alors il se fâcherait avec son père et sa mère.

Ou il l'abandonnerait, et alors la blessure serait s affreuse pour elle qu'elle ne se sentait pas le courage d'affronter un pareil malheur, quelque invraisemblable qu'il fût pour son cœur.

Non, elle ne devait pas l'appeler à son secours, et seule elle devait agir.

— N'est-ce pas, Léon? dit-elle en s'adressant au portrait d'une voix suppliante, parle-moi, inspire-moi.

Et elle resta les yeux attachés sur cette image, les mains tendues vers elle.

La bougie s'était consumée et, arrivant à sa fin, elle jetait des lueurs inégales et vacillantes : tout à coup Madeleine crut voir les yeux du portrait lui sourire; ils la regardaient avec une tristesse attendrie; ils lui parlaient. Et comme elle cherchait à les bien comprendre, brusquement la nuit se fit épaisse et noire; la bougie venait de mourir.

Elle se releva, et à tâtons elle gagna son lit sans avoir l'idée d'allumer une autre bougie : à quoi bon? elle savait maintenant ce qu'elle avait à faire, sa route était tracée.

Elle sauverait l'honneur de son père, — et elle sauverait la pureté de son amour.

XVII

Au temps où l'avocat général réunissait souvent le soir, dans sa maison du quai des Curandiers, des amis pour faire de la musique, on avait dit à Madeleine qu'elle gagnerait quand elle le voudrait cent mille francs par an au théâtre avec sa voix et son talent.

— Quel malheur que vous ne soyez pas dans la misère, lui répétait souvent un vieil ami de son père qui en sa jeunesse avait été un grand artiste ; la position de votre père privera la France d'une chanteuse admirable.

Alors elle avait souri de ces compliments aussi bien que de ces regrets, et jamais l'idée ne lui était venue qu'elle pourrait chanter un jour pour d'autres que pour son père, pour ses amis ou pour elle-même. Comédienne, chanteuse, la fille d'un magistrat, c'eût été folie.

Ce qui lui avait paru folie à cette époque ne l'était plus maintenant.

Elle n'était plus la fille d'un magistrat, elle était celle d'un homme ruiné, et ce que la haute position de celui-là aurait défendu si elle en avait eu le désir, la misérable position de celui-ci le commandait malgré la répugnance instinctive qu'elle éprouvait à accueillir cette idée.

Il ne s'agissait plus à cette heure de ses désirs ou de ses répugnances, il s'agissait de son père et de son amour.

Le jour naissant la surprit sans qu'elle eût fermé les yeux une seule minute; mais sa nuit avait été mieux employée qu'à dormir : sa résolution était arrêtée; elle n'avait plus qu'à trouver les moyens de la mettre à exécution; heureusement cela ne demandait pas la même intensité de réflexion, et elle n'aurait pas besoin de consulter le portrait de Léon, qui, d'ailleurs, sous la lumière blanche du matin avait perdu l'animation et la vie.

Et pendant toute la journée, au milieu de ses banales occupations ordinaires, des allées et venues, des conversations, elle tâcha de bâtir un plan de conduite exempt de trop grosses maladresses et qui fût d'une réalisation pratique.

Bien qu'elle n'eût pas grande expérience des choses du monde, elle n'était ni assez simple ni assez naïve pour s'imaginer qu'elle n'avait qu'à écrire au directeur de l'Opéra pour lui demander une audition qui serait immédiatement accordée et à la suite de laquelle on lui offrirait un engagement.

Elle sentait qu'elle ne pouvait pas procéder ainsi, et, précisément parce qu'elle avait acquis un certain talent, elle savait combien ce talent était insuffisant, surtout pour le théâtre : quand on a chanté pendant plusieurs années avec des chanteurs de profession, on sait la différence qui sépare l'amateur, même le meilleur, d'un artiste, même médiocre.

Elle avait beaucoup à étudier, beaucoup à acquérir avant de pouvoir paraître sur un théâtre.

Au point de vue du travail, cela n'avait rien pour l'effrayer; elle se sentait forte et vaillante.

Mais, au point de vue des moyens de travail, elle était au contraire pleine d'inquiétude : comment étudier, comment payer les maîtres qui la feraient travailler, quand elle ne possédait rien que quelques centaines de francs, des bijoux et des effets personnels?

Elle pouvait à la vérité se présenter au Conservatoire dont les cours sont gratuits, mais on n'est admis au Conservatoire que sur le dépôt d'un acte de naissance, et dès lors il serait trop facile de savoir ce qu'elle était devenue, c'est-à-dire que son oncle, sa tante, Léon lui-même interviendraient aussitôt pour l'empêcher d'exécuter son dessein.

Elle avait assez vu et assez entendu les artistes qui venaient chez son père pour savoir qu'il y a des professeurs avec lesquels les élèves pauvres peuvent faire des arrangements : tant que l'élève est élève et étudie, il ne paye point son professeur, mais du jour où il est artiste et où il a des engagements, il abandonne sur ses appointements un tant pour cent plus ou moins fort et pendant une période plus ou moins longue au professeur qui l'a formé.

C'était un de ces professeurs qu'il lui fallait, qui ne se fît payer que dans l'avenir; une part pour le maître, une autre pour les créanciers de son père, et tout était sauvé.

Le point le plus délicat maintenant était de savoir

comment elle vivrait pendant le temps de ces leçons et jusqu'au moment où elle serait en état de paraître sur un théâtre; elle fit le compte de son argent, il lui restait quatre cent vingt-cinq francs sur un billet de cinq cents francs que son oncle lui avait donné récemment pour ses menues dépenses; de plus elle possédait quelques bijoux et enfin des vêtements et du linge qu'elle ne pouvait guère estimer à leur prix de vente. En tous cas cela réuni formait un total qui semblait-il devait lui permettre de vivre, avec une rigoureuse économie, pendant près de deux ans; et c'était assez sans doute en travaillant énergiquement, pour gagner le moment où elle pourrait débuter.

Si elle avait eu l'habitude de sortir seule, elle aurait pu aller chez les professeurs de chant dont elle connaissait le nom pour leur demander s'ils consentaient à l'accepter comme élève, mais ayant toujours été accompagnée par son oncle, par sa tante ou par une femme de chambre, il lui était impossible de faire ces visites.

Pour cela il fallait qu'elle fût libre, et pour être libre il fallait qu'elle quittât cette maison dans laquelle elle ne rentrerait jamais.

A cette pensée son cœur se serra et une défaillance morale l'envahit tout entière. C'étaient les liens de la famille qu'elle allait briser de ses propres mains. Que serait-elle pour son oncle et pour sa tante lorsqu'elle serait sortie de cette maison qui lui avait été si hospitalière? Que serait-elle pour Léon, à qui elle ne pourrait pas dire la vérité, et de qui elle devrait se cacher comme de tous autres? Que penserait-il d'elle? Comment la jugerait-il? S'il allait la condamner? Lui!

6.

Son angoisse fut telle qu'elle en vint à se demander si son dessein était réalisable et s'il n'était pas plus sage de l'abandonner; mais elle se raidit contre cette faiblesse en se disant que ce qu'elle appelait sagesse, était en réalité lâcheté.

Oui, tout ce qu'elle venait d'entrevoir et de craindre était possible, mais quand même son oncle et sa tante la condamneraient, quand même Léon la chasserait de son souvenir, elle devait persévérer. Est-ce que son départ qui allait la séparer de sa famille, n'allait pas justement ramener dans cette famille celui qui à cause d'elle en avait été éloigné, un fils bien-aimé ?

En agissant comme elle l'avait résolu, ce n'était pas seulement à son père qu'elle donnait sa vie, c'était encore à Léon.

Il n'y avait donc plus à hésiter, elle quitterait cette maison, et seule, sans appui, laissant derrière un souvenir condamné, elle s'embarquerait à dix-neuf ans, sur la mer du monde, sans espoir de retour, mais au moins avec cette force que donne le sacrifice à ceux qu'on aime et le devoir accompli.

Cependant, son parti fermement arrêté, elle en différa, elle en retarda l'exécution; c'était chose si grave, si cruelle, de dire adieu volontairement aux joies tranquilles du foyer, à la tendresse de la famille, à l'amour.

Mais madame Haupois-Daguillon, en lui parlant de Saffroy, vint l'arracher à ses hésitations

— Tu as réfléchi à ce que je t'ai dit ? lui demanda-t-elle un soir.

— Oui, ma tante.

— Bien réfléchi, n'est-ce pas, en jeune fille raisonnable?

— Oui, ma tante, bien réfléchi, longuement au moins et avec toute l'attention dont je suis capable.

— Et qu'as-tu décidé au sujet de Saffroy? Ton oncle, qui lui aussi t'a demandé de réfléchir, voudrait savoir comme moi ce que tu as décidé; il y a pour nous urgence à ce que tu te prononces.

— Voulez-vous me donner jusqu'à demain soir, je vous écrirai?

— Pourquoi écrire quand nous pouvons nous expliquer de vive voix, franchement, amicalement?

— Si vous le voulez, j'aime mieux écrire; je dirai ainsi moins difficilement ce que j'ai à vous dire.

XVIII

En disant à sa tante qu'il lui serait moins difficile d'écrire que de parler, Madeleine ne se flattait pas de la pensée que cette lettre serait facile, — dans sa position rien n'était facile, ni lettres, ni paroles, ni actes.

Mais ce n'était pas devant les difficultés qu'elle devait s'arrêter, c'était devant les impossibilités, et encore devait-elle les affronter, quitte à être vaincue.

Lorsqu'elle fut seule dans sa chambre, elle se mit à écrire cette lettre :

« Ma chère tante,

» C'est à mon oncle aussi bien qu'à vous que j'adresse cette lettre, c'est vous deux avant tout que je veux remercier du tendre accueil que j'ai reçu dans cette maison. Avec les douces pensées qui m'emplissent le cœur lorsque je songe à l'affection que vous m'avez montrée ce m'est un profond chagrin de ne pas pouvoir vous prouver ma reconnaissance en me rendant à vos désirs.

» Mais je ne deviendrai jamais la femme d'un homme que je n'aimerai pas, et je n'aime pas M. Saffroy, malgré toutes les qualités que je lui reconnais.

» Je sens qu'une pareille réponse me crée des devoirs et que, puisque je refuse l'existence fortunée que dans votre généreuse tendresse vous voulez m'assurer, c'est à moi de prendre désormais la direction de cette existence.

» En demandant à mon oncle les moyens de travailler, je ne cédais pas à un caprice, mais à une volonté posée et arrêtée, celle de pouvoir prendre librement la responsabilité de mes déterminations. Mon oncle a cru devoir me refuser. Je respecte les raisons qui l'ont guidé, mais il m'est impossible de les accepter.

» Je dois travailler et, puisque je veux avoir la liberté de mes résolutions et de mes actes, gagner moi-même par le travail cette liberté.

» Je comprends qu'il m'est impossible d'exécuter ma volonté en restant près de vous; demain j'aurai donc quitté cette maison où j'ai été si tendrement reçue.

» Je vous prie de ne pas faire faire de recherches pour me découvrir, en tous cas je vous préviens que mes dispositions sont prises pour qu'on ne puisse pas me retrouver : je veux poursuivre jusqu'au bout l'accomplissement de ce que je crois un devoir et vous sentez bien, n'est-ce pas, que pour cela je dois me mettre à l'abri de vos reproches. Si je n'avais craint de faiblir en face de vous qui l'un et l'autre m'avez témoigné, en ces dernières circonstances, une tendresse si douce à mon cœur, est-ce que je ne me serais pas expliquée franchement au lieu de vous écrire cette lettre que mes larmes interrompent à chaque ligne?

» Permettez-moi de vous embrasser tous deux et laissez-moi vous dire que je vivrai avec votre souvenir et avec la pensée de rester digne de votre affection, si vous voulez bien me la conserver.

» MADELEINE HAUPOIS. »

Cette lettre achevée, il lui en restait une autre à écrire, car elle ne voulait pas sortir de cette maison où elle avait été amenée par Léon, sans qu'il fût prévenu de son départ.

Mais avec lui aussi elle ne pouvait pas tout dire.

« Tu m'as fait promettre de t'écrire, mon cher Léon, dans le cas où l'on me parlerait de mariage. On m'en a parlé. Ton père et ta mère m'ont demandé de devenir la femme de M. Saffroy. Comme je ne puis pas l'aimer, j'ai refusé malgré les instances de mon oncle et de ma tante qui, je te l'assure, ont été vives.

» Si je ne t'ai pas appelé à mon aide comme je t'avais promis de le faire, c'est que j'ai été retenue par cette considération que tu ne pouvais venir à mon secours qu'en te mettant en opposition avec ton père et ta mère, en les blessant, en te fâchant avec eux peut-être.

» Je dois me défendre seule, et pour cela je n'ai qu'un moyen : quitter cette maison et vivre de mon travail.

» Pardonne-moi de ne pas te dire où je me retire; je

ne le puis, sachant bien que tu viendrais m'y offrir ta protection; ce que je ne peux pas accepter dans la maison de ton père, je le puis encore moins hors de cette maison.

» Il faut donc que nous ne nous voyions pas. Ce m'est, ai-je besoin de te le dire, un cruel chagrin, et toi qu'il m'a fait différer longtemps l'exécution d'une résolution qui, quoi qu'il nous en coûte à tous, doit s'accomplir.

» Où que je sois, je vivrai avec le souvenir de ton affection.

» Toi, je l'espère, tu ne me fermeras pas ton cœur; ce me sera un soutien dans la vie, où je vais entrer seule et rester seule, de savoir et de me dire que tu penses avec tendresse à ta pauvre

» MADELEINE. »

Après avoir écrit cette lettre, elle resta longtemps perdue dans ses pensées et accablée sous le poids de son émotion.

C'était fini, elle ne le verrait plus. Aimant et n'ayant pas été aimée, elle n'aurait pas dans toute sa vie le souvenir d'une journée d'amour et de bonheur, et elle avait dix-neuf ans.

Derrière elle, rien; devant elle, rien que l'inconnu.

Quand elle s'éveilla, son plan était tracé.

Ordinairement on la laissait seule le matin dans l'appartement de la rue de Rivoli; elle profiterait de ce moment, et, après avoir éloigné les domestiques sous un prétexte quelconque, elle irait elle-même chercher un fiacre sur lequel elle ferait charger ses malles par un commissionnaire.

Les choses s'arrangèrent à souhait pour le succès de son dessein : la cuisinière étant sortie pour aller à la halle, elle envoya en course le valet de chambre ainsi que la femme de chambre, et alors elle put aller chercher son fiacre et son commissionnaire.

Lorsque le commissionnaire fut sorti, emportant sur son dos la dernière caisse, Madeleine resta un moment immobile au milieu de cette chambre où elle avait cru que s'écoulerait sa vie, où elle était restée si peu de temps.

Elle alla s'agenouiller devant le portrait de Léon, comme dans la nuit où il lui avait parlé, et, l'ayant embrassé, elle s'enfuit sans se retourner : le bruit de la porte qu'elle tira pour la fermer lui écrasa le cœur, et en descendant l'escalier elle fut obligée de s'appuyer sur la rampe.

Elle se fit conduire à la gare Saint-Lazare, où elle prit un billet pour Argenteuil. A Argenteuil, elle descendit du train et se promena pendant une demi-heure. Puis, revenant au chemin de fer, elle prit un billet pour Paris (gare du Nord), où elle arriva deux heures après avoir quitté Paris (gare de l'Ouest). Si on la cherchait, il y avait bien des chances pour qu'on ne devinât pas cet itinéraire ; on la croirait plutôt partie pour Rouen.

Arrivée à la gare du Nord, elle y laissa ses bagages, se proposant de venir les prendre quand elle aurait un logement, et tout de suite elle se mit en route, mais à pied, pour les Batignolles, où elle voulait chercher ce logement. C'était la première fois qu'elle sortait seule dans les rues de Paris ; mais ce qui l'eût assez vivement troublée quelques jours auparavant ne pouvait plus l'inquiéter ou l'émouvoir; elle avait maintenant bien d'autres dangers à braver, et de plus sérieux.

Si elle avait été libre, elle aurait pris une chambre dans une maison meublée ou dans une pension bourgeoise, ce qui eût été beaucoup plus simple et beaucoup plus facile pour elle; mais quand on est fille de magistrat on a maintes fois entendu parler des lois de police qui régissent les maisons meublées ou les hôtels, et l'on sait que c'est là qu'on s'adresse tout d'abord pour trouver les gens qu'on recherche; il ne fallait pas que son oncle la trouvât.

Elle se logerait donc chez elle dans ses meubles, ce qui, en changeant de nom, rendrait les recherches presque impossibles.

Après avoir marché pendant trois heures dans les rues les plus tranquilles de Batignolles, et monté cinq ou six cents marches, elle trouva enfin dans le quartier qui s'incline vers la plaine de Clichy, cité des Fleurs, au dernier étage d'une modeste maison, une chambre et un cabinet qui étaient vacants et à peu près habitables.

Les deux pièces étaient mansardées; mais, par la fenêtre de la chambre, on apercevait un coin de campagne par-dessus des cheminées d'usines, et, tout au loin, un horizon qui se confondait avec le ciel. Cela coûtait deux cent quarante francs par an; et, comme elle arrivait de la province sans pouvoir indiquer quelqu'un chez qui on pouvait prendre des renseignements, on lui fit payer un terme d'avance.

Elle n'avait plus qu'à acheter les meubles qui lui étaient indispensables : un lit avec sa literie, une chaise en paille, quelques objets de toilette et cinq ou six ustensiles de cuisine : casserole, gril, assiettes, verres, couteau, cuillère et fourchette.

Au moment où la nuit tombait, elle se trouva seule dans sa chambre, au milieu des meubles et des objets qu'on venait de lui apporter.

Elle avait juré qu'elle serait forte, et cependant, quoi qu'elle fît, elle ne put retenir ses larmes.

Seule !

XIX

Elle était résolue à ne pas perdre de temps et à chercher immédiatement le professeur qui voudrait bien la prendre pour élève.

Le lendemain matin, elle s'habilla pour commencer ses visites, et quittant ses vêtements de deuil, qui, lui semblait-il, devaient la faire remarquer et par là mettre sur ses traces, si, comme cela était probable, on la cherchait, elle revêtit une de ses anciennes robes qui, sans être noire, était cependant de couleur sombre.

Le professeur auquel elle voulait s'adresser était un ancien chanteur retiré du théâtre depuis quatre ou cinq ans, et qui avait quitté la scène en pleine possession de son talent ainsi que de ses moyens. Sans se conquérir un de ces noms glorieux qui s'imposent à une époque et la datent, il s'était placé cependant parmi les trois ou quatre bons artistes de son temps. Assez mal doué par la nature, qui ne lui avait donné qu'une voix ingrate et qu'un extérieur peu agréable, c'était à force de travail, d'études, de volonté et d'intelligence qu'il était arrivé à cette position. Le succès avait été d'autant plus lent qu'il n'avait été aidé par aucun de ces petits moyens qu'emploient si souvent ceux qui veulent réussir à tout prix : la réclame, la bassesse ou l'intrigue. Honnête homme, galant homme dans la vie, il avait voulu l'être, — ce qui est plus difficile, — même au théâtre, et il l'avait été; aussi, lorsque dans la conversation on voulait citer un artiste qui honorait sa profession, son nom se présentait-il toujours le premier : « Voyez Maraval. » C'était non-seulement par ces qualités qu'il s'était imposé aux sympathies bourgeoises, mais c'était encore par la fortune : économe, soigneux, rangé, il avait mis de côté la grosse part de ce qu'il avait gagné, et en ces dernières années il s'était fait construire avenue de Villiers un petit hôtel qui rehaussait singulièrement la considération dont il jouissait dans un certain monde. C'était là qu'il vivait bourgeoisement, entre son fils, avocat distingué, et son gendre, associé d'une maison de soieries de la place des Victoires; bon époux, bon père, bon bourgeois de Paris, il n'avait plus d'autre ambition que de former des élèves dignes de lui.

Sans l'avoir jamais vu autre part qu'au théâtre, Madeleine savait tout cela, et c'était ce qui l'avait déterminée à s'adresser à lui. N'avait-il pas tout ce qu'elle pouvait désirer : le talent et l'honnêteté ?

Sortant de la cité des Fleurs, elle se dirigea vers l'avenue de Villiers, où elle ne tarda pas à arriver; mais, ignorant où demeurait Maraval, elle demanda son adresse à un sergent de ville du quartier, qui de la main lui désigna une petite maison bâtie dans le style moitié romain, moitié égyptien, avec une décoration polychrome pour la façade.

Son cœur battit fort lorsqu'elle souleva le marteau de bronze vert appliqué sur une porte peinte en rouge étrusque. M. Maraval était occupé, il donnait une leçon et ne serait libre que dans une demi-heure. Elle attendit dans un petit salon, dont les murs étaient couverts de portraits (lithographies, photographies), offerts « à mon cher camarade, à mon cher maître, à mon cher ami Maraval ».

Au bout d'une demi-heure la porte s'ouvrit et Maraval, vêtu d'un pantalon gris et d'une redingote noire boutonnée, parut devant elle; de la main il lui fit signe d'entrer et elle se trouva dans un vaste atelier tendu de tapisseries anciennes, dans l'ameublement duquel respirait un ordre méticuleux.

— Qui ai-je l'honneur de recevoir? demanda Maraval en lui indiquant de la main un fauteuil.

— Mademoiselle Harol.

C'était le nom qu'elle avait choisi et sous lequel elle voulait être connue désormais, non-seulement au théâtre, mais dans le monde

C'était à elle d'expliquer le but de sa visite, et si grand que fût son trouble, il fallait qu'elle parlât.

— Je viens, dit-elle, vous demander si vous voulez bien me donner des leçons.

Sans répondre, Maraval fit un signe qui pouvait passer pour un assentiment.

Madeleine continua :

— Je ne suis pas tout à fait une commençante, j'ai travaillé, j'ai même beaucoup travaillé.

— Avec qui, je vous prie?

Madeleine avait prévu cette question et elle avait préparé sa réponse en conséquence.

— Je ne suis pas de Paris, j'habite la province, Orléans.

— Je connais les bons professeurs d'Orléans ; est-ce Ferriol, qui a été votre maître, Delecourt, où Bertha ?

— J'ai travaillé sous la direction de mon père, qui n'était point artiste de profession.

— Ah! très-bien, dit Maraval avec un geste involontaire qu'il était facile de comprendre.

Madeleine le comprit et vit que Maraval avait son opinion faite sur les professeurs qui n'étaient point artistes de profession ; il fallait donc effacer au plus vite et tout d'abord cette mauvaise impression.

— Voulez-vous me permettre de vous dire un morceau ? demanda-t-elle.

— Volontiers. Soprano, n'est-ce pas ?

— Oui, monsieur. Que voulez-vous ?

— Ce que vous voudrez vous-même, vous pouvez vous accompagner ?

— Oui, monsieur.

Avec une politesse où il y avait une légère nuance d'ennui, il lui montra un piano.

Elle s'assit. Autant elle s'était sentie faible quelques instants auparavant, autant maintenant elle était résolue.

Sa pensée n'était plus dans ce salon, mais plus loin, à Saint-Aubin, dans le cimetière où son père reposait, et c'était le souvenir de ce père bien-aimé qu'elle invoquait.

C'était son jugement que Maraval allait prononcer:

elle voulut qu'il fût rendu en connaissance de cause, et elle choisit le grand air du *Freyschutz*.

Aux premières mesures Maraval, qui avait gardé son attitude composée, prêta l'oreille.

Madeleine commença le récitatif :

> Le calme se répand sur la nature entière.

Maraval ne la laissa pas aller bien loin :

— Parfait ! s'écria-t-il, brava, brava, tous mes compliments à la pianiste et à la chanteuse ; vous avez choisi un morceau aussi difficile pour l'une que pour l'autre, et il est inutile que vous alliez plus loin pour que je voie de quoi vous êtes capable ; mais pour mon plaisir je vous demande la grâce de continuer.

Jamais parole plus douce n'avait caressé son oreille, jamais applaudissements ne l'avaient si profondément émue : les portes du théâtre s'ouvraient devant elle.

N'étant plus paralysée par l'émotion, elle se livra entièrement, et quand elle eut achevé cet air qui a fait le désespoir de tant de chanteuses de talent, les applaudissements de Maraval recommencèrent, non pas insignifiants dans leur banalité mais tels qu'un maître pouvait les donner.

— Alors, demanda Madeleine timidement, vous croyez que je pourrais bientôt débuter au théâtre ?

Instantanément, la physionomie souriante de Maraval changea :

— Au théâtre, s'écriait-il, c'est pour le théâtre que vous me consultez ?

— Mais oui.

— J'ai cru qu'il s'agissait du monde et des salons, et je ne retire rien de ce que j'ai dit : la nature a été généreuse pour vous et vous avez acquis un talent remarquable, mais le théâtre demande autre chose.

Alors, changeant brusquement de ton et mettant brusquement ses mains dans ses poches.

— Ça n'est plus ça, ma chère enfant.

La chute fut écrasante, et Madeleine resta un moment anéantie.

Pendant ce temps, Maraval, qui s'était levé, avait tourné autour d'elle en l'examinant curieusement.

— Comment, s'écria-t-il, vous voulez entrer au théâtre, quelle mauvaise fantaisie vous a passé par la tête ?

— Ce n'est pas une fantaisie, mais une raison impérieuse, la nécessité non-seulement pour moi, mais encore pour ma famille.

Et, sans tout dire, elle lui expliqua comment elle était obligée de se faire chanteuse.

— Pour gagner de l'argent, n'est-ce pas, dit Maraval, beaucoup d'argent et de la gloire ; vous voyez le théâtre de loin, c'est de près qu'il faut le regarder à l'envers.

Une fois encore il la regarda longuement ; mais cette fois Madeleine crut remarquer que ce n'était plus seulement de la curiosité qui se montrait dans ses yeux, c'était plus, c'était mieux, c'était de la sympathie et de l'intérêt.

— Qui vous a conseillé de vous adresser à moi ? demanda-t-il.

— Personne : je suis venue à vous pour ce que je savais de vous.

— De moi, le chanteur ?

— De vous le chanteur et de vous monsieur Maraval.

— Ah !

Et il laissa paraître un sourire de satisfaction.

Puis, après avoir marché pendant quelques minutes de long en large dans le salon, il vint s'asseoir près de Madeleine.

— Mademoiselle, dit-il, le témoignage de confiance et d'estime que vous m'avez donné en venant ici m'impose un devoir, celui de vous éclairer. Bien que je n'aie pas l'honneur de vous connaître depuis longtemps, il ne m'est pas difficile de voir que vous êtes une jeune fille bien élevée, distinguée, intelligente, instruite, pleine de pureté, d'innocence et d'ignorance, cela saute aux yeux; laissez-moi donc vous le dire, ce n'est point un compliment banal, et je ne parle de ces qualités que pour pouvoir justifier le rôle que je crois devoir prendre auprès de vous; soyez convaincue que ce que j'ai à vous dire est tout à fait en dehors du jugement que j'ai pu porter sur votre talent tout à l'heure. Il est possible qu'après un certain temps d'études sérieuses ce talent se développe et devienne un grand talent; mais il est possible aussi qu'il ne se développe pas et qu'il reste ce qu'il est en ce moment, supérieur dans le monde, j'en conviens volontiers, insuffisant au théâtre. Là n'est donc pas absolument la question. Elle est où ma conscience la place : dans la carrière que vous voulez embrasser, et c'est là ce qui m'oblige à vous éclairer sur les terribles difficultés, sur les insurmontables difficultés que vous voulez affronter sans les connaître. Mon âge et mon expérience me donnent pour cela une autorité, qui, je l'espère, vous fera réfléchir sérieusement pendant qu'il en est temps encore. Vous m'écoutez, n'est-ce pas?

— Si je vous écoute! Oh! oui monsieur.

— L'existence d'un comédien et surtout celle d'une comédienne est, mon enfant, la plus difficile et la plus misérable des existences. Ne croyez pas que j'exagère. Regardez autour de vous. Voyez dans quelles conditions on débute ordinairement, je ne dis pas sur les petits théâtres, qui ne doivent pas nous occuper, mais sur une scène honorable. Il faut dix ans et beaucoup de talent pour arriver à une situation qui soit moins précaire que celle des premières années, et vous voyez combien peu y arrivent, combien au contraire, même avec beaucoup de talent, restent dans des positions effacées. C'est là une cruelle blessure, qui n'est rien cependant auprès de celles que vous font chaque jour les rivalités : la jalousie, l'envie, la calomnie vous attaquent de tous les côtés ; il faut se défendre, et dans cette lutte les hommes laissent une bonne partie de leur amour-propre et de leur dignité, les femmes se perdent infailliblement. Je vous parlais de vos qualités tout à l'heure ; elles seraient justement des défauts, de grands défauts pour cette existence : l'honnêteté, la distinction, la bonne éducation, que voulez-vous qu'on en fasse, et si vous croyez pouvoir les conserver, vous vous trompez ; ce n'est pas en restant ce que vous êtes aujourd'hui que vous surmonterez jamais les obstacles que je vous signale, jamais, vous entendez, jamais. Maintenant avez-vous pensé au public, à sa frivolité, à ses caprices ; avez-vous pensé à la critique, à son incapacité, à son ignorance, à ses exigences ? J'ai quitté le théâtre dix ans plus tôt que je ne devais par peur de l'un et par dégoût de l'autre. Laissez-moi vous ouvrir les yeux, ma chère enfant, et donnez-moi la satisfaction de vous sauver d'une vie qui ne doit pas être la vôtre.

Tout, tout plutôt que le théâtre pour une femme. Mais voyons, regardez-moi, n'êtes-vous pas charmante, mariez-vous donc : vous êtes faite pour être aimée et pour aimer. Je ne sais si vous êtes convaincue, mais j'ajoute que je refuse de vous donner des leçons, car ce serait vous aider dans votre suicide. Je refuse positivement.

A ce moment, deux enfants entrèrent bruyamment dans le salon, un petit garçon et une petite fille.

— Mais viens donc déjeuner, grand-père, cria celle-ci, c'est moi qui ait fait cuire ton œuf, il va être froid.

Madeleine se leva.

D'un coup d'œil Maraval embrassa ses deux petits-enfants, et les lui montrant :

— Voilà ce qu'il y a seulement de vrai et de bon dans la vie, dit-il ; mariez-vous, mariez-vous, ma chère enfant. Je suis sûr que dans quelques années, tenant vos bébés par la main, vous viendrez me remercier de mes conseils. Au revoir, mademoiselle.

XX

Lorsqu'elle se trouva dans l'avenue de Villiers, elle resta un moment sans savoir de quel côté tourner ses pas.

Rentrer chez elle ? Elle n'en eut pas la pensée. Non pas qu'elle n'eût point été touchée par ce que Maraval venait de lui dire avec un accent si convaincu et si sympathique; elle en avait été bouleversée au contraire, et elle ne doutait point que tout cela ne fût parfaitement vrai; mais, quand les dangers qu'on venait de lui faire toucher du doigt seraient mille fois plus terribles qu'elle ne les avaient vus, ils ne pouvaient pas l'arrêter. Elle s'abaisserait en se faisant comédienne. Eh bien, ne le savait-elle pas avant d'entendre Maraval? Plutôt que de subir cet abaissement, elle devait se marier. En théorie, cela pouvait être vrai, mais Maraval ne connaissait pas sa situation personnelle. C'était, au contraire, dans le mariage, qu'était pour elle l'abaissement le plus déshonorant.

Il fallait qu'elle fût chanteuse; et, puisque c'était pour elle le seul moyen de ne pas laisser déshonorer la mémoire de son père et de ne pas flétrir son amour, il le fallait malgré tout et malgré tous.

C'est-à-dire que pour le moment il fallait qu'elle trouvât un maître qui la mît au plus vite en état de paraître sur un théâtre, puisque Maraval, par intérêt et par sympathie pour elle, refusait d'être ce maître.

Mais où était-il, ce maître?

Debout devant la porte de Maraval, immobile, réfléchissant et ne trouvant rien, elle se sentait perdue dans ce Paris immense, la lumière sur laquelle elle avait tenu les yeux fixés, et qui l'avait guidée, venant de s'éteindre tout à coup.

Sa mémoire troublée ne retrouvait même plus les noms des maîtres qui quelques jours auparavant lui étaient vaguement connus.

Cependant elle ne pouvait pas rester immobile dans cette avenue, où les passants la regardaient curieusement; elle se mit en route vers Paris. En marchant, une bonne inspiration, une idée, se présenteraient sans doute à son esprit.

Elle arriva ainsi jusqu'aux environs de la Trinité, où l'enseigne et la devanture d'un cabinet de lecture lui suggérèrent enfin ce qu'elle avait à faire. Elle entra dans ce cabinet de lecture et demanda un almanach des adresses. A l'article des professeurs et compositeurs de musique elle trouva le nom qu'elle avait vainement demandé à sa mémoire : Lozès, rue Blanche.

Ce qu'elle savait de Lozès, c'était qu'il était chanteur assez médiocre, mais par contre bon professeur : au moins jouissait-il de cette réputation ; il dirigeait une sorte de petit conservatoire où il avait pour élèves une bonne partie de ceux qui ne suivent pas les cours du vrai. Il faisait souvent jouer et chanter ses élèves en public, et plusieurs de ceux qu'il avait formés avaient obtenu des succès retentissants en ces dernières années.

Elle monta la rue Blanche jusqu'au numéro que l'almanach lui avait indiqué ; mais, n'étant plus sous l'oppression du trouble qui l'avait saisie en sortant de chez Maraval, le sentiment des dangers qu'elle courait lui revint ; si on allait la reconnaître ! et il lui semblait que chacun de ceux qui la regardaient étaient des amis ou des employés de son oncle ; alors elle assurait d'une main fébrile le voile épais qui lui cachait le visage.

L'école de Lozès était située au fond d'une cour, dans un atelier vitré qui avait servi autrefois à un photographe ; et on y arrivait de plain-pied après avoir traversé un petit vestibule, sans que personne fût dans ce vestibule pour vous recevoir ou vous annoncer.

Lorsque Madeleine eut poussé la porte de ce vestibule ; elle s'arrêta un moment sans oser entrer.

Au fond de l'atelier, un jeune homme à la figure énergique et de carrure athlétique chantait le grand air de *Rigoletto*, qu'un gros homme au teint jaune, vêtu d'une robe de chambre crasseuse et chaussé de chaussons de feutre, écoutait, assis dans un vieux fauteuil, en roulant des yeux blancs, — Lozès, sans aucun doute, qui donnait une leçon ; et ce n'était pas le moment de le déranger.

Cependant, comme Madeleine ne pouvait pas rester immobile au milieu de l'atelier, elle regarda autour d'elle pour voir si elle ne trouverait pas une place où elle pourrait attendre sans attirer l'attention. Déjà les gros yeux blancs de Lozès, qui s'étaient fixés sur elle à son entrée, ne l'avaient que trop intimidée. Dans un coin formant enfoncement, elle aperçut deux vieilles femmes de tournure vulgaire et bizarrement accoutrées, assises sur des banquettes ; elle se dirigea doucement de leur côté et s'assit derrière elles.

Aussitôt elles se retournèrent, et longuement, attentivement elles la dévisagèrent, en tâchant de percer son voile.

— C'est-y pour prendre une leçon de môsieu Lozès que vous venez ? demanda l'une d'elles à voix basse.

Madeleine sans répondre fit un signe affirmatif.

— Pour lors faut attendre, parce que ct'homme il n'aime pas a été dérangé.

L'autre alors prit la parole, et son ton noble, emphatique, théâtral contrasta singulièrement avec celui de la première vieille ; elle posa une série de questions à Madeleine, qui ne répondit que par signes exactement comme si elle avait été muette.

Heureusement pour elle, la voix de Lozès vient faire taire les vieilles :

— Silence donc dans le coin des mères, cria-t-il, fermez vos boîtes.

Le silence se fit aussitôt, et Madeleine délivrée put suivre la leçon.

L'élève chantait :

> Cour-ti-sans race vi-le... et dam-né-e
> Ren-dez-moi ma fil-le infor-tu-né-e.

Lozès sauta de son fauteuil.

— Mais va donc, s'écria-t-il, va donc, de la vigueur, de l'âme ; quel pot-à-feu à remuer que ce garçon-là.

Et il lui allongea un vigoureux coup de poing dans le dos.

L'élève recommença avec le même calme, exactement comme s'il donnait la bénédiction aux « cour-ti-sans race vi-le ».

Lozès était resté près de lui dans un état de violente exaspération ; tout à coup il lui allongea deux ou trois bourrades en l'apostrophant grossièrement.

Alors cet hercule, qui était dix fois plus fort que ce gros bonhomme, se mit à pleurer et à beugler :

— Je ne peux pas, ce n'est pas dans ma nature... ure... ure...

— Eh bien ! animal, si ce n'est pas dans ta nature, va-t-en beugler avec les veaux. A un autre.

Une jeune fille sortit d'un coin et s'avança auprès du fauteuil où Lozès s'était rassis : elle avait quinze ou seize ans à peine, jolie, élégante et couverte de bijoux, au cou, aux bras, aux mains.

Au moment où elle ouvrait la bouche, Lozès l'arrêta :

— Dis donc, toi, je t'ai déjà fait remarquer qu'on devait m'embrasser en arrivant ; si cela ne te va pas, dis-le.

La jeune fille ne dit rien, mais s'avançant vers Lozès qui, sans se lever, tendit son cou vers elle, elle l'embrassa sur sa joue rasée, qui, de loin, paraissait toute bleue.

Le bruit de ce baiser fit frissonner Madeleine de la tête aux pieds, et son cœur se souleva. Et quoi ! elle aussi, elle devrait embrasser ce comédien !

La pensée lui vint de se sauver au plus vite, mais la réflexion la retint ; il fallait persévérer quand même.

La leçon avait commencé, mais elle n'alla pas loin.

— Ce n'est pas ça, s'écria Lozès, arrête, et va t'asseoir sur cette chaise là-bas ; tu croiseras tes bras derrière et tu respireras fortement ; tu t'arrangeras pour que ta respiration descende sans remuer la poitrine. A un autre.

Un ténor vint remplacer la jeune fille aux bijoux, qui alla s'asseoir sur sa chaise et s'appliqua à faire descendre sa respiration.

Ou bien Lozès n'était pas de bonne humeur, ou bien il avait mauvais caractère, car le jeune ténor avait à peine dit quelques mots, qu'il se fâcha :

— Toi, je t'ai déjà dit de choisir ; veux-tu chanter à la manière française, en ouvrant la bouche en rond, ou bien à la manière italienne, en l'ouvrant en large et en souriant ; tu as une tête à sourire, souris donc, ça charmera les femmes.

Le ténor recommença en ouvrant si largement la bouche qu'il montra toutes ses dents.

Tout en l'écoutant, Lozès surveillait la jeune fille, qui avait été s'asseoir sur sa chaise; tout à coup, il courut à elle et la fit lever:

— Qu'on m'apporte un matelas, cria-t-il.

Alors, prenant la jeune fille par le bras et la poussant brusquement:

— Couche-toi là-dessus, dit-il, étale-toi tout de ton long et en mesure, tu diras do, do, do, do.

Malgré la gravité de sa situation, Madeleine ne put retenir un sourire.

La leçon avait été reprise, mais bien que Madeleine voulût y apporter attention, elle fut distraite par un chuchotement de voix derrière elle; machinalement elle tourna la tête; elle ne vit qu'une petite porte fermée. C'était de derrière cette porte que venait ce chuchotement, auquel se mêlait depuis quelques instants comme un bruit de baisers étouffés.

Madeleine, comme beaucoup de musiciens, avait l'ouïe d'une finesse extrême, et bien souvent elle entendait distinctement ce que d'autres ne soupçonnaient même pas. Cependant ces chuchotements étaient si forts qu'elle fut surprise qu'ils n'éveillassent point la curiosité de ses voisines.

Brusquement l'une d'elles se leva et courut à la petite porte:

— Ursule, je t'y prends encore à te faire embrasser dans les escaliers, viens ici, petite peste, et ne me quitte plus.

Madeleine eût voulu boucher ses oreilles, comme quelques instants auparavant elle eût voulu fermer ses yeux; et une fois encore elle se demanda si elle ne devait pas sortir immédiatement de cette maison, mais, se raidissant contre le dégoût qui l'envahissait, elle resta.

XXI

Cependant la présence de Madeleine avait produit une certaine sensation : on avait remarqué cette jeune femme qui, par sa toilette et sa tenue, ressemblait si peu aux élèves qui venaient ordinairement chez Lozès, et trois ou quatre jeunes gens se rapprochant peu à peu avaient fini par s'asseoir sur les banquettes, et ils s'étaient mis à la regarder, la toisant des pieds à la tête, l'examinant la déshabillant comme si elle avait été exposée là pour leur plaisir.

Bien qu'elle évitât de tourner ses yeux de leur côté, elle avait senti le feu de ces regards braqués sur elle et le rouge lui était monté au visage.

C'étaient ses camarades, ces jeunes gens qui marchaient, s'asseyaient, se mouchaient avec des poses scéniques, la tête de trois quarts, le poing sur l'épaule, le sourire aux lèvres, s'écoutant entre eux comme on écoute au théâtre avec des attitudes fausses.

Demain elle devrait leur donner la main et les laisser a tutoyer, puisque entre eux ils se tutoyaient tous : « Bonjour ma petite chatte. — Comment vas-tu, ma vieille ? »

Lozès annonça que c'était fini « pour aujourd'hui. »

Enfin, elle allait pouvoir approcher ce maître terrible, et, tout de suite, pendant que les élèves s'empressaient joyeusement vers la porte de sortie, elle se dirigea vers le fauteuil où Lozès était resté assis.

A mesure qu'elle avança, elle se sentit enveloppée par un regard curieux.

Arrivée près de lui, elle le salua, et, comme elle avait tout son courage, elle lui expliqua bravement ce qui l'amenait :

— Je voudrais entrer au théâtre, dit-elle d'une voix qui, malgré ses efforts, était tremblante, et je viens vous demander vos leçons.

Il n'avait pas bougé de dessus son fauteuil ; la tête renversée, il la regarda un moment sans rien dire, puis, comme s'il n'était pas satisfait de son examen, il lui fit signe de reculer de quelques pas ; alors, avec son accent méridional :

— Défaites-moi un peu votre chapeau, je vous prie, et votre paletot.

Elle obéit, décidée à tout.

— Bon, dit-il après l'avoir regardée en dodelinant de la tête avec approbation, pas mal, pas mal.

Et comme elle rougissait sous ce regard qui était un outrage pour son innocence de jeune fille :

— Vous savez que vous êtes jolie, n'est-ce pas ? continua-t-il ; vous avez le type d'Ophélia, ce n'est pas mauvais, ça, et c'est rare ; marchez un peu.

Elle se mit à marcher.

— Présentez votre poitrine comme un bouquet ; les épaules effacées ; bien, cela va ; revenez. Qu'est-ce que vous savez ?

Madeleine répéta ce qu'elle avait déjà dit à Maraval.

— Oh ! oh ! l'amateur de province, je n'ai pas confiance, dit Lozès ; ils sont *toc* en province. Enfin, voyons, chantez-moi ce que vous voudrez.

Elle proposa l'air du *Freyschutz :* puisqu'elle avait réussi auprès de Maraval, Lozès ne serait pas plus difficile sans doute.

Mais Lozès refusa :

— Le style, c'est moi qui vous l'enseignerai ; ce que je veux juger pour le moment, c'est votre voix ; savez-vous le *Brindisi* de la *Traviata?*

— Oui, monsieur.

— Eh bien ! allez-y alors : je vous écoute.

Et de fait il l'écouta attentivement, le coude appuyé sur le bras de son fauteuil et le menton posé dans sa main.

— Quand voulez-vous commencer ? demanda-t-il aussitôt qu'elle se tut.

— Vous m'acceptez ?

— A bras ouverts ; retenez bien ce que vous dit Lozès, vous serez une grande artiste.

— Ah ! monsieur !

— Si vous travaillez et si vous suivez mes leçons, bien entendu ; parce que, vous savez, la nature sans l'art cela ne signifie rien.

— Oui, monsieur, je travaillerai autant que vous voudrez ; je vous promets que vous n'aurez jamais eu d'élève plus attentive, plus appliquée.

— S'il en est ainsi, je vous donne ma parole qu'avant dix-huit mois vous serez en état de débuter, et, comme débute une élève de Lozès, d'une façon splendide ; ces ânes du Conservatoire verront un peu ce que je sais faire d'une élève qui est douée.

Le moment était venu pour Madeleine d'expliquer sa situation, et les dispositions dans lesquelles elle voyait Lozès lui donnaient du courage et de l'espoir

Mais il ne la laissa pas aller jusqu'au bout.

— Ah! non, ma petite, dit-il d'un ton brusque, je ne fais pas de ces arrangements-là : je n'ai pas le temps ; et puis pour vous, croyez-moi, c'est une mauvaise affaire; il vaut mieux vous gêner et payer vos leçons comptant ; je vous en donnerai une par jour; c'est cinq cents francs par mois qu'il vous faut; votre famille est ruinée me disiez-vous, eh bien, une belle fille comme vous ne doit pas être embarrassée pour trouver cinq cents francs par mois.

Bien que Madeleine se fût promis de tout entendre sans broncher, elle ne put pas ne pas se cacher le visage entre ses deux mains : la honte l'étouffait.

Puis elle fit quelques pas pour se retirer, désespérée.

Il ne bougea pas de son fauteuil; mais comme elle s'éloignait lentement, parce que ses yeux troublés la guidaient mal, il la rappela tout à coup.

— Voyons, ne vous en allez pas comme ça ; et tout d'abord croyez bien que je suis fâché de ne pas vous donner des leçons ; je sens qu'on peut faire quelque chose avec vous : aussi je veux vous aider. Cela vous coûtera peut-être cher, très-cher même

— Jamais trop cher, je suis prête à tous les sacrifices.

— Ce que je ne peux pas faire pour vous, un autre peut-être le fera. Si nous étions en Italie, poursuivit Lozès, rien ne serait plus facile. Il y a là des gens toujours disposés à se faire les entrepreneurs d'un jeune homme ou d'une jeune fille ayant une belle voix. Et ce ne sont pas des artistes, comme vous pourriez le croire; le plus souvent ce sont des artisans, des menuisiers, des boutiquiers, n'importe qui. Ils ont un petit capital et ils l'emploient à l'exploitation de celui ou de celle qu'ils ont découvert. Pour cela ils traitent soit avec les parents, soit avec le sujet lui-même, c'est-à-dire qu'ils l'achètent pour un certain temps. Pendant les premières années, ils lui donnent le logement, la nourriture, l'habillement et surtout l'éducation musicale, et, en échange, le jeune homme ou la jeune fille abandonne à son maître ce qu'il gagne, ou plus justement partie de ce qu'il gagne, lorsqu'il commence à gagner quelque chose. Mais nous ne sommes pas en Italie, me direz-vous. C'est juste; seulement, il y a des Italiens à Paris. Précisément, j'en connais un qui, après avoir fait ce métier pendant sa jeunesse, s'est fixé à Paris en ces derniers temps et a ouvert, rue de Châteaudun, une boutique de bric-à-brac, de curiosités, de meubles italiens. Je l'irai voir. Je lui dirai ce que je pense de votre voix et de vos dispositions. Puis, je lui demanderai s'il veut se charger de vous. Mais, avant que je fasse cette démarche, il faut que vous me disiez si vous, de votre côté, vous êtes disposée à accepter la direction de mon homme, ainsi que les conditions qu'il vous imposera.

— Avec reconnaissance et de tout cœur.

— N'allez pas si vite et surtout ne vous emballez pas avec Sciazziga, — c'est mon Italien; défendez vos intérêts puisque vous êtes orpheline et que vous n'avez personne pour vous protéger, c'est un avertissement que je vous donne. Je connais le Sciazziga; il sera âpre; vous, de votre côté, soyez ferme et ne lui cédez pas tout ce qu'il vous demandera. Accordez-lui seulement la moitié de ses exigences, et ce sera déjà beaucoup. Bien entendu n'allez pas lui dire cela. Je ne veux pas paraître dans toute cette affaire, et c'est pour cela qu'à l'avance je vous préviens. Plus tard je veux que vous vous souveniez de Lozès avec reconnaissance. On vous dira peut-être bien des choses de lui; vous répondrez alors : « Voilà ce qu'il a fait pour moi. »

L'impression première produite par Lozès s'était un peu effacée : il pouvait être brutal, vaniteux, ridicule, mais au fond ce n'était pas certainement un méchant homme.

Cette pensée fut un grand soulagement pour Madeleine : elle pourrait honorer celui qui lui tendait la main.

— Encore un mot, dit Lozès, je vous ai expliqué que notre homme se chargerait de pourvoir à tous vos besoins. C'est beaucoup, mais ce n'est pas tout. Vous êtes seule; que ferez-vous le jour où vous aborderez le théâtre? Rien, n'est-ce pas. Vous laisserez les choses aller. Eh bien, en agissant ainsi, elles n'iraient pas. Il vous faut quelqu'un d'actif, d'intelligent, d'intrigant pour arranger vos engagements, pour préparer vos succès, pour gagner ou éclairer la critique, qui ne voit que ce qu'elle a intérêt à voir ou que ce qu'on lui montre : Sciazziga sera ce quelqu'un, et grâce à lui le succès vous arrivera agréable et appétissant, comme un poulet bien rôti arrive sur la table de ceux qui ont un bon cuisinier, sans qu'ils aient senti l'odeur de la cuisine. C'est quelque chose cela, en un temps comme le nôtre, qui n'est que de réclame. Où voulez-vous que je vous envoie notre Italien?

Elle rougit et balbutia en pensant à sa misérable mansarde.

— Est-ce que vous n'êtes pas seule comme vous me le disiez ? demanda Lozès remarquant son embarras.

— Oh ! monsieur, s'écria-t-elle avec confusion.

— Enfin vous demeurez quelque part, sans doute ?

— Oui, cité des Fleurs, à Batignolles ; mais si M. Sciazziga vient dans ma pauvre chambre, il sera, je le crains, mal disposé à m'accorder les conditions que vous me conseillez d'exiger.

— Je n'avais pas pensé à cela, ma pauvre enfant. Il vaut mieux qu'il vous voie ici alors. Je lui donnerai rendez-vous. Revenez après-demain à quatre heures.

— Oh ! monsieur, combien je suis touchée de votre bonté !

— Vous verrez, ma petite, que bonté et talent sont synonymes : tout se tient en ce monde ; un homme qui a un grand talent est toujours bon.

XXII

Le surlendemain, à trois heures quarante-cinq minutes, elle entra chez Lozès, qu'elle trouva seul dans l'atelier ; Sciazziga n'était pas encore arrivé.

— J'ai vu notre homme, dit Lozès, il va venir ; seulement, il est possible qu'il se fasse attendre ; c'est une malice italienne qui a pour but de ne pas montrer trop d'empressement. Il est probable qu'il amènera quelqu'un avec lui, car il n'a pas toute confiance en moi, et, avant de s'engager, il aime mieux deux avis qu'un seul. Surpassez-vous donc et faites bien attention qu'on vous demande aujourd'hui plus de voix que de goût ou de savoir; pour Sciazziga, il s'agit de juger si votre voix emplira l'Opéra, la Scala ou Covent-Garden; n'ayez pas peur de crier.

Ce fut à quatre heures vingt minutes seulement que Sciazziga, suivi d'un vieux petit bonhomme ratatiné, fit son entrée dans l'atelier de Lozès; pour lui, c'était un homme de cinquante à cinquante-cinq ans, gras, gros, souriant, ayant en tout la tournure et la figure d'un cuistre, doucereux, mielleux, obséquieux. Madeleine, qui malgré son émotion l'observait anxieusement, éprouva à sa vue un mouvement répulsif; et cependant il s'avançait vers elle en souriant, ne la quittant des yeux que pour admirer un gros brillant qu'il portait à son doigt.

Arrivé près d'elle, il la salua avec des grâces de théâtre, les bras arrondis, le dos voûté, marchant en rond comme les comédiens qui veulent remplir la scène.

— La signora, n'est-*cé* pas? dit-il avec un très-fort accent italien en s'adressant à Lozès.

— Apparemment.

Alors, tirant un face-à-main en or et le braquant sur Madeleine, il se mit à tourner autour d'elle.

— *Çarmante, çarmante*, disait-il à chaque pas en souriant à son acolyte; *figoure* expressive, avec de la *nobilite*, belle taille, *cévéloure* splendide.

Des marchands d'esclaves ou des maquignons n'eussent pas passé un examen plus attentif de la marchandise qu'ils se proposaient d'acheter : jamais Madeleine n'avait ressenti une pareille humiliation ; elle était pourpre de honte.

— Et la signora nous *féra* la grâce *dé* nous *canter* oun morceau ?

Cette parole lui fut une délivrance ; chanter, elle était là pour chanter ; elle échapperait ainsi à cet examen de sa personne.

— Mon *cer* ami *lé* maestro Maffeo, continua Sciazziga, voudra bien accompagner la signora.

Pendant que Madeleine se dirigeait vers le piano, Lozès s'approcha d'elle et, lui parlant à voix basse :

— Chantez de votre mieux, il est inutile de crier ; c'est Maffeo qui va vous juger ; il a été, dans son temps, un de nos meilleurs chefs d'orchestre.

Madeleine se sentit plus forte ; chantant pour Maffeo et Lozès, elle chanterait avec confiance.

Parmi les morceaux qu'elle indiqua, Maffeo en choisit trois de style différent, qui pouvaient la faire juger, et elle les chanta de son mieux, ainsi que Lozès le lui avait recommandé.

Sciazziga écouta, sans donner le moindre signe d'approbation ou de blâme.

Seul Lozès applaudit des mains et de la voix.

— Si, si, dit Sciazziga, *qué cé* n'est pas mal, *grazia*.

Quant à Maffeo, son attitude était étrange ; il semblait qu'il voulût applaudir et qu'il n'osât pas.

Lorsque Madeleine eut achevé son troisième morceau, elle crut que Sciazziga allait dire s'il l'acceptait ou s'il la refusait ; mais il n'en fut rien.

— Qu'il est nécessaire que *ze* cause avec mon *cer* ami

Maffeo, dit-il ; pour cela *se* prie la signora de venir demain matin, *roue* Châteaudun, avec son *toutour*.

— Je n'ai pas de tuteur.

— Vous avez *plous* de vingt *oun* ans ?

— Je suis émancipée.

— Ah ! *diavolo, perfetto*.

Et un sourire de satisfaction fendit sa large bouche jusqu'aux oreilles : évidemment cela faisait son affaire.

— *Qué zé* pense que la signora voudra bien nous faire *lé* plaisir de *dézouner* avec nous, à onze *houres*; nous causerons avant.

Elle n'avait plus qu'à remercier et à se retirer, ce qu'elle fit ; Lozès la reconduisit jusqu'au vestibule, tandis que Maffeo et Sciazziga s'entretenaient à voix basse.

— Ne vous inquiétez pas, lui dit-il, l'affaire est conclue, tâchez de vous défendre demain ; à bientôt, ma chère élève.

Naturellement elle fut exacte, et à onze heures précises, le lendemain, elle entrait dans le magasin de bric-à-brac de la rue de Châteaudun. Elle y trouva une grande femme enveloppée dans un châle des Indes usé et la tête couverte d'un fichu de dentelle noire ; elle pouvait avoir cinquante ans environ et d'une ancienne beauté dont on voyait encore des traces, il lui restait un air de grandeur et de noblesse qui n'est point ordinairement le caractère distinctif des marchandes à la toilette ; mais avant d'être marchande, Mme Sciazziga avait été chanteuse, et au milieu de sa boutique, drapée dans son vieux cachemire, elle était toujours Norma ou dona Anna.

Sans quitter le fauteuil dans lequel elle était posée, elle répondit à Madeleine que M. Sciazziga l'attendait dans une pièce qu'elle lui indiqua d'un geste sculptural.

Il était assis devant une table, avec une liasse de papiers devant lui, en train d'écrire sur une feuille timbrée ; l'entassement des meubles, bahuts, chaises, fauteuils, casiers, était tel que Madeleine ne put que difficilement arriver à cette table.

— *Zé* travaille pour vous, signora, dit Sciazziga ; *lé* petit engagement *qué zé* prépare, et qu'il est *zouste qué* vous signiez, si nous sommes d'accord. L'ami Maffeo pense *qué* vous avez des dispositions, *ma* il vous faudra des *léçons*, des *étoudes*, toutes *çoses* qui coûtent très-*fer*. On ne sait pas combien *lé* maestro Lozès *sé* fait payer *fer ;* c'est *oune rouine.*

Sa figure prit une expression désolée, en pensant aux exigences de Lozès.

— De *plous*, pour *oune* personne comme vous, *zolie,* il faut *dé* la toilette, il faut un logement, *oune* bonne *nourritoure ;* c'est très *outile,* la bonne *nourritoure :* tout cela fait *oune* grosse somme de dépenses, et pendant *plousieurs* années ; il est donc *zouste qué zé* rentre dans ces avances, et *qué zé* fasse *oun* bénéfice. Est-*cé zouste?*

— Très juste.

— *Ençanté qué* vous compreniez *qué zé souis* l'homme de la *joustice* et aussi l'ami des artistes : *lé* reste, entre nous, va maintenant aller tout facilement. *Zousqu'au* jour où vous aurez *oun* engagement, je payerai toutes vos dépenses, *léçons*, toilettes, *nourritoure*, plaisirs, et très *larzement ;* si vous *mé* connaissiez, vous sauriez combien *zé souis larze,* c'est *joustement* pour *céla qué zé né souis pas riçe*. Vous, *dé* votre côté, quand vous aurez *oun engazement*, nous on *partazerons lé* montant.

Prévenue par Lozès, Madeleine attendait cette proposition, et elle avait préparé sa réponse :

— Pendant combien de temps ?

— *Zoustement* c'est la question à débattre ; il me semble honnête *dé* mettre dix ans.

— En supposant que je gagne 40,000 fr. par an, c'est donc 200,000 francs que vous toucherez ?

— Quarante mille francs par an ! Mettons dix mille ; c'est donc cinquante mille *qué zé* toucherai ; mais pour *céla* il faut *qué* vous *reoussissiez*, il faut *qué* vous viviez, et si vous mourez, *ousque zé* retrouverai *cé qué z'aurai* déboursé ? Il faut *calcouler lé* risque, signora. N'est-*cé* pas *zouste ?*

Du moment qu'une discussion s'engageait, Madeleine à l'avance était vaincue ; entre elle et ce boutiquier retors, la partie n'était pas égale ; et puis d'ailleurs elle avait cette faiblesse de trouver les discussions d'intérêt humiliantes.

Cependant, se renfermant dans ce que Lozès lui avait conseillé, elle obtint que les dix années de partage seraient réduites à cinq ; mais Sciazziga ne céda sur ce point que pour prendre avantage sur un autre : tant que Madeleine serait au théâtre, elle lui abandonnerait dix pour cent sur ses appointements, et si elle quittait le théâtre avant dix années, comptées du jour de son début, pour une cause autre que maladie grave ou perte de voix, elle payerait à Sciazziga une somme de deux cent mille francs.

Bien qu'elle fût incapable de soutenir une discussion, elle voulut se défendre, mais elle ne tarda pas à être enlacée par l'Italien qui l'assassina de son baragouin, et de guerre lasse elle finit par signer « *lé* petit *engazement* » qu'il avait préparé.

— Maintenant, dit Sciazziga, lorsqu'il eut donné un double de l'engagement et qu'il eut serré l'autre, nous avons encore *ouna pétite çose* à arranger. *Qué* c'est relativement à votre vie avec nous ; ça *né* s'écrit pas parce *qué* nous sommes des gens d'*honnour*, mais *ça sé* dit. Vous êtes orpheline, vous n'avez pas *de* parents, alors *zé* voudrais que vous viviez avec nous ; dans notre maison, dans notre famille. Pour bien travailler, voyez-vous, il faut de la *vertou ;* c'est la *vertou* qui conserve la voix et aussi la taille des *zounes* personnes, quand elles sont *zolies* comme vous.

Et comme si ces paroles n'étaient pas assez claires, il les expliqua et les précisa par un geste arrondi qui empourpra les joues de Madeleine.

— *Cez* nous, dans notre *intériour* vous *sérez protézée* contre tous les dangers, toutes les *sédouctions* qui à Paris entourent *ouna joune* fille ; madame Sciazziga, qui est l'*honnour* même, vous *accompagnéra* partout, aux *léçons*, à la promenade ; vous *lozerez cez* nous, sous notre clef ; vous *manzerez* avec nous. Vous serez notre fille. Et je vous *assoure*, signora, qu'il faut que *zaie oune* bien grande sympathie pour vous, car en *azissant* ainsi, *zé* vous *introuduis* en tiers dans notre *intériour*, et *zé pouis* le dire, madame Sciazziga et moi, nous nous adorons. Mais nous *férons* cela, certainement nous *lé férons*, pour *oune* personne aussi bien élevée *qué* vous. Cela vous convient-il?

Madeleine avait signé tout ou à peu près tout ce que Sciazziga lui avait imposé ; mais cette vie de famille, cette existence entre M. et madame Sciazziga était la dernière goutte, la plus amère et la plus écœurante du calice; elle eut un mouvement de dégoût qui la fit frissonner des pieds à la tête.

Mais la réflexion lui dit qu'elle devait se résigner à accepter ce dégoût comme tant d'autres, elle n'en était plus à les compter.

Après tout, la présence de madame Sciazziga la préserverait de bien des ennuis.

— Eh bien ? fit Sciazziga en insistant.

Ne pouvant pas répondre, elle fit un signe d'acquiescement.

— Allons c'est parfait, dit-il; maintenant, il faut que ze vous montre votre chambre; pendant ce temps on servira la table. Voulez-vous m'accompagner?

Ils sortirent dans la cour de la maison, et prenant un escalier au fond, ils montèrent au sixième étage.

— *Oun* étage encore, disait-il, *ma l'ezalier* est *doux*.

La chambre destinée à Madeleine était une sorte de grenier encombré de meubles de toutes sorte.

— Vous voyez, dit Sciazziga, vous aurez de l'air et de la *loumière;* avec *oun* bon piano vous *sérez* ici comme *oune* reine; vous pourrez travailler *dou* matin au soir sans être *déranzée :* demain *zé* ferai prendre vos *moubles* chez vous.

Quand ils redescendirent le déjeuner était servi sur une toile cirée.

Déjà assise à sa place, madame Sciazziga, qui n'avait quitté ni son cachemire ni son fichu de dentelle, désigna une chaise à Madeleine avec un geste de reine de théâtre.

— Entre nous deux, dit-elle en souriant à son mari.

Et Madeleine s'assit, mais il lui fut impossible de manger tant sa gorge était serrée.

C'était là sa nouvelle famille, c'était avec ces gens qu'elle allait vivre — de leur vie.

Et, regardant machinalement la carafe pleine d'eau, elle vit se dessiner sur le verre leur petite maison de Rouen où s'était écoulée son enfance, comme aux jours où sous les rayons du soleil couchant, elle se reflétait dans la Seine.

XXIII

Le jour même où Madeleine signait avec Sciazziga « oun petit engazement », Léon arrivait de Madrid à Paris.

En recevant la lettre de Madeleine, il avait couru au télégraphe et il avait envoyé à sa cousine une dépêche, avec la mention personnelle sur l'adresse :

« N'accomplis pas ta résolution avant de m'avoir vu ; je pars à l'instant pour Paris, où j'arriverai après-demain matin. »

Mais, malgré la mention personnelle, cette dépêche n'avait pas été remise à Madeleine, qui avait quitté la maison de la rue de Rivoli depuis deux jours quand le facteur du télégraphe s'était présenté.

Avant même d'entrer chez lui, Léon monta rapidement à l'appartement de son père. Personne n'était encore levé, mais la façon dont il sonna réveilla tout le monde, et un domestique vint lui ouvrir la porte.

C'était le vieux valet de chambre qui, depuis trente ans, était au service de ses parents.

— Mademoiselle Madeleine? demanda vivement Léon.

Sans répondre, le valet de chambre leva ses bras au ciel.

— Réponds donc, mon vieux Jacques.

— Elle est partie.

— Où?

— On ne sait pas; c'est-à-dire que mardi matin, au moment où il n'y avait personne dans la maison, elle a été chercher un commissionnaire et une voiture, elle a fait porter ses bagages sur cette voiture par le commissionnaire et elle est partie; le concierge l'a vue passer et il a été bien étonné, mais qu'est-ce qu'il pouvait, cet homme?

— Mais depuis?

— On a cherché mademoiselle Madeleine partout, on l'a fait chercher par la police, et... on ne l'a pas trouvée.

— Conduis-moi à la chambre de mon père.

— Monsieur dort.

— Je vais le réveiller; éclaire-moi.

L'idée de réveiller M. Haupois-Daguillon parut si invraisemblable à Jacques, qui vivait dans la crainte et dans le respect de son puissant maître, qu'il resta immobile; sans insister, Léon lui prit la lumière des mains et se dirigea vers la chambre de son père.

Celui-ci avait été réveillé par le carillon de la sonnette, et quand Léon entra dans sa chambre, il le trouva assis sur son lit, coiffé d'un foulard de soie cerise noué à l'espagnole autour de sa tête, très-noblement.

— Toi ! s'écria M. Haupois.

— Quelles nouvelles de Madeleine?

M. Haupois fut suffoqué par cette demande.

— C'est ainsi que tu me dis bonjour et que tu t'inquiètes de la santé de ta mère?

— Pardonne-moi, mais ce que Jacques vient de m'apprendre m'a bouleversé : Madeleine partie sans qu'on sache où elle est, ce qu'elle est devenue !

— Madeleine est une ingrate.

— Vous vouliez la marier.

— Qui t'a dit?

— Elle m'a écrit.

— Ah ! vous étiez en correspondance !

— Cette lettre a été la première que j'aie reçue d'elle depuis mon séjour à Madrid.

— C'est trop d'une.

— Enfin, où est-elle?

— Dans le premier moment d'inquiétude et malgré le scandale de sa conduite, nous avons eu la bonté de la faire chercher; nous avons même prévenu la police; tout ce qu'on a pu découvrir ça été un indice : le commissionnaire qui a porté ses bagages l'a entendue donner au cocher l'adresse de la gare Saint-Lazare, mais ce cocher n'a point été retrouvé; concluant de ce renseignement qu'elle aurait dû aller à Rouen, j'ai fait prendre des renseignements à Rouen, on ne l'y a point vue, et il paraît même à peu près certain qu'elle n'y est point venue; dans les hôtels de Paris, dans les maisons meublées, les recherches n'ont point abouti, bien qu'elles aient été dirigées par une main habile.

— Eh bien, je les ferai aboutir, moi.

— Tu n'as pas l'intention de nous ramener Madeleine chez nous, n'est-ce pas ? nous ne la recevrions pas.

— Tu lui fermerais ta maison ?

— Quoi qu'il arrive, jamais elle ne rentrera ici.

— Quand tu m'as demandé de partir pour Madrid, j'ai cédé à ton désir qui, tu le sais, n'était pas d'accord avec le mien. Je l'ai fait pour toi et pour ma mère. Mais je l'ai fait aussi pour Madeleine, afin qu'elle pût rester dans cette maison, près de vous qui l'aimeriez et la consoleriez. Puisque tu posais la question de telle sorte qu'elle ou moi devions partir, je n'ai pas voulu que ce fût elle, et je me suis exilé à Madrid, où je n'avais que faire, et où je suis resté malgré mon ennui. Mais je m'imaginais que Madeleine était heureuse, tranquille, choyée, aimée, c'est-à-dire consolée, et je ne parlais pas de revenir à Paris. Au lieu de la consoler, vous avez voulu la marier.

— Nous avons voulu assurer son avenir, comme c'était notre devoir.

— Et le mien, vous l'avez oublié. Ma mère et toi vous saviez quelles étaient mes intentions à l'égard de Madeleine, quels étaient mes sentiments.

Parlant ainsi, il avait fait un pas en arrière du côté de la porte.

— Où vas-tu ?

— Chercher Madeleine.

— Je t'ai dit qu'elle ne rentrerait jamais dans cette maison.

— Ce n'est pas pour qu'elle rentre dans cette maison que je dois la chercher et la trouver.

— Léon !

Mais il était arrivé à la porte ; il l'ouvrit.

— Au revoir, mon père, à bientôt, tu diras à ma mère que malgré tout je l'embrasse tendrement.

Et, sans écouter la voix de son père, il sortit en refermant vivement la porte.

De ce que son père lui avait dit, il résultait pour lui la probabilité que Madeleine était retournée à Rouen. Pourquoi eût-elle dit à son cocher de la conduire à la gare Saint-Lazare si elle n'avait pas voulu aller à Rouen ? D'ailleurs n'était-il pas raisonnable d'admettre que quittant Paris elle avait voulu se réfugier chez des amis de son père ? On avait fait à Rouen des recherches qui n'avaient pas abouti. Cela ne prouvait pas que Madeleine ne fût pas à Rouen. On avait mal cherché, voilà tout. Il chercherait mieux.

Et sans prendre de repos, il partit pour Rouen par le train express de huit heures du matin.

Il resta pendant plusieurs jours à Rouen, fréquentant tous les endroits où il pouvait la rencontrer, et où naturellement il ne la rencontra pas.

De guerre lasse, il se dit qu'elle s'était peut-être réfugié à Saint-Aubin auprès de son père, et il partit pour Saint-Aubin.

Mais personne ne l'avait vue, elle n'avait pas paru au cimetière, et cela était bien certain ; ce n'est pas dans la mauvaise saison qu'une jeune femme élégante paraîtra dans un petit village sans qu'on la remarque ; à plus forte raison quand, comme Madeleine, elle y est connue de tout le monde.

Il revint à Rouen ; puis après quelques jours de recherches il rentra à Paris, désolé, et aussi plein d'inquiétude.

Qu'était devenu Madeleine? où le désespoir avait-il pu l'entraîner?

Il continuerait ses recherches à Paris, et il les ferait poursuivre par des gens capables de les mener à bonne fin.

Si grandes que fussent ses inquiétudes, il ne voulait pas cependant parler de Madeleine à son père ni à sa mère; mais celle-ci vint lui en parler elle-même.

— Tu n'as rien appris sur Madeleine? lui demanda-t-elle?

Il secoua la tête par un geste désolé.

— Je crois que tu aurais pu t'épargner ce voyage à Rouen; comme toi, nous avons été inquiets pendant les premiers jours qui ont suivi le départ de Madeleine; mais, en raisonnant, nous avons compris que nous nous tourmentions à tort : Madeleine ne possède rien, elle n'a même pas un métier aux mains; dans ces conditions pour qu'elle ait quitté une maison, où elle était heureuse et où elle était aimée, il fallait qu'elle fût certaine d'en trouver une autre où elle serait et plus heureuse et plus aimée encore.

Léon, qui était assis, se leva si brusquement qu'il renversa sa chaise, puis il s'avança vers sa mère, pâle et les lèvres tremblantes.

Mais, prêt à parler, il s'arrêta.

Puis, après quelques secondes, qui parurent terriblement longues à madame Haupois, il tourna vivement sur ses talons et sortit.

On fut quinze jours sans le revoir, et, pendant ces quinze jours, il n'écrivit pas à ses parents : où était-il? personne n'en savait rien.

Quand il rentra, ni son père, ni sa mère n'osèrent lui parler de son voyage.

Et, bien entendu, le nom de Madeleine ne fut plus prononcé.

FIN DE LA PREMIÈRE PARTIE

DEUXIÈME PARTIE

I

C'était un samedi, le Cirque des Champs-Elysées donnait une représentation extraordinaire pour la rentrée du gymnaste Otto, éloigné de Paris depuis plusieurs années, et pour les débuts de son élève Zabette.

Depuis quinze jours les murs de Paris étaient couverts d'affiches représentant deux hommes lancés dans l'espace, l'un aux membres athlétiques, musclés comme ceux d'un personnage de Michel-Ange, l'autre mince, délié, gracieux comme un éphèbe athénien; aux quatre côtés de cette affiche s'étalaient en gros caractères les noms d'Otto et de Zabette. Ce nom d'Otto était bien connu à Paris dans le monde des théâtres et de la galanterie, car les succès de celui qui le portait avaient été aussi grands, aussi nombreux, aussi bruyants dans l'un que dans l'autre, et pendant plusieurs années il avait été de mode pour le gros public d'aller voir Otto qui, par la hardiesse de ses exercices, lorsqu'il voltigeait en maillot rose de trapèze en trapèze, arrachait des cris d'admiration à ses spectateurs; comme, dans un autre public plus spécial et plus restreint, il avait été de mode aussi de s'arracher Otto qui sans maillot était plus merveilleux encore.

Quant au nom de Zabette, il était nouveau à Paris; mais, grâce aux journaux « bien informés, » on avait bientôt su que Zabette était un jeune créole qu'Otto avait rencontré en Amérique, et dont il avait fait son élève pour l'associer à ses exercices. Puis d'autres journaux, « mieux informés encore, » avaient raconté que ce jeune Zabette, bien que portant des vêtements d'homme, était en réalité une jeune fille qui adorait son maître. Et pendant huit jours la question de savoir si ce Zabette était un garçon ou si cette Zabette était une fille avait suffi pour occuper la badauderie parisienne, toujours prête à rester bouche ouverte, attentive et curieuse, devant ceux qui connaissent l'art, peu difficile d'ailleurs, de l'exploiter.

C'était assez, on le comprend, pour que cette rentrée d'Otto et ce début de Zabette fussent un événement. A deux heures toutes les premières étaient louées, et le soir les bureaux n'ouvraient que pour les places hautes, demandées par des gens qui ne voyaient dans Otto que le gymnaste et que leur honnêteté bourgeoise préservait de la curiosité de chercher à savoir si Zabette était un jeune garçon ou une jeune fille.

A huit heures et demie, devant une salle à moitié remplie pour les places louées et comble pour les autres, le spectacle commençait par les exercices ordinaires des cirques français, anglais, américains ou espagnols, des Champs-Élysées ou d'ailleurs : *Jupiter*, cheval dressé et présenté en liberté; *entrée comique*; *Jeanne d'Arc*, scène à cheval.

Qu'il s'agisse d'une première représentation aux

Français, à l'Opéra, aux Folies ou au Cirque, il y a une partie du public, toujours la même, qui du 1er janvier au 31 décembre se rencontre inévitablement dans ces soirées, et qui, bien entendu, se connaît sans avoir eu souvent les plus petites relations personnelles : on est habitué à se voir et l'on se cherche des yeux.

Au milieu de la scène de *Jeanne d'Arc*, deux jeunes gens firent leur entrée au moment où Jeanne, à genoux sur sa selle, les yeux en extase, entendait ses *voix*, et leurs noms coururent aussitôt de bouche en bouche :

— Léon Haupois-Daguillon.
— Henri Clergeau.

C'était en effet Léon qui, accompagné de son ami intime Henri Clergeau, le fils de la très-riche maison de commerce Clergeau, Siccard et Dammartin, venait assister aux débuts de Zabette. Ils gagnèrent leurs places au quatrième rang, et, au lieu de donner leurs pardessus à l'ouvreuse qui les leur demandait, ils les déposèrent sur les deux places qui étaient devant eux et qu'ils avaient louées pour être mieux à leur aise.

Puis, ayant tiré leurs lorgnettes, ils se mirent à passer l'inspection de la salle, sans s'inquiéter de Jeanne d'Arc qui, debout, dans une attitude inspirée, pressait religieusement son épée sur son cœur en criant : « Hop ! hop ! » Le cheval allongeait son galop, et, prenant son épée à deux mains, Jeanne faisait le moulinet contre une troupe d'Anglais invisibles : la musique jouait un air guerrier.

Léon posa sa lorgnette devant lui, et se penchant à l'oreille de son ami :

— Croirais-tu, lui dit-il, que je ne puis examiner ainsi une salle pleine sans m'imaginer que je vais peut-être apercevoir ma cousine Madeleine. C'est stupide, car il est bien certain que la pauvre petite, si elle vit du travail de ses mains, comme cela est probable, a autre chose à faire qu'à passer ses soirées dans les théâtres. Mais c'est égal, si stupide que cela soit, je regarde toujours ; c'est comme dans les rues ou dans les promenades, où je dois avoir l'air d'un chien qui quête.

— Elle te tient bien au cœur.

— Plus que tu ne saurais le croire ; mais elle m'y tient d'une façon toute particulière, avec quelque chose de vague et je dirais même de poétique, si le mot pouvait être appliqué à notre existence si banale ; c'est un souvenir de jeunesse dont le parfum m'est d'autant plus doux à respirer que les sentiments qui l'ont formé sont plus purs ; je penserai toujours à elle, et ce ne sera jamais sans une tendresse émue.

— La police n'a pu rien découvrir?

— Rien. Elle m'a seulement donné une terrible émotion pendant que tu étais à Londres. Un matin on est venu me dire qu'on avait trouvé dans la Seine le corps d'une jeune fille dont le signalement se rapprochait par certains points de celui de Madeleine. J'ai couru à la Morgue, dans quel état d'angoisse, tu peux te l'imaginer. On m'a mis en présence du cadavre ; c'était celui d'une belle jeune fille. Dans mon trouble, j'ai cru tout d'abord que c'était elle ; mais je m'étais trompé. Jamais je n'ai éprouvé plus cruelle émotion ; je vois encore, je verrai toujours ce cadavre et, chose horrible, j'y associerai la pensée de Madeleine tant qu'elle n'aura pas été retrouvée.

Jeanne d'Arc venait de mourir brûlée sur son bûcher, et quelques personnes de composition facile applaudissaient sa sortie.

Il se fit un moment de silence, et comme personne, n'entourait encore Henri Clergeau et Léon, celui-ci, qui n'était nullement à ce qui se passait dans la salle ni à la salle elle-même, continua à parler à l'oreille de son ami.

— Comme je me disposais à sortir de la Morgue, la porte que j'allais ouvrir s'ouvrit devant mon père. Lui aussi avait été prévenu et il était accouru presque aussi vite que moi. Par là, je vis qu'il faisait faire des recherches de son côté. Lorsqu'il entra, il était aussi pâle que le cadavre que je venais de regarder. J'allai vivement à lui en criant : « Ce n'est pas elle ! » « Dieu soit loué ! » murmura-t-il, et il me tendit la main. Ce témoignage de tendresse me toucha, et il en résulta que mes rapports avec mon père et ma mère furent moins tendus; mais je crains bien qu'ils ne redeviennent jamais ce qu'ils ont été. Ils ont cru être très-habiles en forçant Madeleine à quitter leur maison; ils se sont trompés dans leur calcul.

— Tu ne l'aurais pas épousée malgré eux.

— Ils ont eu peur que je les amène à accepter Madeleine, et pour ne pas s'exposer à cela, ils ont si bien fait que cette pauvre enfant s'est sauvée épouvantée. Qui sait ce qui s'est passé ? La lettre que Madeleine m'a écrite est pleine de réticences, et je n'ai jamais pu avoir d'explications ni avec mon père ni avec ma mère.

L'exercice qui suivait la scène de *Jeanne d'Arc* était un quadrille à cheval; l'orchestre se mit à faire un tel tapage, que toute conversation intime devint impossible.

Alors Léon et son ami s'amusèrent au spectacle de la salle, qui assez rapidement se remplissait, car l'heure arrivait où Otto et Zibette allaient s'élancer sur leurs trapèzes; de tous côtés apparaissaient des figures de connaissance, des habitués des clubs et des courses; çà et là quelques femmes honnêtes accompagnées d'amis intimes, et partout les autres, bruyantes, tapageuses, se montrant, s'étalant et provoquant les lorgnettes. A l'une des entrées, juste en face d'eux, de l'autre côté de l'arène, surgit une femme de trente ans environ, vêtue de blanc avec une simplicité et un goût qui auraient sûrement affirmé à ceux qui ne la connaissaient pas que c'était une honnête femme.

— Tiens, Cara, dit Henri Clergeau, là-bas, en face de nous, en blanc comme une vierge; elle adresse des discours à l'ouvreuse, ce qui indique qu'elle n'a pas de place numérotée.

Prenant sa lorgnette, Léon se mit à la regarder.

— Il y avait longtemps que je ne l'avais vue; elle ne vieillit pas.

— Et elle ne vieillira jamais; te rappelles-tu qu'il y a dix ans, quand nous la regardions, de tes fenêtres, passer dans sa voiture, elle était exactement ce qu'elle est aujourd'hui.

— Moins bien.

— Elle avait quelque chose de vulgaire qu'elle a perdu au contact de ceux qui l'ont formée.

— Il est vrai qu'on la prendrait pour une femme du monde.

— Et du meilleur.

— Je n'ai jamais vu une cocotte s'habiller avec sa distinction.

— Et ce qu'il y a de curieux, c'est qu'elle est la fille d'une paysanne de la vallée de Montmorency ; jusqu'à dix ans elle a travaillé à la terre.

— On ne le croirait jamais à la finesse de ses mains.

— Est-ce que ces cheveux noirs, soyeux, est-ce que ces yeux langoureux, est-ce que ces traits fins, est-ce que ce teint blanc, est-ce que ce nez mince et aquilin, est-ce que ce cou onduleux, est-ce que cette taille longue et flexible ne sont pas d'une fille de race ?

— Avec qui est-elle présentement ?

— Personne : après avoir ruiné Jacques Grandchamp si complétement qu'il me disait dernièrement que, s'il ne l'avait pas quittée, elle lui aurait tout dévoré : châteaux, terres, valeurs, jusqu'aux comptoirs de la maison paternelle ; elle s'est fait ruiner à son tour par une sorte de ruffian de la grande bohème, moitié homme politique, moitié financier, Ackar, de qui elle s'était bêtement toquée.

Pendant qu'ils parlaient ainsi d'elle Cara avait disparu ; quelques instants après, elle se montrait à l'entrée qui desservait leurs places et elle s'entretenait vivement avec l'ouvreuse en désignant de la main leurs pardessus.

— Je crois qu'elle voudrait bien une de nos places, dit Léon.

— Si je lui faisais signe de venir, elle nous amuserait.

Et, sans attendre une réponse, il se leva :

— Venez donc, dit-il, nous avons une place pour vous.

II

A cette invitation, Cara répondit par un signe de main accompagné d'un sourire, et en quelques secondes elle se faufila, glissant comme une couleuvre, jusqu'à la place que Henri Clergeau lui indiquait; cela fut fait si adroitement, si prestement que personne ne fut dérangé.

— C'est une femme à passer par le trou d'une aiguille, dit Léon tout bas en se penchant vers son ami pendant qu'elle s'avançait.

— Oui, mais avec grâce.

Et de fait il était impossible de mettre plus de grâce dans la souplesse : ce n'étaient pas seulement ses lèvres qui souriaient en passant devant les gens qu'elle frôlait avec une molle caresse, c'étaient ses bras, c'était sa taille flexible, c'était toute sa personne.

En arrivant à sa place elle tendit la main à Henri Clergeau et adressa à Léon une gracieuse inclination de tête.

— Est-ce qu'il n'y a pas indiscrétion de ma part à accepter votre place? dit-elle.

— Pas du tout; ces deux places étaient louées pour nos paletots et surtout pour ne pas avoir devant nous des gens gênants; vous voyez que vous pouvez accepter sans scrupule.

Elle parlait doucement, posément, en s'adressant

tout autant à Henri Clergeau qu'à Léon, et cependant c'était la première fois qu'elle se trouvait avec celui-ci; elle le connaissait de vue et de nom comme lui-même la connaissait, mais sans qu'une parole eût jamais été échangée entre eux.

Léon remarqua que le timbre de sa voix était harmonieux et doux; il fut frappé aussi de la réserve de ses manières, de la correction de ses gestes, de la limpidité de son regard.

Pendant qu'il l'examinait, elle continuait à s'entretenir avec Henri Clergeau, et elle le faisait sans éclats de voix, sans rires forcés, convenablement, décemment comme une femme du monde.

Cependant, la première partie du programme avait été remplie, et l'on s'occupait à dresser un immense filet au-dessus de l'arène et à le bien raidir de façon à atténuer le danger des chutes pour les gymnastes.

Cela avait amené tout naturellement la conversation sur Otto, et Léon remarqua que Cara montrait une complète indifférence sur la question de savoir si Zabette était ou n'était pas une femme, — question qui à ce moment même passionnait tant de curiosités féminines et même masculines, et faisait à l'avance préparer tant de lorgnettes.

Cara parlait d'Otto avec un mépris qu'elle ne prenait pas la peine de dissimuler.

— Vous ne l'aimez pas, dit Léon.

— J'avoue que je le déteste; il a tué une de mes amies, cette pauvre Emma Lajolais, qu'il a ruinée et martyrisée (1). Ah! c'est un grand malheur pour une femme de se laisser prendre par l'amour.

(1) Voir la *Fille de la Comédienne.*

9.

— Cette maxime n'est pas consolante, dit Henri Clergeau.

— J'entends un amour pour un homme qui n'est pas digne de l'inspirer, un être vil, bas et grossier comme Otto ; mais si celui qui inspire cet amour est un cœur loyal et bon, un esprit distingué, un caractère honnête, quoi de meilleur au contraire que d'aimer et d'être aimée ? Toute la vie ne tient-elle pas dans une heure d'amour ?

— C'est bien court, une heure, dit Henri Clergeau en riant.

— Il y a tant de gens qui n'ont point eu cette heure, dit Léon.

— C'est à la femme qui aime de faire durer cette heure ; est-ce qu'il ne vous est pas arrivé quelquefois de regarder votre pendule à un moment donné de la journée, puis après qu'un temps assez long s'est écoulé, de voir en la regardant de nouveau qu'elle marque quelques minutes seulement après l'heure que vous aviez notée ; elle s'est arrêtée, voilà tout, et vous avez vécu sans avoir conscience du temps ; eh bien, il me semble que, quand on aime, on peut ainsi suspendre le cours du temps ; les jours, les mois, les années s'écoulent sans qu'on s'en aperçoive ; quoi de plus délicieux qu'une existence qui est un rêve ? Mais voici Otto, Ah ! comme il a vieilli.

— Et voici Zabette.

En voyant paraître les deux gymnastes, un brouhaha s'était élevé dans la salle et toutes les lorgnettes s'étaient braquées sur eux.

Au-dessus du murmure confus des voix, on entendait des chuchotements qui ne variaient guère :

— C'est un homme.
— Mais non, c'est une femme.

Otto dans son maillot rose ne paraissait avoir d'autre souci que de faire des effets de muscles : il bombait sa poitrine en cambrant sa taille ; il tenait ses bras à demi pliés pour faire saillir les biceps et il tendait la jambe en promenant sur le public un regard glorieux qui disait clairement : « Admirez-moi. » Quant à Zabette, revêtu d'un maillot gris brillant comme l'acier poli, il gardait une attitude plus simple, et ses grands yeux noirs, au lieu de se fixer sur le public, regardaient en dedans.

Deux cordes descendirent de la coupole dans l'arène, chacun d'eux se suspendit à celle qui lui était destinée, et, sans qu'ils fissent un mouvement, on les hissa jusqu'à leur trapèze.

Ils en saisirent les cordes et s'assirent sur leur bâton, vis-à-vis l'un de l'autre ; Zabette portant ses doigts à sa bouche, envoya un salut, un baiser à Otto.

Instantanément un silence absolu s'établit dans toute la salle ; de l'arène au cintre les respirations s'arrêtèrent, bien des cœurs cessèrent de battre.

Ils étaient dans l'espace et, comme des oiseaux, ils volaient de trapèze en trapèze : Otto remplissait le rôle de la force, Zabette celui de la légèreté.

Deux ou trois fois, pendant qu'ils passaient devant eux, Cara détourna la tête comme si elle était trop émue pour les suivre ; elle était justement placée devant Léon, et en se détournant ainsi elle le frôlait aux genoux avec ses épaules.

Les gymnastes avaient terminé la partie gracieuse de leurs exercices ; mais, après les applaudissements donnés à l'adresse et à la souplesse, il fallait en arracher d'autres plus nerveux à l'émotion et à l'effroi : remontés sur leurs trapèzes, ils essuyaient l'un et l'autre leurs mains mouillées par la sueur.

Otto était assis sur un trapèze suspendu à la moitié de la hauteur du cirque à peu près, Zabette l'était sur un qui se trouvait presque dans les combles ; il devait s'élancer de là, et, le saisissant par les deux mains, Otto devait, semblait-il, le prendre au passage et l'arrêter dans sa chute.

Otto s'était suspendu à son trapèze par les pieds ; Zabette, après s'être balancé un moment lâcha son trapèze, et on le vit, lancé dans l'espace comme un projectile, se rapprocher d'Otto ; l'émotion avait suspendu le souffle des spectateurs.

Mais, au lieu de le saisir par les deux mains, Otto ne l'attrapa au vol que par une seule ; l'impulsion qu'il reçut n'étant plus également partagée lui fit glisser les pieds, ils se desserrèrent, et dans une sorte de tourbillon qu'on vit mal les deux gymnastes tombèrent sur le filet ; soit que celui-ci eût été trop fortement tendu, soit tout autre cause, il fit ressort et, renvoyant Zabette comme une balle, il le jeta dans l'arène.

Tous deux restèrent étendus, Otto sur le filet, Zabette dans le coin de l'arène.

Une clameur, un immense cri d'épouvante s'était échappé de toutes les poitrines, et beaucoup de spectateurs, ou plus justement de spectatrices s'étaient détournés pour ne pas voir cette chute ou s'étaient caché la tête entre leurs mains.

Se rejetant brusquement en arrière, Cara s'était renversée sur une des jambes de Léon, et elle restait là sans mouvement. Il se pencha vers elle, mais elle ne bougea pas.

Au milieu du désordre et de la confusion, personne ne pouvait faire attention à l'étrange situation de cette femme à demi évanouie; on allait, on venait, on criait. Otto s'était relevé et avait glissé à bas du filet, mais Zabette avait été emporté évanoui ou mort : on ne savait.

Cara se releva lentement, les yeux égarés, le visage pâle, les lèvres tremblantes.

— Vous êtes souffrante? dit Léon.
— Oui, je ne me sens pas bien.
— Voulez-vous sortir? demanda Léon.
— Il faut prendre l'air, dit Henri Clergeau.

Léon descendit près d'elle et, la soutenant par le bras, ils se dirigèrent vers la sortie. Dans l'escalier, elle s'appuya sur lui, comme si de nouveau elle allait défaillir. Il la porta plutôt qu'il ne la conduisit dehors.

Ils la firent asseoir sur une chaise, à l'abri d'un massif d'arbustes; cependant l'air frais de la nuit ne la ranima pas.

— La chute de ces malheureux m'a brisée, dit-elle d'une voix dolente, mais ce ne sera rien; je vous remercie de vos soins, je ne veux pas vous accaparer ainsi : je vous serais reconnaissante seulement d'appeler une voiture pour que je me fasse conduire chez moi.

Ce fut Henri Clergeau qui se mit à la recherche de cette voiture, et pendant ce temps Léon resta près de Cara : l'effort qu'elle avait fait en parlant paraissait l'avoir épuisée, elle se tenait à demi renversée dans sa chaise, respirant péniblement.

Enfin Henri Clergeau revint avec une voiture.

— Nous allons vous reconduire chez vous, dit Léon en lui donnant le bras.

— Ne prenez pas cette peine, je vous prie, je ne suis pas trop mal, maintenant.

Le ton de ces paroles leur donnait un démenti; elle paraissait fort mal à l'aise au contraire.

La voiture amenée par Henri Clergeau était une victoria à deux places; il fallait que l'un des deux amis abandonnât Cara.

Il était plus logique que ce fût Léon qui la connaissait moins que Henri Clergeau; cependant ce fut lui qui monta en voiture.

Il est vrai que cela se fit sans qu'il en eût trop conscience.

Il avait promis de l'accompagner, il tenait sa promesse, voilà tout.

Il est vrai aussi que, par une bizarre interversion des rôles qu'il ne remarqua pas, ce fut Cara qui, le tenant par la main, le fit asseoir près d'elle; et non pas lui qui la fit asseoir à ses côtés, ainsi qu'il était naturel de la part d'un homme qui accompagne une femme souffrante.

Ce fut seulement quand ils furent tous deux installés que Léon remarqua qu'il n'y avait pas de place pour son ami : il voulut descendre, mais celui-ci ne lui en donna pas le temps.

—J'irai prendre demain de vos nouvelles, dit-il à Cara.

Puis, s'adressant au cocher :

— Boulevard Malesherbes, 17 *bis*.

III

Le roulement de la voiture parut augmenter le malaise de Cara. Ce fut d'une voix faible et dolente, par mots entrecoupés, que pendant le trajet elle répondit aux questions que de temps en temps, avec sollicitude, Léon lui adressait :

— J'ai hâte d'être arrivée.

— Voulez-vous que nous allions chez votre médecin, ou que je le prévienne de se rendre chez vous ?

— Horton n'est pas chez lui le soir, et il ne se dérange jamais la nuit pour personne. D'ailleurs, c'est inutile, le calme et le repos suffiront.

Ils approchaient du boulevard Malesherbes.

— L'ennui, dit Cara, c'est que je suis seule chez moi ; je suis installée à la campagne, à Saint-Germain, et mes domestiques sont à Saint-Germain.

— Je vais vous accompagner jusque chez vous.

— Oh ! non, s'écria-t-elle, je ne pousserai jamais l'indiscrétion jusque-là ; c'est déjà trop.

— Il n'y a pas d'indiscrétion ; je vous assure que je soigne très-bien les malades, c'est ma vocation.

— Je n'en doute pas, car vous avez l'air bon et attentif comme une femme, mais c'est impossible.

— Si cela est impossible pour vous, je n'ai qu'à obéir.

— Pour moi ! Mais ce n'est pas pour moi. Qu'allez-vous penser là? C'est pour vous. Que dirait votre amie si elle apprenait que vous avez été mon garde-malade?

— Je n'ai pas d'amie qui puisse s'inquiéter de cela.

— Ah! Et Berthe?

— Tout est rompu avec Berthe, il y a longtemps.

— Et Raphaëlle?

— Il y a longtemps aussi que tout est fini avec Raphaëlle, si l'on peut appeler fini ce qui a à peine commencé : vous êtes mal renseignée.

La voiture venait de s'arrêter devant le numéro 17 *bis;* Léon descendit le premier et tendit la main à Cara ; elle s'appuya contre sa poitrine pour se laisser glisser à terre, lentement.

Pendant qu'il sonnait, elle insista encore pour qu'il ne l'accompagnât pas plus loin, mais si faiblement qu'il ne pouvait pas décemment l'abandonner, ainsi qu'il en avait eu l'idée d'abord.

— Eh bien, dit-elle, j'accepte votre bras pour monter l'escalier, mais vous n'entrerez pas, vous descendrez aussitôt.

Elle demeurait au second étage, et l'escalier, bien que doux, lui parut long à monter.

Elle voulut ouvrir sa porte elle-même, mais elle n'en put pas venir à bout ; il fallut que Léon lui prît la clef des mains.

— Est-ce honteux, dit-elle, je n'y vois pas ; que les femmes sont donc faibles !

Comme il n'y avait pas de lumière dans l'appartement, elle prit Léon par la main pour le guider.

— Allons lentement, dit-elle.

Et ils allèrent lentement, très-lentement, la main dans la main au milieu de l'obscurité.

— Faites attention, disait Cara, rapprochez-vous de moi, je vous prie.

Et de sa main nue, elle lui serrait la main pour lui faire éviter quelque meuble ou quelque porte sans doute qu'il ne voyait pas.

Ils traversèrent ainsi plusieurs pièces; puis, tout à coup, Cara s'arrêta et l'arrêta :

— Nous sommes dans ma chambre, dit-elle, voulez-vous rester là en attendant que j'aie allumé une bougie.

Elle lui lâcha la main, et il resta immobile, n'osant pas remuer, car les volets et les rideaux clos ne laissaient pas pénétrer la plus légère lueur qui pût le guider ; cela avait quelque chose d'étrange et de mystérieux ; il ne voyait rien, il n'entendait rien, mais il respirait une pénétrante odeur de violettes dont le parfum frais et doux ne pouvait provenir que de fleurs naturelles.

Le frottement d'une allumette se fit entendre, et presque instantanément une faible lumière lui montra qu'il était dans une vaste chambre dont les murs étaient tendus en vieilles tapisseries de Flandre ; les meubles étaient recouverts de tapisseries du même genre, et sur le parquet était étalé un vieux tapis de Caboul ; par la sévérité, le goût et même le style cela ne ressemblait en rien aux chambres des cocottes à la mode où il était jusqu'à ce jour entré.

— Voulez-vous me permettre d'allumer une lampe à esprit de vin, dit-elle en se débarrassant de son chapeau. Je voudrais me faire une infusion de tilleul, car je me sens vraiment mal à l'aise.

— Mais pas du tout, répondit Léon, c'est moi qui

vais vous faire cette infusion, puisque je suis votre garde-malade; pas de refus, je vous prie.

— Vous y mettez trop de bonne grâce pour que j'ose vous résister; passons dans mon cabinet de toilette où nous trouverons ce qui nous sera nécessaire.

Ce cabinet de toilette était aussi grand que la chambre, mais meublé dans un tout autre style, plein d'élégance et de coquetterie; ce qui attira surtout l'attention de Léon, bien plus que le satin, les brocatelles et les dentelles, ce furent les ferrures, les serrures, les bordures des glaces, et tous les objets de toilette qui étaient en argent niellé; — il y avait là un luxe aussi remarquable par le dédain de la valeur de la matière première que par le goût et l'art de l'ornementation; aussi, malgré le peu d'estime que Léon professait pour le métier auquel il devait sa fortune, fut-il gagné par un sentiment d'admiration; cela était vraiment charmant et original.

Pendant qu'il regardait autour de lui, Cara avait atteint une lampe, une bouilloire et un petit flacon sur le ventre duquel on lisait: « tilleul. »

— Voici ce qu'il nous faut, dit-elle.

Aussitôt Léon emplit la bouilloire et alluma la lampe.

Quant à Cara, elle s'étendit sur un large canapé en satin gris et se cala la tête avec deux coussins: elle paraissait à bout de force, ses dents claquaient.

— Puisque vous voulez bien me soigner, dit-elle, — et j'avoue que j'ai grand besoin de soins, — soyez donc assez bon pour me donner un châle, je suis glacée; vous en trouverez un dans cette armoire.

Il prit ce châle dans l'armoire qu'elle lui désignait

d'une main tremblante, et il l'enveloppa avec précaution en le lui passant sous les pieds.

— Comme vous êtes bon ! dit-elle d'une voix émue

L'eau ne tarda pas à bouillir ; il prépara l'infusion de tilleul et la lui donna après l'avoir sucrée.

Cependant elle ne se réchauffa point, et elle continua de claquer des dents, avec des frissons par tout le corps.

— Laissez-moi donc vous aller chercher un médecin, dit-il.

— Non, répondit-elle, le sommeil va me calmer.

— Mais vous ne pouvez pas dormir sur ce canapé, vous ne vous réchaufferez pas.

— Vous croyez ?

— Assurément.

— Si j'osais...

Et elle s'arrêta.

— Est-ce qu'on n'ose pas tout avec son médecin, dites donc ce que vous feriez.

— Eh bien ! vous resteriez dans ce cabinet, je passerais dans ma chambre, je me coucherais et vous me donneriez une autre tasse d'infusion. Quand je serai dans mon lit, il est certain que je me réchaufferai tout de suite ; d'ailleurs, quand j'éprouve des crises de ce genre, il n'y a que le lit qui me guérit.

— Et vous ne le disiez pas, couchez-vous donc bien vite.

Elle passa dans sa chambre tandis qu'il restait dans le cabinet de toilette, préparant une nouvelle tasse d'infusion.

Au bout de quelques instants elle l'appela ; il entra et il la trouva dans le lit pelotonnée jusqu'au cou dans les draps ; elle continuait à trembler ; il lui présenta l'infusion ; alors elle se souleva à demi pour boire ; elle avait revêtu une chemise de nuit bordée de dentelles, et il était impossible d'avoir une attitude plus chaste et plus pudique que la sienne.

— Maintenant, dit-elle en lui tendant la tasse, il faut vous en aller ; je ne veux pas que vous passiez la nuit ici ; vous n'aurez qu'à tirer la porte, elle se fermera seule ; merci, cher monsieur, je n'oublierai jamais vos bons soins et votre complaisance. Bonsoir et merci.

Plaçant son bras sous sa tête, elle ferma les yeux pour dormir : sa pose était pleine de grâce et d'abandon ; le cou caché dans les dentelles, sa tête brune encadrée dans la blancheur de l'oreiller, la main pendante, elle était vraiment ravissante ainsi sous la faible lumière de la bougie.

Assis à une assez grande distance d'elle et accoudé sur une table, Léon se demandait si toutes les histoires qu'il avait entendu conter sur elle pouvaient être vraies : en tout cas, il était impossible d'être plus simple et meilleure fille... et jolie avec cela, mieux que jolie, charmante.

Sans doute elle voulait dormir, mais cependant elle ne s'endormit point : à chaque instant elle se tournait, se retournait et changeait de position.

— Vous ne dormez pas, dit-il, en s'approchant du lit.

— Non, je ne peux pas, quand je ferme les yeux, je vois ces deux hommes tomber là devant moi.

— Voulez-vous une autre tasse de tilleul ?

— Non, merci, j'ai trop chaud maintenant, la fièvre brûlante a remplacé la fièvre froide. Je crois que ce qui me serait le meilleur, ce serait de ne plus penser à ces malheureux. Voulez-vous que nous causions?

— Volontiers, si cela ne vous fatigue pas.

— Au contraire, cela occupera mon esprit et l'empêchera de s'égarer. Mais puisque vous voulez bien causer, vous déplairait-il de vous rapprocher, vous êtes à une telle distance que nous aurons peine à nous entendre.

Il se leva, et prenant la chaise sur laquelle il était assis il se rapprocha du lit.

— Asseyez-vous donc dans ce fauteuil, dit-elle, et laissez cette chaise.

Et de la main elle lui indiqua un fauteuil placé tout contre le lit et de telle sorte qu'une fois assis là ils se trouveraient en face l'un de l'autre.

— Et maintenant, dit-elle, lorsqu'il fut installé, une question, je vous prie. Comment vous nommez-vous?

— Mais...

— Oh! je ne vous demande pas votre grand nom, mais votre petit : au point où nous en sommes de notre connaissance, comment voulez-vous que je vous dise, monsieur Haupois-Daguillon?

— Léon.

— Et moi Hortense, car vous pensez bien que ce nom de Cara qu'on me donne dans le monde n'est pas le mien. Maintenant nous serons plus à notre aise. Voulez-vous être Léon pour moi et voulez-vous que je sois Hortense pour vous?

— Cela est convenu.

— Eh bien, mon cher Léon, j'ai une demande à vous adresser, c'est celle qui commence la plupart des contes des *Mille et une Nuits :* « Vous contez si bien, contez-moi donc une histoire. »

— C'est que justement je ne sais pas du tout conter.
— Ah! quel malheur! en faisant un effort.
— Même en faisant de grands efforts; je ne sais pas d'histoires.
— Je vous assure pourtant que, puisque vous voulez bien me soigner, ce serait, j'en suis sûre, un merveilleux remède : je ne verrais plus ces malheureux. Mais enfin, si cela est impossible, je ne veux pas vous imposer une tâche ennuyeuse pour vous ; ce serait vous payer d'ingratitude. Seulement, comme je tiens à l'histoire, voulez-vous que je vous en conte une, moi.
— Vous allez vous fatiguer.
— Au contraire, je vais me guérir, mais il est bien entendu que si je vous endors vous m'arrêterez.
— C'est entendu.
— Mon récit aura pour titre, si vous le voulez bien : *Histoire d'une pauvre fille de la vallée de Montmorency* ; c'est un conte vrai, très-vrai, trop vrai, car je n'ai pas d'imagination.

IV

Elle commença son récit :
— « Puisque je vais vous raconter l'histoire d'une pauvre fille de la vallée de Montmorency, il serait peut-être convenable de vous faire la description de cette vallée. Mais, comme elle est découverte depuis

longtemps déjà, et comme les descriptions m'ennuient quand j'en trouve dans certains romans, où trop souvent elles ne figurent que pour masquer le vide du récit, je passe cette description et vous dis tout de suite que notre petite fille est né à Montlignon. Elle était le dernier enfant d'une famille qui en comptait trois : un garçon, l'aîné, et deux filles. Cette famille était pauvre, très-pauvre ; le père était terrassier chez un pépiniériste et la mère travaillait à la terre avec son mari ; c'était elle qui mettait dans les rigoles les graines ou les plants que son homme recouvrait à la houe ou au râteau. Notre jeune fille... Si nous lui donnions un nom ? cela serait plus commode. Mais j'ai si peu d'imagination que je n'en trouve pas.

— Si nous la baptisions Hortense.

— C'est cela. Hortense donc, ne connut pas son père, qui mourut quand elle n'avait que deux ans. Si la vie avait été difficile quand le père apportait son gain à la maison, elle le fut bien plus encore quand la mère se trouva seule pour travailler et nourrir ses trois enfants. Plus d'une fois on ne mangea pas, et tous les jours on resta sur son appétit, ce qui, prétendent les gens qui se donnent des indigestions, est excellent pour la santé... des autres. Devant cette misère, la mère se remaria, non par amour, mais par spéculation, pour trouver quelqu'un qui l'aidât à nourrir sa famille. Se vendre ainsi sans mariage est une infamie ; mais se vendre avec le mariage, c'est tout autre chose. L'homme que la mère d'Hortense avait pris était une sorte de brute, terrassier aussi, et qui n'avait d'autre mérite que de travailler comme deux. C'était justement ce qu'il fallait. Malheureusement à côté de cette qualité il y avait un défaut; il buvait, et l'argent qu'il gagnait s'en allait, pour une bonne part, sur les comptoirs en zinc des marchands de vin. Il ne lâchait son argent à la maison que quand on le lui arrachait; et pour obtenir cela les enfants jouaient, de bonne foi et avec une terrible conviction, je vous assure, ce qu'on peut appeler « le drame de la faim »; quand il rentrait les jours de paye, ils l'entouraient et se mettaient à pleurer en criant: «J'ai faim». Et ils criaient cela d'autant mieux que c'était vrai.

Cependant Hortense grandit et devint jolie, car ce n'est pas le bien-être qui donne la beauté, ni la santé, heureusement. Elle poussa et se développa en liberté à courir les champs et les bois, se nourrissant surtout de bon air, ce qui, paraît-il, est plus nutritif qu'on ne le croit généralement.

Comme elle atteignait ses neuf ans, sans qu'il fût question de l'envoyer à l'école comme vous le pensez bien, une vieille dame riche, à qui elle portait des fraises des bois dans l'été, et dans l'hiver des branches de houx ou de fragons garnies de leurs fruits rouges, se prit de pitié pour sa gentillesse, et l'envoya dans un couvent à Pontoise, promettant de se charger de son instruction et plus tard de son avenir.

Ce fut le beau temps, le bon temps d'Hortense, qui ne se plaignit pas, comme beaucoup de ses camarades, de la mauvaise nourriture du couvent. Elle ne se plaignit pas davantage du travail, et bien vite elle devint la meilleure élève de sa classe.

Mais cette vie heureuse ne pouvait pas durer; la vieille dame riche mourut sans avoir pensé à Hortense dans son testament, et, comme ses héritiers n'étaient pas disposés à se charger de cette petite fille qu'ils ne connaissaient pas, une des sœurs la ramena chez sa mère à Montlignon. Elle avait alors treize ans et quelques mois.

La question qu'elle se posait en revenant était de savoir à quoi on allait l'employer lorsqu'elle serait rentrée dans la maison maternelle, car une enfance comme celle qu'elle avait eue rend l'esprit pratique et prévoyant.

Cette question fut vite résolue. — Te voilà, dit sa mère en la voyant entrer. — Oui, je viens pour rester avec vous. — Rester, tu n'y penses pas; pour que le père fasse de toi ce qu'il a fait de l'aînée, jamais; tu vas t'en aller, et tout de suite. — Où. — N'importe où, fût-ce en enfer, tu serais mieux qu'ici : sauve-toi, malheureuse.

Si une enfant de treize ans ne comprenait pas toutes ces paroles, elle en comprenait le ton et sentait bien qu'il était inutile d'insister. Après une assez longue discussion ou plus justement une longue recherche, il fut décidé qu'elle irait à Paris demander l'hospitalité à une de ses tantes, fruitière dans le quartier des Invalides. Seulement, comme le prix d'un billet coûte dix-neuf sous d'Ermont à Paris et qu'il n'y avait que onze sous à la maison, il fut décidé qu'elle irait prendre le train à Saint-Denis, ce qui ne coûterait que huit sous. Sa mère l'accompagna, et, le billet de chemin de fer pris, elle lui donna les trois sous qui lui restaient.

Ce fut avec ces trois sous qu'elle entra dans la vie, à treize ans, après avoir embrassé sa mère, qu'elle ne devait pas revoir.

Quand elle entra chez sa tante la fruitière, vous

pouvez vous imaginer les hauts cris que celle-ci poussa. Cependant, comme ce n'était point une méchante femme, elle ne la renvoya pas, et deux jours après elle l'installa à un des coins de l'esplanade des Invalides devant une petite table chargée de fruits verts ou à moitié pourris. Vous représentez-vous une jeune fille de treize ans, jolie, très-jolie, disait-on, élevée dans un couvent, instruite jusqu'à un certain point, vendant des pommes à un sou le tas aux invalides et aux gamins de ce quartier.

Quelle chute! Quelle souffrance!

Pendant près de trois ans elle vécut de cette misérable existence, dehors par tous les temps, le froid, le chaud, le vent, la pluie; et cependant ce qu'elle endura physiquement ne fut rien auprès du supplice moral qui lui fut infligé.

Pourquoi ne faisait-elle pas autre chose, me direz-vous? Et que vouliez-vous qu'elle fît, elle n'avait pas de métier, et elle était trop misérable pour se payer un apprentissage, même qui ne lui eût rien coûté. De quoi eût-elle vécu pendant le temps de cet apprentissage?

Il y a une saison où les pommes manquent; alors elle vendait des fleurs et elle quittait les Invalides pour des quartiers où l'on a de l'argent à dépenser aux superfluités du luxe. Un jour qu'elle se tenait au coin du pont de l'Alma et du Cours-la-Reine, avec un éventaire chargé de violettes pendu à son cou, un phaéton s'arrêta devant elle, et un jeune homme lui demanda un bouquet de deux sous. Elle le présenta, le jeune homme la regarda longuement et, lui ayant donné les deux sous, il continua son chemin: elle le suivit des yeux jusqu'au moment où il disparut dans la confusion des voitures.

Elle le connaissait bien, ce jeune homme, pour le voir souvent passer : c'était le duc de Carami, célèbre alors par sa grande existence, ses pertes au jeu, ses chevaux, ses maîtresses et ses folies toutes marquées au coin de l'originalité.

Le lendemain, Hortense se trouvait à la même place, quand le duc s'arrêta devant elle ; mais cette fois il descendit de voiture, et, au grand ébahissement des gens qui passaient, il resta à causer avec elle pendant un grand quart d'heure, lui demandant qui elle était et bien surpris de ses réponses.

Il revint le lendemain encore, puis le surlendemain, puis pendant toute la semaine, chaque jour à la même heure, et quinze jours après il installait Hortense, la pauvre petite fille de la vallée de Montmorency, dans un hôtel de la rue François Ier, qui coûtait dix mille francs de loyer ; elle qui, quelques jours auparavant, n'avait aux pieds que des savates ou des sabots, elle trouvait six chevaux dans son écurie.

C'est depuis ce jour qu'Hortense, en quelque saison que ce fût, a toujours eu un bouquet de violettes près d'elle, — souvenir des fleurs qu'elle vendait sur le Cours-la-Reine.

Disant cela, Cara regarda le bouquet placé sur la table où, quelques instants auparavant Léon était accoudé ; puis elle continua :

— Ne blâmez pas la pauvre fille de s'être ainsi jetée dans les bras du duc ; elle n'a pas réfléchi si elle se vendait ou si elle se donnait ; elle était fascinée, éblouie par ce beau jeune homme, qu'elle adorait et qui l'aimait. Car il l'aimait passionnément, et la meilleure preuve en est dans ce nom de Cara qu'il lui donna et qu'elle a depuis porté.

Elle s'arrêta avec une sorte de confusion, puis se mettant à sourire :

— J'aurais voulu garder la forme impersonnelle dans mon récit, dit-elle, mais, bien que je me sois coupée nous la reprendrons si vous le permettez. — Je ne puis pas te faire duchesse ni te donner mon nom, lui dit-il, mais je veux t'en donner une part, et désormais tu t'appelleras Cara. Ils s'aimèrent pendant quatre ans. Et ce fut ainsi qu'Hortense devint à la mode. Était-il possible qu'il en fût autrement pour la maîtresse d'un homme comme le duc, sur qui tout Paris avait les yeux? Le duc, vous devez le savoir, était poitrinaire, et la vie à outrance qu'il menait ruinait sa faible santé. Les choses en vinrent à ce point qu'on lui ordonna le séjour de Madère. Hortense l'y accompagna. Il s'y ennuya et voulut revenir. En bateau, il mourut dans les bras de celle qu'il aimait; et ce fut son cadavre qu'elle ramena à Paris.

Elle s'arrêta, la voix voilée par l'émotion; mais après quelques minutes elle continua :

— Le duc par son testament lui avait laissé une grosse part de ce qui restait de sa fortune. Ce testament fut attaqué par la duchesse de Carami, remariée à cinquante-trois ans avec un jeune homme de trente ans, et il fut cassé par la justice pour captation. Vous avez dû entendre parler de ce procès, qui a été presque une cause célèbre, je ne vous en dirai donc rien qu'une seule chose : il avait, cela se conçoit de reste, appelé l'attention sur Hortense, et si elle avait voulu donner des successeurs au duc, elle n'aurait eu qu'à faire son choix parmi les plus illustres et les plus riches. Mais elle voulait être fidèle au souvenir et au culte de celui qu'elle avait adoré, et dont elle se considérait comme la veuve. Cependant la misère était devant elle, car ce procès l'avait ruinée, et elle avait une peur effroyable de la misère, la peur de ceux qui l'ont connue dans ce qu'elle a de plus hideux. Parmi ceux qui la pressaient se trouvait un riche financier, Salzondo, cet Espagnol dont tout Paris a connu la vanité folle et les prétentions, et qui, portant perruque sur une tête nue comme un genou, se faisait chaque matin ostensiblement couper quelques mèches de sa perruque chez le coiffeur le plus en vue du boulevard, pour qu'on crût qu'il avait des cheveux. Salzondo ne demandait à sa maîtresse qu'une seule chose, qui était qu'elle fît croire et fît dire qu'il avait une maîtresse, comme ses perruques faisaient croire qu'il avait des cheveux, quand, en réalité, il n'avait pas plus de maîtresse que de cheveux. Hortense accepta ce marché, qui n'était pas bien honorable, j'en conviens, mais qui, pour elle, valait encore mieux que la misère, et pendant plusieurs années, le tout Paris dont se préoccupait tant Salzondo put croire que celui-ci avait une maîtresse. C'est là un fait bizarre, n'est-ce pas? et cependant il est rigoureusement vrai, ces choses-là ne s'inventent pas.

Sans répondre, Léon inclina la tête par un mouvement qui pouvait passer pour un acquiescement.

— Encore un mot, continua Cara, et j'aurai fini. Au bout de quelques années, Hortense se lassa de ce jeu ridicule. Depuis longtemps elle aspirait à une vie régulière, sa réputation la suffoquait, et le milieu dans lequel elle brillait lui inspirait le plus profond dégoût. Elle crut avoir trouvé dans un homme intelligent, plein d'ardeur pour le travail, ambitieux, un mari qui lui donnerait dans le monde le rang dont elle ne se croyait pas tout à fait indigne. Elle sacrifia à cet homme la plus grande partie de ce qu'elle possédait; et trop tard elle s'aperçut qu'elle s'était trompée sur lui. De toutes les blessures qui l'ont frappée, celle-là a été la plus douloureuse, non pas qu'elle aimât cet homme, — elle n'a jamais aimé que celui qui est mort dans ses bras, — mais elle aimait l'honneur et la dignité de la vie, et c'était sur la main de cet homme qu'elle avait compté pour les atteindre.

Voilà l'histoire de la pauvre fille de la vallée de Montmorency. J'ai tenu à vous la dire pour que vous sachiez bien ce qu'est la femme à qui vous avez témoigné tant de bonté, non Cara, mais Hortense. »

Disant cela, elle lui tendit la main, et quand il lui eut donné la sienne, elle la serra doucement.

— Maintenant, dit-elle, j'ai dans le cœur et dans l'esprit des idées qui m'empêcheront de penser à ces malheureux acrobates; je vous demande donc de rentrer chez vous; je ne veux pas vous faire passer la nuit entière.

— Mais...

— Si demain vous pensez encore à moi et si vous voulez bien venir savoir quel a été l'effet de vos bons soins, je serai ici toute la journée.

— A demain alors.

V

Lorsque la porte du vestibule se fut refermée avec un petit bruit sec, et qu'il fut dès lors bien certain que Léon sorti ne pouvait pas rentrer, Cara glissa vivement à bas de son lit, et, en chemise comme une femme qui ne craint pas le froid, elle se dirigea, une bougie à la main, vers sa cuisine.

Elle ne tremblait plus et elle marchait résolûment sans ces hésitations qui l'avaient obligée à s'appuyer sur le bras de Léon.

Ayant posé sa bougie sur une table, elle se mit à fureter dans les armoires de la cuisine, ne trouvant pas sans doute ce qu'elle cherchait.

Enfin dans l'une elle prit une bouteille ou plus justement un litre à moitié rempli d'un gros vin noirâtre, et dans l'autre un croûton de pain qui, placé un peu brusquement sur la table, sonna comme un caillou tant il était dur et sec.

Mais elle ne parut pas s'en inquiéter autrement, et prenant un couteau de cuisine, elle parvint à en couper ou plutôt à en casser un morceau. Alors, versant son vin noir dans un verre, elle s'assit sur le coin de la table une jambe ballante, et elle trempa son morceau de pain dans ce vin.

Evidemment le tilleul qu'elle avait bu lui avait creusé

l'estomac ou lui avait affadi le cœur, et elle avait besoin de se réconforter ; les infusions calmantes n'etaient pas le remède qui lui convenait présentement.

Après ce frugal souper, elle regagna sa chambre ; mais, avant de se coucher, elle atteignit un réveil-matin, dont elle plaça l'aiguille sur huit heures ; puis, après l'avoir remonté, elle se mit au lit et, dix minutes après, elle dormait d'un profond sommeil, dont le calme et l'innocence étaient attestés par la régularité de la respiration.

Elle dormit ainsi jusqu'au moment où partit la sonnerie du réveil ; alors, sans se frotter les yeux, sans s'étirer les bras, elle sauta à bas de son lit comme une femme de résolution ou d'humeur facile.

En un tour de main elle fut habillée, chaussée, coiffée, et elle sortit.

Arrivée rue du Helder, elle monta au second étage d'une maison de bonne apparence et sonna ; un domestique en tablier blanc vint lui ouvrir.

— Monsieur Riolle.

— Mais monsieur n'est pas visible.

— Il n'est pas seul ?

— Oh ! madame peut-elle penser ? monsieur travaille...

— Alors, c'est bien ; j'entre.

Et, sans se laisser barrer le passage, elle se dirigea par un étroit et sombre corridor vers une petite porte qu'on ne pouvait trouver que quand on la connaissait bien.

Elle la poussa et se trouva dans un cabinet de travail encombré de livres et de paperasses éparpillées partout sur le tapis et sur les meubles. Devant un bureau, un homme d'une quarantaine d'années, à la figure rasée, vêtu d'une robe de chambre qui avait tout l'air d'une robe de moine, travaillait la tête enfoncée dans ses deux mains.

Au bruit de la porte, qui d'ailleurs fut bien faible, il ne se dérangea pas, et Cara put arriver jusqu'à lui, glissant sur le tapis, sans qu'il levât la tête ; sans doute il croyait que c'était son valet de chambre ; alors, se penchant sur lui, elle l'embrassa dans le cou.

Il fit un saut sur son fauteuil.

— Tiens, Cara ! s'écria-t-il.

Elle le menaça du doigt, et se mettant à rire :

— Il y a donc d'autres femmes que Cara qui peuvent t'embrasser dans le cou, que tu parais surpris que ce soit elle ? Oh ! l'infâme !

— Es-tu bête !

— Merci. Mais ce n'est pas pour que tu te mettes en frais de compliments que je suis venue te déranger si matin.

— Tu viens me demander un conseil ?

— Tu as deviné, avocat perspicace et malin.

— Il s'agit d'une question de doctrine ou d'une question de fait ?

— D'une question de personne.

— C'est plus délicat alors.

— Pas pour toi, qui connais ton Paris financier et commercial sur le bout du doigt et qui devrais faire partie du conseil d'escompte de la Banque de France.

— Tu me flattes ; c'est donc bien grave ?

— Très-grave. Que penses-tu de la maison Haupois-Daguillon ?

— Ah bah ! est-ce que le fils ?...

— Je te demande ce que tu penses de la maison Haupois-Daguillon.

— Excellente; fortune considérable et solidement établie, à l'abri de tous revers, et j'ajoute, si cela peut t'intéresser, honorabilité parfaite.

— Ce ne sont pas des phrases de palais que je te demande; que vaut-elle? Voilà tout.

— Huit, dix millions.

— Au plus ou au moins?

— Au moins; mais tu comprends qu'il est difficile de préciser.

— Ton à peu près suffit. Deux enfants, n'est-ce pas?

— Un fils et une fille; celle-ci a épousé le baron Valentin.

— Un imbécile orgueilleux et avaricieux, mais cela importe peu. Quelle sont les relations du père et du fils? Le père est-il un homme dur, un vrai commerçant?

— Je n'en sais rien; mais on dit que c'est la mère qui est la tête de la maison.

— Mauvaise affaire!

— Pourquoi?

— Parce que les femmes de commerce n'ont pas le cœur sensible généralement. Sais-tu si le fils est associé ou intéressé dans la maison, et s'il a la signature?

— Je suis obligé de te répondre que je n'en sais rien, je n'ai pas de relation dans la maison.

Elle se renversa dans son fauteuil, et jetant sa jambe gauche par-dessus sa jambe droite en haussant les épaules :

— Comme on se fait sur les gens des idées que la réalité démolit, dit-elle. Ainsi te voilà, toi : tu es assurément un des hommes d'affaires les plus habiles de Paris, ta vie le prouve, car après avoir commencé par être l'avocat des actrices, des cocottes et des comtesses du demi-monde, ce qui personnellement avait des agréments, mais ce qui pécuniairement ne valait rien, tu es devenu l'avocat, c'est-à-dire, le conseil des gens de la finance et de la spéculation ; au lieu de plaider simplement pour eux comme tes confrères, tu as fait leurs affaires, tu as été les arranger à Constantinople, à Vienne, à Londres, partout ; il paraît que cela n'est pas permis dans votre corporation ; tu t'es moqué de ce qui était défendu ou permis, tu as été récompensé de ton courage par la fortune, la grosse fortune que tu es en train d'acquérir. Aujourd'hui, quand on parle de Riolle à quelqu'un, on vous répond invariablement : « C'est un malin ». Tu as la réputation de connaître ton Paris comme pas un. Eh bien, je viens à toi, et tu me réponds que tu ne peux pas me répondre !

Riolle se mit à rire de son rire chafouin en ouvrant largement ses lèvres minces, ce qui découvrit ses dents pointues comme celles d'un chat.

— Que tu es bien femme, dit-il, une idée te passe par la cervelle et tout de suite il faut qu'on la satisfasse ; que ne m'as-tu dit hier qu'il te fallait des renseignements précis sur la maison Haupois-Daguillon, tu les aurais aujourd'hui.

— Hier, je n'y pensais pas.

— Eh bien, donne-moi jusqu'à ce soir, et je te promets de te les porter précis et circonstanciés, tels que tu les veux en un mot.

— Ce soir, c'est impossible.

— Tu es cruelle.

— J'aime mieux venir les chercher demain matin.
— Eh bien, soit.
— Alors, adieu, à demain.
— Déjà !
— Il faut que je passe chez Horton.
— Tu es malade ?
— Non, j'ai seulement besoin d'une ordonnance.

Et elle s'en alla chez son médecin, auquel elle raconta ce qui lui était arrivé la veille, et qui lui écrivit l'ordonnance qu'elle désirait, — c'est-à-dire insignifiante ; puis, avant de rentrer, elle envoya une dépêche à ses gens à Saint-Germain, pour leur dire de revenir à Paris.

Toutes ces précautions prises, elle fit une gracieuse toilette de malade, coiffure aussi simple que possible, peignoir en mousseline blanche, et, s'installant dans sa chambre avec une fiole et une tasse près d'elle, elle attendit la visite de Léon.

Elle l'attendit toute la journée, et elle se demandait s'il ne viendrait pas, — ce qui, à vrai dire, l'étonnait prodigieusement, — lorsqu'à neuf heures du soir il arriva. Elle avait donné des instructions pour qu'on le reçût et qu'on ne reçût que lui.

Il trouva dans le vestibule une femme de chambre pour le recevoir, lui prendre des mains son pardessus et le conduire près de Cara. L'appartement n'avait plus le même aspect que la veille, le salon était éclairé et les housses qui recouvraient les meubles avaient été enlevées. Cependant ce n'était pas dans ce salon que se tenait Cara ; elle était dans la chambre où il avait passé une partie de la nuit précédente, allongée sur une chaise longue, pâle et dolente.

— Comme vous êtes bon d'avoir pensé à moi, dit-elle en lui tendant la main, et que c'est généreux à vous de venir faire visite à une malade chagrine et désagréable !

— Comment allez-vous ?

— Assez mal, et vous voyez tous les remèdes qu'Horton m'ordonne ; j'ai fait venir mes domestiques ; il ne veut pas que je quitte Paris.

— Sans faire de médecine, j'ai voulu, moi aussi, vous apporter mon remède ; en venant, j'ai passé par le cirque ; Otto n'a rien et Zabette en sera quitte pour la peur.

— Mais vous avez donc toutes les délicatesses du cœur aussi bien que de l'esprit, s'écria-t-elle d'une voix émue ; j'envie la femme que vous aimez ; comme elle doit être heureuse !

— Je n'aime personne.

— C'est impossible.

Une discussion s'engagea sur le point de savoir qui il aimait.

Tandis qu'elle suivait son cours plus ou moins légèrement, plus ou moins spirituellement, dans la chambre de Cara, une autre d'un genre tout différent prenait naissance dans le vestibule.

Peu de temps après l'arrivée de Léon, le timbre avait retenti, et un homme à mine rébarbative s'était présenté : c'était un créancier, l'usurier Carbans, que Louise, la femme de chambre, ne connaissait que trop bien.

— Je veux voir votre maîtresse, dit-il, je sais qu'elle est revenue ; en passant j'ai aperçu les fenêtres éclairées et je suis monté.

11

A cela Louise répondit que sa maîtresse ne pouvait recevoir ; mais Carbans n'était pas homme à se laisser ainsi éconduire ; il connaissait la manière d'arriver auprès des débiteurs les plus récalcitrants.

— Votre maîtresse se fiche de moi ; je veux la voir et lui dire que si demain je n'ai pas un fort à-compte, je la poursuis à outrance et la fais vendre.

— Je le dirai à madame.

— Non pas vous, mais moi en face ; ça la touchera et la fera se remuer.

Il avait élevé la voix et il commençait à crier fort lorsque Louise, qui était une fine mouche et qui connaissait toutes les roueries de son métier, se posa le doigt sur les lèvres, en faisant signe à Carbans qu'il ne fallait pas parler si haut :

— Vous pensez bien que si je ne vous introduis pas auprès de madame, c'est que quelqu'un est avec elle.

— Eh bien, tant mieux ; si c'est un quelqu'un sérieux, il s'attendrira.

— S'il est sérieux, tenez, jugez-en vous-même.

Et, allant au pardessus de Léon, elle prit dans la poche de côté un petit carnet, dont on voyait le coin en argent se détacher sur le noir du drap ; puis l'ouvrant et tirant une carte qu'elle présenta à Carbans :

— Trouvez-vous ce nom-là sérieux ? dit-elle.

— Bigre ! fit-il en souriant, mes compliments à votre maîtresse.

Puis tout à coup se ravisant :

— Mais alors pourquoi ne paye-t-il pas ?

— Parce que ça ne fait que commencer.

— Et si ça ne dure pas ?

— Le meilleur moyen que ça ne dure pas,

l'effrayer dès le début ; si cela vous paraît adroit, entrez, je me retire de devant la porte.

— Je repasserai dans huit jours, ma mignonne, non plus pour un à-compte, mais pour les 27,500 francs qui me sont dus, capital, intérêts et frais ; et il faudra me payer, ou bien le lendemain je commence la danse... à boulet rouge. Dites bien cela à votre charmante maîtresse. Huit jours, pas une heure de plus ; et c'est bien assez pour elle.

VI

Léon ne se contenta pas de cette seule visite à Cara ; après la première il en fit une seconde, après la seconde une troisième.

N'étaient-elles pas justifiées par l'état maladif dans lequel elle se trouvait ; cette chute lui avait réellement causé une violente émotion, et cela était après tout bien naturel.

Et puis pourquoi n'aurait-il pas été sincère avec lui-même ? il avait plaisir à la voir ; elle ressemblait si peu aux femmes qu'il avait connues jusqu'à ce jour.

Discrète, intelligente, instruite, causant de tout avec à-propos et mesure, intarissable sans bavardages futiles, ayant beaucoup vu, beaucoup entendu, beaucoup retenu, jugeant bien les hommes et les choses d'une façon amusante, avec malice sans méchanceté, délicate dans ses goûts, distinguée dans ses manières, c'était, à ses yeux, une vraie femme du monde avec laquelle on aurait la liberté de tout dire et de tout risquer, à la seule condition d'y mettre un certain tour. Avec cela mieux que jolie, et faite de la tête aux pieds pour provoquer le désir, mais en le contenant par un air de décence et un charme naturel qui étaient un aiguillon de plus et non des moins forts.

Chaque fois que Léon la quittait, elle lui disait à demain, et le lendemain il revenait; le premier jour, il était arrivé à neuf heures, le second à huit heures et demie, le troisième à six heures, le quatrième à cinq heures, et, après deux heures de conversation qui avaient passé sans qu'il eût conscience du temps, il était resté à dîner avec elle, sans façon, en ami, pour continuer leur entretien, et ce jour-là il ne s'était retiré qu'à deux heures du matin. Et alors, marchant par les rues désertes et silencieuses, il s'était dit très-franchement qu'il éprouvait plus, beaucoup plus que du plaisir à la voir.

Depuis la disparition de Madeleine, il avait vécu fort mélancoliquement, ne s'intéressant à rien, et portant partout un ennui insupportable aussi bien à lui-même qu'aux autres.

Et voilà que pour la première fois depuis cette époque il retrouvait de l'entrain, de la bonne humeur; voilà que pour la première fois le temps passait sans qu'il comptât les heures en bâillant.

Qui avait opéré ce miracle?

Cara.

Pourquoi ne pousserait-il pas les choses plus loin?

Elles avaient été pour lui si vides ces journées, si

longues, si pénibles, qu'il avait vraiment peur d'en reprendre le cours, ce qui arriverait infailliblement s'il se refusait à ce que Cara les remplît, comme depuis quelques jours elle les remplissait.

En réalité, le sentiment qu'il avait éprouvé et qu'il éprouvait toujours pour Madeleine, aussi vif, aussi tendre, n'était point de ceux qui commandent la fidélité. Cara ferait-elle qu'il gardât ce souvenir moins vivace et moins charmant? Il ne le croyait point. Ah! s'il avait dû revoir Madeleine dans un temps déterminé, la situation serait bien différente; mais la reverrait-il jamais? De même, cette situation serait toute différente, si elle l'avait aimé, comme elle le serait aussi s'il lui avait avoué son amour et si tous deux avaient échangé un engagement, une promesse, ou tout simplement une espérance. Mais non, les choses entre eux ne s'étaient point passées de cette manière; il n'y avait eu rien de précis; et il était très-possible que Madeleine ne se doutât même pas de l'amour qu'elle avait inspiré. Alors, s'ils se revoyaient jamais, ce qui était au moins problématique, dans quelles dispositions Madeleine serait-elle à son égard? N'aimerait-elle pas? Ne serait-elle pas mariée? Qui pourrait lui en faire un reproche? Pas lui assurément, puisqu'il ne lui avait jamais dit qu'il l'aimait et qu'il voulait la prendre pour femme.

Raisonnant ainsi, il était arrivé devant sa porte; mais, au lieu d'entrer, il continua son chemin sous les arcades sonores de la rue de Rivoli. Paris endormi était désert, et de loin en loin seulement on rencontrait deux sergents de ville qui faisaient leur ronde, silencieux comme des ombres et rasant les murs sur lesquels leurs silhouettes se détachaient en noir.

Il était arrivé au bout des arcades, il revint vers sa maison, mais en prenant par la colonnade du Louvre et par les quais ; il avait besoin de marcher et de respirer l'air frais de la rivière.

Quel danger une pareille liaison avec Cara pouvait-elle avoir? Aucun. Au moins il n'en voyait pas, car si séduisante que fût Cara, ce n'était pas une femme qui pouvait prendre une trop grande place dans sa vie ; — malgré toutes ses qualités, et il les voyait nombreuses, elle ne serait toujours et ne pourrait être jamais que Cara.

Cara, oui ; mais Cara charmante avec ce sourire, avec ces yeux profonds qu'il ne pouvait plus oublier depuis qu'ils s'étaient plongés dans les siens.

Et à cette pensée, malgré la fraîcheur du matin et le brouillard de la rivière qui le pénétraient, une bouffée de chaleur lui monta à la tête et son cœur battit plus vite.

Si l'heure n'avait pas été si avancée, il serait retourné chez elle ; mais déjà l'aube blanchissait les toits du Palais-Bourbon, et dans les tilleuls de la terrasse du bord de l'eau on entendait des petits cris d'oiseaux ; ce n'était vraiment pas le moment d'aller sonner à la porte d'une femme endormie depuis deux heures déjà.

Il se dirigea vers la gare de l'Ouest ; là il prit une voiture et se fit conduire au bois de Boulogne en disant au cocher de le promener n'importe où dans les allées du bois.

A neuf heures seulement, il se fit ramener à Paris, boulevard Malesherbes.

Cara n'était pas encore levée bien entendu, mais Louise ne fit aucune difficulté pour aller la réveiller et lui dire que M. Léon Haupois-Daguillon l'attendait dans le salon.

Moins de deux minutes après son entrée Cara la rejoignait, vêtue d'un simple peignoir :

— Eh bien ! s'écria-t-elle d'une voix tremblante, que se passe-t-il donc ?

Mais il lui montra un visage souriant.

Alors elle le regarda curieusement de la tête aux pieds, ne comprenant rien au désordre de sa toilette et à la poussière qui couvrait ses bottines.

— D'où venez-vous donc ? demanda-t-elle.

— Du bois de Boulogne, où j'ai passé la nuit.

— Ah ! mon Dieu !

— Rassurez-vous, il s'agissait seulement d'un examen de conscience, — de la mienne, que j'ai fait sérieusement dans le recueillement et le silence.

— Vous ne me rassurez pas du tout.

— C'est la conclusion de cet examen que je viens vous communiquer si vous voulez bien m'entendre.

Et, la prenant par la main, il la fit asseoir près de lui, devant lui :

— Vous êtes trop fine, dit-il, pour n'avoir pas remarqué que je suis parti d'ici hier soir fort troublé, profondément ému : ce trouble et cette émotion étaient causés par un sentiment qui a pris naissance dans mon cœur. Avant de m'abandonner à ce sentiment, j'ai voulu sonder sa profondeur et éprouver quelle était sa solidité ; voilà pourquoi j'ai passé la nuit à marcher en m'interrogeant, et ça été seulement quand j'ai été fixé, bien fixé, que je me suis décidé à venir vous voir si matin pour vous dire... que je vous aime.

Il lui tendit la main ; mais Cara, au lieu de lui donnor la sienne, la porta à son cœur comme si elle venait d'y ressentir une douleur; en même temps, elle regarda Léon avec un sourire plein de tristesse :

— J'aurais tant voulu être Hortense pour vous ! dit-elle après un moment de silence, et n'être que Hortense; mais, hélas ! il paraît que cela était impossible, même pour un homme délicat tel que vous, puisque c'est à Cara que vous venez de parler.

— Mais je vous jure...

Elle ne le laissa pas continuer.

— Je ne vous adresse pas de reproches, mon ami ; combien d'autres à votre place seraient venus à moi et m'auraient dit : « Vous me plaisez, Cara ; combien me demandez-vous par mois pour être ma maîtresse ? » Vous êtes trop galant homme pour tenir un pareil langage; vous m'avez parlé d'un sentiment né dans votre cœur, et vous m'avez dit que vous m'aimiez. Je suis touchée de vos paroles; mais, pour être franche, je dois dire que j'en suis peinée aussi. Il me semble que l'amour ne naît point ainsi et ne s'affirme pas si vite : le goût peut-être, le caprice peut-être aussi, mais non, à coup sûr, un sentiment sérieux.

De nouveau elle le regarda longuement avec cette expression de tristesse dont il avait déjà été frappé.

— Ne croyez pas au moins que je repousse cet amour, dit-elle, ou que je le dédaigne. J'en suis vivement touchée au contraire, j'en suis fière, car je ressens pour vous autant de sympathie que d'estime. Mais, depuis le peu de temps que je vous connais, ce sont ces sentiments seuls qui sont nés en moi. D'autres naîtront-ils plus tard ? Je ne sais. Cela est possible puisque mon cœur est libre, et que de tous les hommes que je connais vous êtes celui vers qui je me sens le plus tendrement attirée. Mais l'heure n'a pas sonné de mettre ma main dans la vôtre, et j'espère que vous m'estimez trop pour me croire capable de dicter à mes lèvres un langage qui ne viendrait pas de mon cœur. A ma place, une coquette vous dirait peut-être qu'elle ne veut pas que vous lui parliez de votre amour. Moi, qui ne suis ni coquette ni prude, je vous dis, au contraire, parlez m'en souvent, parlez m'en toujours.

Puis, s'interrompant pour lui tendre les deux mains :
— Et j'ajoute : faites-vous aimer.

VII

Contrairement à ce qui se voit le plus souvent dans le monde auquel Cara appartenait, Louise, la femme de chambre de celle-ci, était laide et d'une laideur repoussante qui inspirait la répulsion ou la pitié, selon qu'on était dur ou compatissant aux infortunes d'autrui.

Si Cara avait pris et conservait chez elle une pauvre fille que la petite vérole avait défigurée, ce n'était point par un sentiment de prudente jalousie ou pour avoir à ses côtés un repoussoir donnant toute sa valeur à son teint blanc, velouté, vraiment superbe, qui pour le grain de la peau (la pâte comme diraient les peintres), rappelait les pétales du camellia. Elle n'avait pas de ces petitesses et de ces précautions, sachant bien ce qu'elle était, et connaissant sa puissance mieux que personne pour l'avoir mainte fois exercée et éprouvée jusqu'à l'extrême.

Si elle avait accepté pour femme de chambre cette fille laide, ça avait été par pitié, par sentiment familial et aussi par intérêt. Louise en effet était sa cousine et elles avaient été élevées ensemble; mais tandis qu'Hortense se rendait à Paris pour y devenir Cara, Louise restait dans son village pour y travailler et y gagner honnêtement sa vie comme couturière. Par malheur, au moment où Louise allait se marier avec un garçon qu'elle aimait depuis quatre ans, elle avait eu la petite vérole qui l'avait si bien défigurée, que lorsqu'elle avait été guérie, son fiancé n'avait plus voulu d'elle et qu'il avait épousé une autre jeune fille, bien que celle qu'il abandonnait fût enceinte de cinq mois. Louise avait alors quitté son village, où elle était devenue un objet de risée et de moquerie pour tous, et elle était arrivée auprès de sa cousine Hortense, à ce moment maîtresse en titre du duc de Carami, — c'est-à-dire une puissance.

Si la misère et les hontes des années de jeunesse avaient trempé le cœur de Cara pour le durcir comme l'acier, elles ne l'avaient pas pourtant fermé aux sentiments de la famille : Louise était sa camarade, son amie d'enfance; pour cela elle l'avait accueillie, lui avait fait apprendre à coiffer, à habiller, à servir à table, et après avoir payé ses couches et envoyé son enfant en nourrice en se chargeant de toutes les dépenses, elle l'avait prise pour femme de chambre.

Femme de chambre devant les étrangers, attentive

polie et respectueuse, Louise redevenait la camarade d'enfance et l'amie, lorsqu'elle était en tête à tête avec sa maîtresse, — en réalité sa cousine, et une amie dévouée, une sorte d'associée qui avait son franc-parler pour conseiller, blâmer ou approuver librement, sans ménagements, comme si elle soutenait ses propres intérêts.

Cependant il était rare qu'elle en usât pour interroger Cara ou pour aller au-devant des intentions de celle-ci, et presque toujours elle se contentait de répondre à ce qu'on lui demandait, ne prenant directement la parole que lorsque des circonstances graves l'exigeaient.

Les menaces de Carbans lui parurent de nature à légitimer une intervention énergique. Bien entendu, elle avait raconté à Cara la visite de l'usurier, puis elle avait raconté aussi comment elle avait pu le renvoyer, grâce au bienheureux pardessus de Léon, et naturellement elle avait cru que les 27,500 francs seraient versés avant le délai de huit jours fixé comme date fatale; mais, à son grand étonnement, elle avait vu les choses suivre une marche qui n'indiquait nullement que le versement de ces 27,500 francs dût se faire prochainement.

Et comme elle considérait qu'il y avait urgence, elle se décida à intervenir la veille du jour où Carbans devait se présenter, prêt à tirer à boulet rouge, suivant son expression, s'il n'était pas payé. Pour cela elle attendit le départ de Léon, et comme il s'en alla à deux heures du matin, exactement comme il s'en allait tous les soirs, elle aborda l'entretien en aidant Cara à se déshabiller.

— Tu sais que Carbans doit revenir demain soir, dit-elle.

— Je ne l'ai pas oublié.

— Tu as des fonds?

— Pas le premier sou.

— Mais alors?

— Alors il sera payé.

— Avec quoi? par qui?

— Avec quoi? Avec de l'argent ou avec des lettres de change, je ne puis préciser. Par qui? Par M. Léon Haupois-Daguillon qui sort d'ici.

— Alors il paye d'avance, M. Léon Haupois-Daguillon?

— Parbleu! M. Léon Haupois est d'une espèce particulière, l'espèce sentimentale; le sentiment, c'est le grand ressort qui chez lui met toute la machine en mouvement. Et vois-tu, ma bonne Louise, pour conduire les gens, il n'y a qu'à chercher et à trouver leur grand ressort; une fois qu'on les tient par là, on les manœuvre comme on veut. — Ne me tire pas les cheveux. — Si j'avais brusqué les choses de telle sorte que Léon, mon amant depuis deux ou trois jours seulement, eût dû payer 27,500 francs à Carbans, il eût très-probablement été blessé, et il eût très-bien pu se dire que je ne l'avais accepté que pour battre monnaie sur son amour; — de là, réflexion, déception, humiliation et finalement séparation dans un temps plus ou moins rapproché. Or, cette séparation je n'en veux pas.

— Mais Carbans?

— Carbans viendra demain à neuf heures, Léon sera avec moi; tu défendras ma porte de manière à ce que

Carbans exaspéré te mette de côté, et entre quand même. Carbans est d'ordinaire brutal, et quand la colère l'emporte il l'est encore beaucoup plus. Il me réclamera son argent grossièrement en me reprochant de ne pas avoir usé du délai qu'il m'avait donné pour me procurer les fonds. Alors, si Léon est l'homme que je crois, et je suis certaine qu'il l'est, il interviendra, et Carbans s'en ira avec la promesse d'être payé le lendemain par l'héritier de la maison Haupois-Daguillon, ce qui, pour lui, vaudra de l'argent. Quel sera le résultat de cette scène due au hasard seul? Ce sera de prouver à Léon que je ne suis pas une femme d'argent, et que, même sous le coup de poursuites qui me menacent d'être chassée d'ici, je ne cède pas à l'intérêt. D'un autre côté, il sera heureux et fier, n'étant pas mon amant, de m'avoir donné cette marque de son amour. Enfin je pourrai être touchée de cette marque d'amour et l'en récompenser, ce qui simplifiera et ennoblira le dénoûment. Sois tranquille, nous sommes dans une bonne voie, et la situation va changer.

— Il était temps.

— Il n'était pas trop tard, tu vois. Pour commencer nos changements, qui iront du haut en bas de l'échelle, tu renverras demain Françoise; elle nous a fait l'autre jour un dîner que Léon a trouvé exécrable, et comme il mangera ici souvent, je veux que ce soit avec plaisir. Tu auras soin de me choisir un vrai cordon bleu, Léon est sensible aux satisfactions que donne la table. J'étudierai son goût; il me faut quelqu'un qui soit en état non-seulement de le contenter, mais, ce qui est autrement important, de lui donner des idées. Tu payeras à Françoise ses huit jours.

— Sois tranquille, je n'aurai pas de peine à la renvoyer, elle ne demande que cela.

— De quoi se plaint-elle ?

— De tout, du vin qu'on prend à mesure et au litre, du charbon qu'on achète au sac plombé, mais principalement de la viande que tu veux qu'on aille chercher à la Halle en ne prenant que celle de basse qualité.

— Il faudrait la nourrir avec des morceaux de choix peut-être ; moi j'ai dîné pendant trois ans avec les restes que j'achetais aux garçons de salle des Invalides pour deux sous.

— Elle aurait voulu gagner sur tout ; l'autre jour je l'entendais dire à la concierge : « Il n'y a rien à faire ici, madame est trop bonne pour sa famille, elle veut qu'on lui donne les restes.

— Pardi ; et ni mon oncle ni ma tante ne font les difficiles, ils ne se plaignent pas que la viande est de basse qualité. Tu me débarrasseras donc de Françoise.

— Celle qui la remplacera sera peut-être aussi difficile qu'elle ; une cuisinière économe ne se trouve pas du premier coup.

— On ne fera plus d'économie, sans rien gaspiller on prendra le meilleur ; tu veilleras à cela. Mais assez pour aujourd'hui, il se fait tard.

Et Cara se mit au lit.

Le lendemain, Carbans, ainsi qu'elle l'avait prévu, arriva pendant qu'elle était en tête en tête avec Léon, et, comme elle l'avait prévu aussi, exaspéré par Louise il força la porte du salon où il entra la menace à la bouche.

Cara courut au devant de lui pour lui imposer silence, mais en quelques paroles il dit tout ce qu'il avait à dire : on lui devait 27,500 francs, il les voulait, et puisque le délai de huit jours qu'il avait accordé n'avait servi à rien, il allait commencer des poursuites vigoureuses.

Ce fut alors à Léon de se lever et d'intervenir.

En cela encore Cara ne s'était pas trompée dans ses prévisions.

— Monsieur, je voudrais avoir deux minutes d'entretien avec vous, dit Léon.

— A qui ai-je l'honneur de parler ?

— Haupois-Daguillon.

Carbans, qui ne saluait guère, s'inclina tout bas.

— Je suis à vos ordres.

Mais Cara à son tour se mit entre eux, et tirant Léon par la main, elle l'emmena dans l'embrasure d'une fenêtre :

— Je vous en prie, dit-elle d'une voix suppliante, ne vous mêlez pas de cela; n'ajoutez pas la honte à mes regrets.

— C'est moi qui suis honteux que vous m'ayez si mal jugé ; si vous avez un peu d'amitié pour moi; un peu d'estime, laissez-moi seul un moment avec cet homme.

— Mais...

— Je vous en prie.

Il fallut bien qu'elle cédât et qu'elle se retirât dans sa chambre.

Alors Léon revint vers Carbans qui avait abandonné son attitude provoquante et insolente pour en prendre une plus convenable, et surtout beaucoup plus conciliante.

— Monsieur, dit Léon, j'ai l'honneur d'être l'ami de la personne que vous venez de menacer, je ne puis donc pas souffrir que ces menaces soient mises à exécution; si les 27,500 francs que vous réclamez sont dus légitimement, je vous payerai demain; voulez-vous attendre jusqu'à demain et d'ici là, vous contenter de mon engagement, de ma parole?

— Votre engagement suffit, monsieur, je vous attendrai demain jusqu'à six heures.

Et, sans en dire davantage, il déposa sa carte sur le coin de la table, qui se trouvait à portée de sa main.

Cependant ce ne fut que le surlendemain que Léon paya ces 27,500 francs, car il ne les avait pas et il fallut qu'il se les procurât, ce qui était assez embarrassant pour un homme qui, comme lui, n'avait pas des relations avec ceux qui prêtent ordinairement aux jeunes gens.

Heureusement, Cara lui vint en aide, elle connaissait un ancien cocher nommé Rouspineau, pour le moment marchand de fourrage rue de Suresnes et propriétaire de quelques chevaux de courses, qui procurait de l'argent, sans prélever de trop grosses commissions ni de trop gros intérêts, aux gens du monde riches et bien établis qui se trouvaient par hasard gênés.

Si Rouspineau avait eu les sommes qu'on lui demandait, il les aurait prêtées à 6 pour 100 seulement à M. Haupois-Daguillon puisqu'il n'y avait pas de risques à courir, mais il ne les avait pas, ces sommes, et l'argent était bien dur et bien difficile à trouver.

Bref, contre six billets s'élevant au chiffre total de 60,000 francs, il put prêter à Léon une somme de 50,000 francs, et encore fut-ce seulement pour entrer en affaire, car il y perdait. Bien entendu, sa perte eût été difficile à prouver, cependant son bénéfice n'était pas aussi gros qu'on pouvait le croire au premier abord, car il avait été obligé de prélever dessus une somme de 2,000 francs offerte à Cara pour la remercier de lui avoir procuré la connaissance de M. Haupois-Daguillon, qui, il fallait l'espérer, pourrait devenir avantageuse.

Sur les 50,000 francs qu'il reçut, Léon paya les 27,500 francs dus à Carbans, offrit à Cara une parure et garda 12,000 francs pour ses dépenses courantes qui naturellement allaient être un peu plus fortes que par le passé.

VIII

Une femme en vue comme l'était Cara ne prend pas un amant sans que cela devienne un sujet de conversation dans un certain monde, et même sans que quelques journaux, qui ont un public pour ces sortes d'histoires, en fassent ce qu'ils appellent une indiscrétion.

Bientôt tout Paris, le tout Paris qui s'intéresse à ces cancans, sut que Léon Haupois-Daguillon (— Le fils du bijoutier de la rue Royale? — Lui-même.) était l'amant de Cara (— Celle qui a été la maîtresse du duc de Carami? — Elle-même.); et alors, pendant quelques jours, cela devint un sujet de conversation.

— Il était temps.

Comme cela arrive presque toujours, la dernière personne qui apprit la liaison de Cara et de Léon fut celle qui avait le plus grand intérêt à la connaître, — c'est-à-dire « le papa ».

Il est vrai que M. Haupois-Daguillon s'occupait fort peu de ce qui se passait dans le monde des cocottes, qu'il appelait « des lorettes ou des courtisanes ». Bel homme et gâté en sa jeunesse par des succès qui s'étaient continués jusque dans son âge mûr, il n'avait jamais compris qu'on se commît avec des femmes « qui font marchandise de leur amour ». A quoi bon, quand il est si facile de faire autrement.

Cependant le bruit fut tel qu'il arriva un jour à ses oreilles; alors il voulut tout naturellement savoir s'il était fondé, et comme il lui était difficile d'interroger celui qui pouvait lui faire la réponse la plus précise, c'est-à-dire Léon, il s'en expliqua avec son ami Byasson, qui devait avoir des renseignements à ce sujet.

En effet, bien que Byasson n'eût pas de relations dans le monde de Cara, il savait à peu près ce qui s'y passait, comme il savait ce qui se passait dans d'autres mondes, auxquels il n'appartenait pas plus qu'à celui des cocottes, simplement en qualité de curieux qui veut être informé de ce qui se dit et se fait autour de lui. Cette curiosité, il ne l'appliquait pas seulement aux bavardages de la chronique parisienne plus ou moins scandaleuse, mais il la portait encore sur les sujets d'un ordre tout autre, sur tout ce qui touchait à la littérature, à la peinture, à la musique. Bien qu'il ne fût qu'un commerçant, il ne laissait pas paraître un livre nouveau un peu important sans le lire, et sans se faire lui-même, — et l'un des premiers, — une opinion à son sujet, dont rien plus tard ne le faisait démordre, pas plus l'éloge que le blâme. Dans tous les bureaux de location des théâtres de Paris, son nom était inscrit pour qu'on lui réservât un fauteuil d'orchestre aux premières représentations, et pour savoir s'il devait rire, pleurer ou applaudir, il n'attendait pas que le visage des critiques influents, en ce jour-là sérieux et réservés comme des augures qui croient à leur sacerdoce, lui eût révélé leurs sentiments. Avant que le Salon de peinture s'ouvrît, il connaissait les œuvres principales qui devaient y figurer; il avait été les voir dans les ateliers, il avait causé avec les artistes, et pour elles aussi il ne recevait pas son opinion toute faite des journaux ou des gens du métier. Toutes les fois qu'une vente intéressante avait lieu à l'hôtel des commissaires-priseurs, il recevait un des premiers catalogues tirés, et s'il n'assistait point à toutes les vacations, il traversait au moins toutes les expositions qui méritaient une visite. Où trouvait-il du temps pour cela? C'était un prodige; et cependant il en trouvait, de même qu'il en trouvait encore pour arriver presque chaque jour à la fin du déjeuner de M. et madame Haupois-Daguillon, de façon à prendre une tasse de café avec eux; — il est vrai que la famille Haupois-Daguillon était sa famille à lui qui ne s'était point marié, comme Léon et Camille étaient ses enfants; et il est vrai aussi que les satisfactions de l'esprit qu'il recherchait si avidement ne l'avaient pas rendu insensible aux joies du cœur.

Personne mieux que lui assurément n'était en état de savoir ce qu'était cette Cara, dont M. Haupois avait entendu parler plusieurs fois sans jamais s'inquiéter d'elle, et qui maintenant, disait-on, était la maîtresse de son fils.

Au premier mot, il fut évident que Byasson pourrait

répondre s'il le voulait, car le nom de Cara lui fit faire une grimace tout à fait significative.

— Vous savez qu'elle est la maîtresse de Léon? demanda M. Haupois.

— On le dit; mais je n'en sais rien.

— Ne faites pas le discret, mon cher, vous ne vaudrez pas une mercuriale à mon fils en m'apprenant ce que vous savez. A vrai dire, et tout à fait entre nous, je ne suis pas fâché de cette liaison.

— Ah! vraiment.

— Entendons-nous : certainement je suis offusqué de voir un homme comme Léon, beau garçon, intelligent, distingué, mon fils, qui pourrait prendre des maîtresses où il voudrait, devenir l'amant d'une lorette, d'une courtisane à la mode; oui, très-certainement cela me blesse; mais enfin, d'un autre côté, ce n'est pas sans un sentiment de soulagement que je vois Léon échapper à l'influence sous laquelle il était; — Cara le guérira de Madeleine.

— Moi, mon cher, je ne vois pas du tout les choses à votre point de vue, et je ne peux pas me réjouir de voir Léon l'amant de Cara.

— Vous la connaissez?

— Je sais d'elle ce que sait tout Paris, et voilà pourquoi je suis jusqu'à un certain point effrayé de penser que Léon va subir son influence. N'oubliez pas comment Léon a été élevé et quelles étaient ses dispositions dans sa première jeunesse.

— Il me semble que Léon a été aussi bien élevé qu'il pouvait l'être.

— Certainement, mais rappelez-vous ses admirations de collégien pour ces femmes qui, à un degré quelconque, étaient des Cara. Vous vous contentiez de hausser les épaules quand nous le voyions, le nez collé contre les vitres, regardant leur défilé. Et vous haussiez les épaules encore quand vous le preniez à lire ces journaux ou ces romans qui ont la prétention d'être l'expression du *high-life* parisien. Il ne vous faisait point part de ses idées, bien entendu, mais avec moi il regimbait quand je me moquais de lui, et j'ai pu juger alors combien était vive sa curiosité de savoir quelle était cette existence qui l'attirait et le fascinait. Pour moi c'est un miracle que jusqu'à ce jour il n'ait pas fait de grosses folies, et je ne m'explique sa sagesse que par la nullité ou la sottise des femmes qui n'auront pas su le prendre et le retenir. Mais Cara n'est pas de ces femmes : elle n'est pas nulle, elle n'est pas sotte.

— Qu'est-elle donc ? C'est pour que vous me le disiez que je vous parle d'elle, ou tout au moins pour que vous me disiez ce que vous en savez.

— Cara, que dans son monde on appelle Carafon, Caramel, Carabosse, Caravane, Carapace et surtout Caravansérail, — ce qui, eu égard à ses mœurs hospitalières, est une sorte de qualificatif parfaitement justifié, — Cara, de son vrai nom, est mademoiselle Hortense Binoche, née à Montlignon, dans la vallée de Montmorency, de parents pauvres et peu honnêtes. Son enfance ne fut pas trop malheureuse, car à neuf ans elle séduisit par sa gentillesse, — vous voyez qu'elle a commencé de bonne heure, — une vieille dame riche qui la fit élever dans un couvent. Malheureusement, la vieille dame mourut, et alors commença pour la jeune fille une existence de misère horrible. On la retrouve au bout de quelques années la maîtresse du duc de Carami. C'est le temps de sa splendeur. Elle tue le duc ou il se tue tout seul, ce dont d'ailleurs il était bien capable, et par son testament il laisse une partie de ce qui restait de sa fortune à sa maîtresse. Le testament est attaqué pour captation, et c'est Nicolas qui plaide contre Cara. Vous savez quelle est la manière de plaider de Nicolas, quel est son système de personnalités et d'injures; il a formé son dossier avec des notes qui lui ont été fournies par la préfecture de police, il lit ces notes et montre ce qu'a été Cara depuis l'âge de treize ans, c'est-à-dire depuis son arrivée à Paris. Jamais réquisitoire n'a été plus écrasant, et ce qui lui donne un caractère de cruauté réelle, c'est la présence de Cara à l'audience. Quand Nicolas se tait, elle se lève et s'avance à la barre dans sa toilette de deuil de veuve, simple, chaste et cependant élégante. Elle demande à donner quelques explications et prend la parole : «Tout ce qu'on vient de dire de moi est vrai, au moins pour le fond; oui, je suis née dans le ruisseau, j'en conviens, mais peut-on me faire responsable de la fatalité de ma naissance? oui, mon enfance s'est passée dans la fange, mais quand j'ai eu la force de vouloir et de lutter, j'en suis sortie. Mais que dire de celles qui, nées dans le ciel, descendent volontairement dans le ruisseau ; que dire de la fille d'un des plus riches banquiers de Paris, d'un pair de France, qui se marie, enceinte de cinq mois?» Là-dessus, comme vous le pensez bien, le président, indigné, lui coupe la parole. Elle s'assied avec calme; elle avait dit ce qu'elle voulait dire : La fille du pair de France se mariant enceinte, c'était la duchesse de Carami. Voilà qui vous fera connaître Cara, mieux que de longues explications. Vous voyez de quoi elle est capable, et quelle est sa résolution, quelle est son audace quand on l'attaque.

Et M. Haupois-Daguillon resta un moment absorbé dans la réflexion; depuis quelques instants déjà, il avait perdu le sourire de confiance et d'assurance avec lequel il avait abordé cet entretien.

— J'allais oublier de vous dire que Cara a une sœur aînée, Isabelle. Toutes deux ont suivi la même carrière; mais, tandis qu'Isabelle a demandé la fortune au monde de la politique et de l'administration, ce qui lui a valu de puissantes protections, Cara l'a demandée au monde commercial et financier. Après l'expérience du duc de Carami, qui avait mal fini, elle s'est adressée aux fils de famille de la haute banque et du haut commerce, trouvant là des avantages moins brillants peut-être que ceux que rencontrait sa sœur, mais à coup sûr plus sérieux et plus productifs. Vous donner la liste des gens à la fortune desquels elle a fait une large brèche m'est difficile en ce moment; mais nous trouverons des noms si vous en désirez.

— Alors elle doit être riche?

— Elle l'était, mais elle s'est fait ruiner en ces dernier temps par un aventurier qu'elle voulait épouser. C'est le juste retour des choses d'ici-bas.

— Tout ce que vous me dites-là est assez effrayant.

— Aussi avez-vous eu grand tort de vous réjouir en pensant que Cara le guérirait de Madeleine; il y a des remèdes qui sont pires que le mal; et cette chère Madeleine n'était pas un mal. Ah! la pauvre fille, que n'est-elle là pour nous sauver!

— Elle serait là que je n'accepterais pas son secours;

d'ailleurs Léon n'est pas perdu, je le surveillerai; et, s'il le faut, je lui parlerai. En tout cas, il y a un moyen d'empêcher les choses d'aller trop loin. Puisque Cara est une femme d'argent, je tiendrai Léon serré, et alors elle s'en fatiguera bien vite.

— A moins que Léon ne trouve des prêteurs, ce qui, vous le savez comme moi, ne lui sera pas bien difficile; qui refusera un billet signé Haupois-Daguillon ?

— Allons, décidément je parlerai à Léon.

IX

Bien que M. Haupois voulût parler à son fils, il ne lui parla point; la situation n'était pas assez franche pour qu'il l'affrontât volontiers, sans raisons décisives sur lesquelles il pût s'appuyer; si Léon devait faire des folies pour Cara, il n'en avait point encore fait.

Il valait donc mieux ne pas se hâter et attendre pour voir quelle tournure les choses prendraient. On ne fait des folies pour une femme que lorsqu'on l'aime, et par cela que Léon était l'amant de Cara, il n'était nullement démontré qu'il l'aimât; cette liaison pouvait très-bien n'être qu'un caprice, et il n'était pas de sa dignité de père de famille d'intervenir dans une amourette. Lorsqu'il avait été question d'un sentiment sérieux, il n'avait pas hésité à agir: bien que cela parût peu probable, ce sentiment pouvait redevenir menaçant, et il paraissait sage de garder intacte l'autorité paternelle pour ce moment, au lieu de la compromettre dans des enfantillages. Un seul point était urgent à l'heure présente : c'était de surveiller Léon et autant que possible, de le retenir à la maison de commerce, de façon à ce qu'il ne donnât pas trop de temps à Cara, et sur ce point il fut très-net avec son fils.

Léon eût voulu faire ce que son père lui demandait, car il se sentait en faute vis-à-vis de ses parents, mais ce qu'on attendait de lui et ce que lui-même voulait était par malheur impossible.

Son père et sa mère savaient bien qu'il les aimait et il n'avait pas à leur prouver son affection, tandis que, par le seul fait de sa position auprès de Cara, il était obligé de faire à chaque instant, à propos de tout comme à propos de rien, la preuve de son amour.

La situation en effet avait été nettement dessinée par elle :

— Il est bien entendu, mon cher Léon, que je ne veux pas de ton argent, lui avait-elle dit le jour où il lui avait apporté le cadeau qu'il avait payé avec l'emprunt de Carbans. Tu m'as débarrassée de cet horrible Carbans, et j'ai accepté ce service parce que je le considère comme un prêt que prochainement je pourrai te rembourser. J'ai des valeurs dont la négociation est en ce moment difficile, mais qui à un moment donné redeviendront ce qu'elles sont en réalité, excellentes ; je te les montrerai et tu verras que je ne me trompe pas. J'accepte aussi ce cadeau, parce que c'est le premier que tu me fais, parce que ce serait te peiner que de le refuser, et enfin parce qu'il marquera une date dans notre vie. Mais, quant aux choses d'intérêt, je veux qu'il n'en soit jamais question entre nous.

— Cependant...

— Tu veux dire que c'est une grande joie de donner, et qu'il n'y en a pas de plus douce que de partager ce qu'on a avec ceux qu'on aime. Cela est vrai et je le crois. Pourtant il faudra que tu renonces à cette joie, et j'aurai le chagrin de t'en priver. C'est là une fatalité de ma position. N'oublie pas que je suis Cara. N'oublie pas la réputation qui m'a été faite. On a cru que j'étais avide, et bien que je n'aie par rien justifié une pareille réputation, elle s'est répandue dans Paris, où elle s'est solidement établie, paraît-il.

— Qu'importe, si je sais qu'elle n'est pas fondée!

— Cela importe peu en effet, au moins pour le moment. Mais, du jour où tu pourrais douter de mon désintéressement, cela importerait beaucoup. Je ne veux pas qu'entre nous il puisse s'élever l'ombre même d'un soupçon, et ce soupçon pourrait naître si tu n'avais pas la preuve que je ne suis pas une femme d'argent. Quelle meilleure preuve que celle que tu te donneras toi-même en te disant : « Elle n'a jamais voulu accepter un sou de moi ? » Que deviendrais-je, mon Dieu, si tu croyais jamais que je t'aime par intérêt ?

— Ne crains point cela.

— Je sais bien qu'il est encore une autre preuve que tu pourrais te donner si le doute effleurait ton esprit : c'est que, si j'avais été une femme avide, si j'avais été inspirée par l'intérêt dans le choix de mon amant, je n'aurais pas été assez maladroite ni assez malavisée pour te prendre.

Disant cela, elle l'avait regardé à la dérobée, mais il n'avait pas bronché.

Alors elle avait continué de façon à préciser ce qu'elle voulait dire:

— Cela t'étonne, n'est-ce pas, de m'entendre parler ainsi d'un homme tel que toi, et cependant, si tu veux réfléchir, tu sentiras combien mes paroles sont raisonnables. Si ton père est riche, il l'est d'une bonne petite fortune bourgeoise qui n'a rien à voir avec le grand luxe; et puis il connaît le prix de l'argent; c'est un commerçant, et il ne laisserait assurément pas écorner un morceau de cette fortune sans s'en apercevoir, et sans pousser des cris de chat qu'on écorche tout vivant. D'autre part, elle n'est pas à toi cette fortune, elle est à ton père, à ta mère, qui sont jeunes encore, et qui, je te le souhaite de tout cœur, ont peut-être vingt ans, ont peut-être trente ans à vivre. Il y aurait donc là encore, tu le vois maintenant, une sorte de preuve pour démontrer que je ne suis pas celle qu'on dit; mais elle ne me suffit pas.

— Que veux-tu donc?

— Je te l'ai dit, qu'aucune question d'argent ne puisse se mêler à notre amour; voilà pourquoi désormais tu ne me feras plus des cadeaux qui valent 15 ou 20,000 francs. Mais, si je ne veux pas accepter de toi ce qui a une valeur matérielle, je te demande et j'exige ce qui à mes yeux est sans prix: tes soins, ton temps, ta tendresse, ton amour, ton amitié, ton estime, tout ce que le cœur, mais le cœur seul, peut donner. Et, de ce côté, tu verras que je te demanderai beaucoup. Ainsi laisse-moi te faire un reproche à ce sujet: depuis que nous nous aimons, c'est à peine si tu as dîné ici cinq ou six fois. Ce n'était pas là ce que j'avais espéré, et la preuve c'est que j'avais pris une cuisinière pour toi. La première fois que tu as accepté mon dîner, j'ai très-bien vu que mon ordinaire ne te convenait pas et que tu étais plus difficile que moi ; alors tout de suite j'ai renvoyé ma cuisinière, qui était bien suffisante pour moi, et j'ai pris à ton intention un cordon bleu.

— Tu as fait cela !

— Et j'en ferai bien d'autres. Comment m'en as-tu récompensée ? Tu as trouvé ma cuisine meilleure, cela est vrai ; mais tu ne lui as guère fait plus d'honneur que si elle avait continué d'être médiocre. Est-ce que tu ne devrais pas rester à déjeuner avec moi tous les matins ; est-ce que tu ne devrais pas revenir dîner tous les soirs ? Comprends donc que je suis affamée de joies que je ne connais pas : celles de l'intérieur, du tête-à-tête, du ménage. Révèle-les moi ces joies, fais-les moi goûter, que je te doive ce bonheur ! As-tu peur de t'ennuyer près de moi ? Non, n'est-ce pas ? Eh bien, restons ensemble le plus que nous pourrons, toujours. Est-ce que nous n'avons pas mille choses à nous dire, et, lorsque nous nous séparons, est-ce que nous ne nous apercevons pas que nous n'avons presque rien dit ? Ah ! cette vie à deux, à un, comme je la voudrais étroite et fermée, si intime qu'il n'y ait place entre nous que pour ce qui est toi et pour ce qui est moi !

Cette vie intime à deux c'était celle que Léon avait si souvent rêvée, si souvent désirée en ses heures d'isolement ; aussi ce langage dans la bouche de sa maîtresse l'avait-il profondément ému.

— Si tu n'étais pas libre, avait-elle dit en continuant, je ne te parlerais pas ainsi, et je ne serais pas femme, je l'espère, à te faire manquer ta vie, pour la satisfaction de notre bonheur. Mais justement tu es maître de toi, et je ne pense pas que tu oseras me dire que tu dois me sacrifier à ta boutique. Me le dis-tu ?

Au moment où elle parlait ainsi, elle connaissait déjà assez Léon pour savoir qu'elle le frappait à son endroit sensible.

— Je ne dis rien, si ce n'est que ce que tu désires, je le désire moi-même.

— Eh bien, alors, vivons comme je te le demande, et prouve-moi que tu m'aimes comme je veux être aimée, prouve-le moi tous les jours, à chaque instant, dans tout. Ah ! si j'étais ce qu'on appelle une femme honnête ou si tout simplement j'étais ta femme, je serais moins exigeante, mais je suis Cara, et tu sens bien, n'est-ce, pas que c'est par la tendresse, par les soins, par les prévenances, par les égards que tu me le feras oublier, et que tu me prouveras que tu ne vois en moi qu'une femme qui t'adore et qui serait heureuse de donner sa vie pour toi.

La question se trouvant ainsi posée par son père et par Cara, c'était du côté de celle-ci qu'il avait été entraîné. Comment rester à sa « boutique » quand il était attendu ? Comment ne pas venir dîner quand elle l'attendait ? Elle se fâcherait. Pouvait-il la fâcher ?

S'il lui avait plu, ç'avait été un hasard.

Mais maintenant, il voulait mieux que lui plaire, il voulait être aimé, — ce qui était un choix.

Et, il faut bien le dire, ce choix le flattait et lui était doux.

Ce rêve de collégien émancipé, qu'il avait fait si souvent, d'être aimé par une de ces femmes sur qui tout Paris a les yeux, était réalisé.

Cara l'aimait et elle voulait être aimée par lui.

12.

Il y avait là de quoi le chatouiller admirablement dans sa vanité. Ce n'est pas seulement de tendresse ou de désir qu'est fait l'amour et surtout l'amour qu'inspire une femme à la mode, une femme comme Cara.

Combien de fils de famille ont été jetés dans les folies ou les hontes de la passion, parce que leur maîtresse était une Cara.

Combien ont été perdus, ruinés, déshonorés, non par l'amour, mais par l'amour-propre.

Amant d'une Cara! mais c'est un titre dans le monde, c'est presque un titre de noblesse. On était fils d'un bourgeois enrichi : on devient quelqu'un.

X

Bien que Cara voulût avoir toujours Léon près d'elle, il y avait deux jours de la semaine cependant où elle lui rendait la liberté, non pas franchement, mais d'une façon détournée, avec des raisons sans cesse renouvelées : ces deux jours étaient le jeudi et le dimanche.

En plus de ces deux jours, il y en avait un aussi par mois où elle s'arrangeait pour être seule, — le 17.

Si habiles que fussent les raisons qu'elle lui donnait, Léon n'avait pas tardé à remarquer qu'il y avait là quelque chose d'étrange : l'habileté même des prétextes mis en avant avait frappé son attention.

Si une maîtresse telle que Cara peut flatter quelquefois la vanité et l'amour-propre, par contre, elle enfièvre bien souvent la jalousie d'un amant.

Assurément Léon ne croyait pas, ne croyait plus tout ce qu'il avait entendu dire de Cara; maintenant qu'il la connaissait, il savait mieux que personne ce que valaient les histoires racontées sur son compte et sur ses prétendus amants; mais cependant ses audaces de réhabilitation n'allaient pas jusqu'à la faire immaculée; elle avait été aimée, elle avait eu des liaisons.

Toutes étaient-elles rompues ?

Où allait-elle ?

Pourquoi s'enveloppait-elle de tant de précautions pour cacher ses absences ?

Certainement elle était intelligente et fine, mais lui-même n'était ni naïf ni aveugle, et il ne lui avait pas fallu longtemps pour voir qu'elle n'était pas sincère dans les explications qu'elle lui donnait et qu'il ne lui demandait pas.

Quand même elle ne se serait pas troublée (et son trouble prouvait bien qu'elle n'était pas aussi rouée qu'on le prétendait), Louise l'eût éclairé par son embarras, lorsque, rentrant à l'improviste, il l'interrogeait et n'obtenait d'elle que des réponses évasives, telles qu'en peut faire une femme de chambre dévouée qui ne veut pas trahir sa maîtresse.

Tout cela formait un ensemble de faits qui n'étaient que trop significatifs et qui pour lui ne s'expliquaient pas.

En effet, comment expliquer que Cara sortait tous les dimanches depuis midi jusqu'à sept heures du soir ? Elle était pieuse, cela était vrai, et bien qu'elle se cachât pour dire ses prières, et qu'elle eût placé son prie-

Dieu dans un cabinet retiré, où personne ne pénétrait, au lieu de l'exposer à l'endroit le plus en vue de sa chambre à coucher, comme tant de femmes le font, il était impossible de ne pas savoir, quand on avait vécu de sa vie, qu'elle accomplissait avec régularité certaines pratiques religieuses; mais, si dévote qu'on soit, on ne reste pas dans les églises de midi à sept heures, même le dimanche.

Il n'y a pas d'offices le jeudi qui durent quatre ou cinq heures.

Il n'y en a pas davantage qui reviennent périodiquement et régulièrement le 17 de chaque mois.

Et puis, si telle avait été la raison qui la faisait sortir et la retenait dehors, pourquoi ne l'eût-elle pas dit tout simplement?

Mais, loin de la dire cette raison, elle la cachait avec un soin qui, à lui seul, devenait un indice grave : elle n'eût pas montré tant de précautions, tant de craintes si elle n'avait pas voulu se cacher.

C'étaient la logique des choses et le raisonnement qui l'amenaient ainsi à s'inquiéter, et non pas la jalousie, non pas la méfiance.

De jalousie, il n'en avait jamais eu et encore moins de méfiance, étant au contraire porté par sa nature à croire le bien beaucoup plus facilement que le mal.

Cependant, dans le cas présent, il fallait fatalement qu'après avoir cherché le bien sans le trouver nulle part, il en arrivât au mal malgré lui, et il y avait des jours où il se disait qu'il fallait qu'il apprît, n'importe comment, où Cara allait lorsqu'elle sortait, qui elle voyait, ce qu'elle faisait.

Plusieurs fois il le lui avait demandé sur le ton de la

plaisanterie, n'osant pas l'interroger sérieusement ; mais toujours elle lui avait répondu par des réponses évasives qui, malgré sa finesse, criaient le mensonge.

Un jour, cependant, elle s'était fâchée et, sous le coup de la colère, elle lui avait répondu franchement :

— Ainsi, tu es jaloux et tu l'avoues. Eh bien ! s'il en est ainsi, mieux vaut nous séparer tout de suite. Je te jure, tu entends bien, je te jure que je ne te trompe point. Mais te donner d'autres explications que celles que je te donne est impossible. Accepte-moi telle que je suis, ou renonce à moi. Comprends donc que montrer de la jalousie, c'est justement le contraire des égards et des sentiments d'estime que je te demandais. Il y a des femmes, elles sont bien heureuses celles-là, dont on peut être jaloux sans qu'elles en soient blessées ; il y en a d'autres, au contraire, pour lesquelles la jalousie est la plus cruelle des blessures : est-ce qu'il n'y a pas un dicton qui dit qu'il ne faut pas parler de corde dans la maison d'un pendu ? Tu ne l'oublieras point, n'est-pas ?

Il n'oublia point ce dicton, mais il n'oublia pas non plus qu'il était jaloux : comment eût-il cessé de l'être, alors que les causes qui avaient provoqué cette jalousie ne cessaient point. Et il souffrit d'autant plus de ces inquiétudes que, pour le reste, Cara s'appliquait à le rendre aussi heureux que possible : toujours prévenante, toujours caressante, toujours tendre, la plus douce, la plus agréable des maîtresses ; gaie et enjouée d'humeur, égale de caractère, passionnée de cœur, ravissante d'esprit, ne cherchant qu'à lui plaire, s'ingéniant à le charmer avec une souplesse, une fécondité de ressources, une richesse d'invention qui le frappaient d'autant d'admiration que de gratitude. Comme elle l'aimait !

Et cependant ?

Cependant, ce point d'interrogation restait enfoncé comme un clou dans sa tête, à l'endroit le plus sensible, lui faisant une blessure de jour en jour plus profonde et plus douloureuse, car chaque dimanche, chaque jeudi, Cara sortait régulièrement comme si elle ne s'apercevait pas du supplice qu'elle lui imposait.

Les choses continuaient d'aller ainsi, sans qu'il fît rien d'ailleurs pour en changer le cours, lorsqu'un jour, un 17 précisément, il reçut un billet pour assister à l'enterrement d'un jeune Espagnol, avec lequel il s'était lié à Madrid, et qui venait de mourir à Paris. Il hésita d'autant moins à se rendre à cet enterrement qu'il ne devait pas voir Cara ce jour-là.

Deux ou trois personnes seulement se trouvèrent avec lui à l'église ; alors, pour que ce pauvre garçon ne fût pas conduit tout seul au cimetière, il l'accompagna et il resta le dernier au bord de la fosse, qui avait été creusée dans la partie haute du Père-Lachaise, au delà de la grande allée transversale

Comme il redescendait mélancoliquement vers Paris en suivant l'allée des Acacias qui vient aboutir au monument de Casimir Périer, il aperçut une femme qui, de loin, lui parut ressembler à Cara d'une façon frappante : même taille, même port de tête, mêmes épaules ; elle était penchée sur la vasque en marbre d'un monument, et dans la terre qui emplissait cette vasque elle plantait des fleurs qu'elle prenait dans une corbeille posée près d'elle. Comme elle lui tournait le dos, il ne pouvait pas la reconnaître sûrement. Elle fit un mouvement, c'était elle. Alors il se jeta derrière un monument pour qu'elle ne le vît pas et ne crût point qu'il était là pour la surveiller. Pendant un certain temps elle continua sa plantation, creusant et tassant la terre avec ses mains gantées, puis quand elle eut tout nivelé, un jardinier lui apporta un arrosoir plein d'eau, et elle arrosa elle-même les fleurs qu'elle venait de planter. Cela fait, elle s'agenouilla et, après une assez longue prière, elle partit.

Alors Léon, vivement ému, s'approcha, et sur le monument devant lequel elle venait d'arranger ces fleurs, il lut : « Amédée-Claude-François-Régis de Galaure duc de Carami. »

Ainsi celui qu'il avait cru un rival était un mort.

Le jardinier qui avait apporté l'arrosoir, était en train de placer dans sa corbeille les plantes fanées arrachées par Cara ; Léon s'approcha de lui :

— Voilà une tombe pieusement entretenue, dit-il.

— Ah ! il n'y en a pas beaucoup comme ça dans le cimetière : tous les mois, le 17, *recta*, la garniture est changée, et jamais rien de trop beau, rien de trop cher.

Léon revint à Paris, marchant la tête dans les nuages, et il s'en alla droit chez Cara qui, bien entendu, était rentrée.

L'air radieux avec lequel il l'aborda la frappa :

— Comme tu as l'air joyeux ! dit-elle.

— Oui, je suis heureux, très-heureux.

Et, sans en dire davantage, il l'embrassa avec une tendresse émue.

Il avait son projet.

On était au mercredi, et le lendemain, selon son habitude, Cara devait être absente depuis deux heures jusqu'à six; il était résolu à la suivre, car maintenant il n'avait plus honte de l'espionner, bien certain de découvrir une tromperie du jeudi analogue à celle du 17.

A deux heures moins dix minutes, il était dans une voiture devant le numéro 19 du boulevard Malesherbes, et quand Cara sortit, descendant vivement de voiture, il la suivit de loin à pied.

Elle le conduisit ainsi jusqu'à la rue Legendre, à Batignolles: elle allait droit devant elle, rapidement, sans se retourner; mais dans la rue Legendre un embarras sur le trottoir la força à s'arrêter et à se coller contre une maison; alors, levant la tête, elle aperçut Léon qui arrivait.

En quelques pas, il fut près d'elle.

— Toi ici s'écria-t-elle, d'une voix étouffée.

Mais, sans se laisser arrêter par ces paroles et par son regard courroucé, il lui dit ce qu'il avait vu la veille, et dans quelle intention il l'avait suivie.

Elle garda un moment de silence.

— Tu mériterais, dit-elle, que je t'avoue que je vais chez un amant; je ne le ferai point, et d'ailleurs tu en sais trop maintenant pour ne pas tout savoir. Je t'ai dit que j'avais eu un frère. Il est mort, laissant trois enfants qui sont orphelins, car leur mère est plus que morte pour eux. Je les ai pris, je les élève, et je viens passer quelques heures avec eux le dimanche et le jeudi. Quand ils ne sont pas à l'école, je les interroge et joue avec eux, et je leur prouve par un peu de tendresse qu'ils ne sont pas seuls au monde. Nous voici devant leur porte; monte avec moi. Ne résiste pas; je le veux; ce sera ta punition, jaloux!

Ils montèrent; il n'y avait personne dans l'escalier et toutes les portes étaient fermées; en arrivant au palier du premier étage, il la prit dans ses deux bras, et l'embrassant:

— Tu es un ange! dit-il.

Durant quelques secondes elle le regarda tendrement; puis tout à coup se mettant à rire:

— Et toi, dit-elle, sais-tu ce que tu es? — de ses lèvres elle lui effleura l'oreille, — une grande bêbête.

C'était au dernier étage qu'habitaient les enfants, dans un logement simple, très-simple, mais cependant convenable: pour les garder et les soigner ils avaient avec eux une vieille paysanne, ce fut elle qui vint ouvrir la porte.

Aussitôt les trois enfants accoururent et se jetèrent sur Cara, sans faire attention à Léon qui se tenait un peu en arrière.

— Bonjour tante, bonjour tante, quel bonheur!

XI

Carbans n'était pas le seul créancier de Cara: Léon ne fut pas longtemps sans découvrir cette fâcheuse vérité.

Bien entendu, ce ne fut pas Cara qui la lui apprit; elle s'était expliqué une bonne fois avec lui à propos de ses affaires, et elle n'était pas femme à revenir sur ce qu'elle avait dit; elle ne voulait pas qu'il y eût de questions d'argent entre eux, cela avait été nettement formulé ; elle lui avait seulement montré les valeurs dont se composait son avoir ; mais en agissant ainsi elle n'avait eu qu'un but, se renseigner sur ces valeurs et lui demander conseil ; Léon, qui n'était pas lui-même bien au courant des choses financières, avait dû interroger quelques personnes compétentes, et il avait eu le très-vif chagrin de venir dire à sa maîtresse que ce qu'elle considérait comme une fortune n'était qu'un ensemble de titres dépréciés et qui pour la plupart même n'étaient pas réalisables.

Cara avait reçu cette mauvaise nouvelle sans en être trop vivement affectée, et cela non pas parce qu'elle l'attendait (elle était loin d'avoir une pareille pensée), mais parce qu'elle savait par expérience que des valeurs déclarés mauvaises par des gens de Bourse peuvent devenir, à un moment donné, une source de fortune : il n'y a pas de femme dans le monde auquel appartenait Cara qui ne connaisse l'histoire de ce prince qui fit cadeau à une de ses maîtresse de quelques titres de propriété sur lesquels les juifs de son royaume ne voulaient rien prêter, et qui, du jour au lendemain, quand on commença à exploiter les sources de pétrole, valurent plusieurs millions; aussi toutes croient-elles volontiers que des actions qui ne sont pas cotées cinq francs à la Bourse rapporteront dans un avenir prochain plusieurs centaines de mille francs de rente : ce sont leurs billets de loterie, et elles y tiennent.

Ce fut par Louise que Léon connut la situation vraie de Cara : interrogée par lui, la fidèle femme de chambre commença par se défendre de parler, mais elle finit par tout dire :

— Je vois bien que monsieur a remarqué l'inquiétude de madame, et qu'il a vu aussi combien nous sommes toutes tourmentées dans la maison; je ne veux pas que cette inquiétude et nos airs mystérieux lui fassent supposer des choses qui ne sont pas. Cela rendrait monsieur malheureux, et, si monsieur était malheureux, cela ferait le chagrin de madame. C'est là ce qui me décide à parler. Seulement, monsieur voudra bien me promettre à l'avance que madame ne saura jamais ce que je lui ai raconté et que c'est moi qui l'ai averti.

— Parlez.

— Eh bien, madame va être saisie et vendue.

Léon respira; ce n'était pas cela qu'il craignait après ces savantes recommandations : pour lui, les blessures faites par les huissiers n'étaient pas graves, et leur guérison était facile.

— Il faut que vous sachiez, continua Louise, que ce misérable M. Ackar, en qui madame avait toute confiance, s'est fait remettre les valeurs de madame; il les a vendues ou échangées et a remplacé celles qui lui avaient été confiées par d'autres qui ont tellement baissé que les vendre maintenant serait une ruine. Madame était loin de se douter de cette infamie, et, quand elle a eu besoin de payer Carbans, elle a découvert la vérité ou tout au moins une partie de la vérité, car à ce moment il y avait une certaine quantité de ces valeurs qui, étant dépréciées, devaient, dit-on, remonter un jour. Elle a cru à cette hausse, et elle a compté dessus pour payer ses dépenses. Ce n'est pas la hausse qui est venue, c'est une nouvelle baisse, et, comme madame n'a pas diminué ses dépenses, elle est poursuivie aujourd'hui par tous ses fournisseurs : le costumier, la modiste, le marchand de fourrages, le boucher, l'épicier, même le boulanger; c'est à en perdre la tête. Si elle voulait que tout cela fût payé du jour au lendemain, rien ne serait plus facile, elle n'aurait qu'un mot à dire, qu'un signe de tête à faire, il y a assez de gens, Dieu merci, qui seraient heureux de se ruiner pour elle; mais elle ne dira pas ce mot et elle ne fera pas ce signe, elle aime trop monsieur.

A une pareille confidence il n'y avait qu'une réponse possible : demander les notes de ces fournisseurs; ce fut ce que fit Léon.

Mais Louise refusa :

— Si monsieur croit que c'est pour en arriver à ce résultat que je lui ai raconté, bien malgré moi, ce qui se passe, il se trompe. Qu'est-ce que j'ai demandé à monsieur? que madame ne sache jamais que je lui ai parlé. Si monsieur payait lui-même les fournisseurs, madame comprendrait tout de suite le rôle que j'ai joué et dans sa colère elle me renverrait. Je ne veux pas de ça et voilà pourquoi, avant d'ouvrir la bouche, j'ai fait promettre à monsieur que madame ne saurait jamais rien de ce que je lui aurais raconté; monsieur a promis, je lui demande de tenir sa promesse, ce n'est pas pour madame que j'ai parlé, c'est pour monsieur, rien que pour lui, afin qu'il ne s'inquiète pas de ce qu'il peut remarquer d'étrange. Maintenant il est bien certain, que si monsieur pouvait débarrasser madame de tous ces ennuis, j'en serais heureuse, mais commen

Léon n'avait aucune confiance en Louise : il la savait intelligente ; il la voyait dévouée à Cara; mais, malgré tout, elle lui inspirait un sentiment de répulsion instinctive; il ne fut donc pas dupe de cette confidence.

— Voilà une fine mouche, se dit-il, qui trouve que je devrais payer les dettes de sa maîtresse et qui s'y prend adroitement pour m'amener à demander à Cara ce qu'elle doit. Tout cela est assez habile; mais elle me croit plus jeune que je ne suis.

Et il se décida à demander à Cara l'état de ses dettes, bien convaincu qu'elle le donnerait. Dans les confidences de Louise, il y avait un mot qui l'obligeait à intervenir : « Si elle voulait, elle n'aurait qu'un signe à faire pour que tout fût payé du jour au lendemain. » Si cela n'était pas complétement vrai, il suffisait que ce fût possible pour que Léon trouvât son honneur engagé à payer tout lui-même. Seulement il aurait mieux aimé qu'au lieu de lui faire ce signe plus ou moins adroitement déguisé, Cara s'adressât franchement à lui, cela eût été plus digne, plus conforme au caractère qu'il avait cru trouver en elle, qu'il avait été si heureux de trouver. L'intervention de Louise lui gâtait la Cara qui peu à peu s'était révélée à lui, et qui, justement par les qualités qu'il avait découvertes en elle, s'était emparée de son cœur d'une manière si forte et si profonde. Mais cette déception n'était pas telle qu'elle dût l'empêcher de s'acquitter de son devoir envers elle : il était son amant, son seul amant, elle avait des dettes, il devait les payer, cela était obligé.

Il le devait non-seulement pour lui, pour sa dignité et son honneur, mais il le devait encore pour le monde, c'est-à-dire pour sa réputation. Malgré son amour du tête-à-tête et de l'intimité, Cara n'avait pas rompu avec ses amis et ses connaissances : elle recevait quelques femmes et un certain nombre d'hommes; les femmes, bien entendu, appartenaient à son monde, les hommes appartenaient à tous les mondes, au vrai comme au faux, au bon comme au mauvais. Les uns venaient chez elle par habitude, les autres parce qu'elle avait un nom, ceux-ci parce qu'elle était une femme désirable, ceux-là pour rien, pour aller quelque part où l'on s'amuse, où l'on est libre, et où de temps en temps on trouve un bon dîner. Pour tous il était l'amant en titre et si les huissiers saisissaient sa maîtresse, c'était exactement comme s'ils le saisissaient lui-même, avec cette circonstance aggravante qu'il la laissait aux prises avec eux, tandis qu'il n'y était pas lui-même.

Or, comme il avait cet amour-propre bourgeois de ne pas vouloir entretenir des relations avec messieurs les huissiers, il fallait qu'il payât tout ce que Cara devait; dans sa position cela serait peut-être assez difficile; car ce qu'il s'était réservé sur le prêt de Rouspineau était dépensé depuis longtemps, mais il aviserait, il trouverait, il ferait un nouvel emprunt à Rouspineau.

Il s'expliqua donc avec Cara, bien entendu en respectant l'engagement pris avec Louise; il avait trouvé dans l'antichambre un monsieur qui avait la tournure d'un huissier et il désirait savoir ce que cet huissier venait faire.

Cara, qui ne se troublait pas facilement, avait rougi en entendant cette question nettement posée, elle avait voulu se lancer dans de longues explications; mais s'étant coupée deux ou trois fois sans pouvoir se reprendre, elle avait été obligée à la fin, et à sa grande confusion, d'avouer qu'il y avait en effet un huissier qui la poursuivait.

— J'aurais payé depuis longtemps déjà, car je n'aime pas plus que toi les huissiers, sois-en certain, si je n'avais attendu la hausse de mes *Docks de Naples* et de mes *Mines du Centre* qu'on m'annonçait comme prochaine ; elle commence, on parle d'une fusion pour les mines ; dans quelque temps, prochainement, je serai débarrassée de cet huissier.

— Laisse-moi t'en débarrasser tout de suite.

— Restons-en là ; cet huissier sera payé, sois tranquille ; pourquoi soulever entre nous une cause de désaccord ? tu aimes donc bien les querelles ? Si tu veux quereller à toute force, choisis au moins un autre sujet.

Il avait insisté : elle s'était fâchée.

Alors lui aussi s'était fâché, et il lui avait représenté les raisons personnelles qui l'obligeaient à ne pas la laisser exposée aux poursuites des huissiers : sa dignité, son honneur étaient en jeu.

Tout d'abord, elle n'avait pas voulu l'écouter ; mais peu à peu elle s'était laissé toucher par les raisons qu'il lui donnait ; assurément il était désagréable pour lui qu'on dît que sa maîtresse était poursuivie ; mais ne serait-il pas plus désagréable, déshonorant pour elle qu'on dît qu'elle l'exploitait et le ruinait, ce qui arriverait infailliblement s'il payait des dettes qui, en réalité, n'étaient pas les siennes ?

Elle ne pouvait donc pas céder à ce qu'il lui demandait, et elle ne céderait pas : tout ce qu'elle pouvait faire pour lui, c'était de vendre ses *Docks de Naples* et ses *Mines du Centre*, sans attendre la hausse ; sans doute ce serait une perte d'argent, mais elle lui ferait ce sacrifice de bon cœur.

Ce fut à son tour de résister : il ne pouvait pas accepter un pareil sacrifice.

Une nouvelle discussion reprit plus ardente que la première et peut-être plus longue. Cependant elle se termina par un arrangement bien simple : afin d'éviter désormais entre eux toute discussion d'affaires, afin d'être à l'abri des poursuites des huissiers, afin de ne pas faire inutilement un gros sacrifice d'argent qui pouvait en réalité être évité, Cara remettrait à Léon toutes ses valeurs, celui-ci emprunterait dessus une certaine somme, et plus tard, quand une hausse raisonnable se serait produite sur ces valeurs, il vendrait ce qu'il faudrait de titres, pour se couvrir de ce qu'il aurait avancé.

Qui eut l'idée de cet arrangement, qui terminait d'une façon si heureuse cette difficulté au premier abord presque insurmontable ? Personne en propre. Elle leur fut suggérée à l'un aussi bien qu'à l'autre par la logique même des choses.

XII

Quand on est fils de bourgeois, et quand on a été élevé bourgeoisement au milieu d'idées bourgeoises, de mœurs bourgeoises, d'habitudes bourgeoises, on subit tout naturellement l'influence de son origine développée par celle de son éducation, et quoi qu'on fasse, quoi qu'on veuille, on ne peut pas ne pas être bourgeois, au moins par quelque côté. Chez Léon, qui non-seulement était fils de bourgeois, mais qui de plus avait pour père un Normand et pour mère une femme de commerce, ce côté bourgeois se manifestait dans une certaine méfiance qui apparaissait chez lui aussitôt qu'il s'agissait d'une question d'argent; c'est-à-dire, pour préciser en employant une expression bourgeoise, qu'il était volontiers porté à s'imaginer « qu'on voulait lui tirer des carottes ». Et comme dès son enfance, au collége, où il était arrivé avec de l'argent sonnant dans ses poches, il avait eu mainte fois à subir cette extraction désagréable, il avait pris des habitudes de réserve et de prudence qui faisaient qu'au premier mot d'argent qu'on lui disait il se mettait sur la défensive.

On comprend combien fut doux son soulagement quand, après son entretien avec Cara, il eut acquis la certitude que celle-ci ne lui avait pas envoyé Louise pour lui tirer cette fameuse carotte qu'il redoutait tant.

Elle était donc bien réellement la femme qu'il avait cru, et non pas celle qu'un sentiment d'injuste suspicion, qu'il se reprochait maintenant, lui avait fait supposer pendant quelques instants.

Ayant entre les mains les valeurs de Cara, il ne lui restait plus que deux choses à faire: savoir tout d'abord à combien se montaient les sommes que devait sa maîtresse, et ensuite se procurer l'argent nécessaire pour qu'elle pût elle-même payer ces sommes.

Profitant d'un jeudi, c'est-à-dire d'une absence de Cara, il s'adressa à Louise pour qu'elle lui donnât le montant de ces sommes: mais ce fut difficilement qu'il la décida à parler.

A mesure qu'elle lui énumérait les noms des créanciers, couturier, modiste, marchand de fourrages, marchand de vin, boulanger, etc., etc., avec le chiffre de ce qui était dû à chacun, il écrivait ces noms et ces chiffres sur son carnet ; quand elle eut fini, il fit l'addition de ces chiffres alignés les uns au-dessous des autres :

67, 694 francs.

Louise qui, sans en avoir l'air, l'observait du coin de l'œil, vit sa mine s'allonger.

En effet, le total était un peu fort ; de plus à ces 67,694 fr. il fallait ajouter les 27,500 de Carbans, ce qui donnait un total général de 95,194 fr. pour les dettes de Cara. Mais ce qu'il fallait payer pour Cara ne serait nullement le total de ses dettes à lui. Pour payer 27,500 fr. à Carbans, il avait emprunté 60,000 fr. à Rouspineau ; combien faudrait-il qu'il empruntât pour payer ces 67,694 fr? Au moins 100,000 fr. C'est-à-dire que sa dette à lui serait de 160,000 fr. ; et ce chiffre devait donner à réfléchir.

Après avoir emprunté, il faudrait payer. Où prendrait-il ces 160,000 francs ?

Une pareille question pouvait très-justement allonger la mine. Jusqu'à ce moment Léon n'avait point eu de dettes. Il avait vécu facilement avec la très-large pension que lui faisaient ses parents, et quand il s'était trouvé arriéré de quelques milliers de francs, il n'avait eu qu'un mot à dire à son père pour que celui-ci les lui donnât ; cela rentrerait dans les frais généraux auxquels la maison Haupois-Daguillon était tenue : noblesse oblige.

Mais de quelques milliers de francs à 160,000 francs, la marge est large, et il n'y avait pas à espérer que son père continuât maintenant à se montrer aussi facile.

Malheureusement de pareilles réflexions étaient à

cette heure complétement inutiles ; c'était avant de prendre Cara pour maîtresse qu'il fallait les faire, et non maintenant.

Maintenant il était engagé, et il fallait qu'il allât jusqu'au bout, c'est-à-dire qu'il devait, à n'importe quel prix, se procurer ces 67,694 francs.

Heureusement Rouspineau était là ; mais quand le marchand de fourrage de la rue de Suresnes entendit parler de 80,000 francs, — Léon avait arrondi la somme, — il poussa les hauts cris.

— Il n'avait pas quatre-vingt mille francs ; s'il les avait, il abandonnerait le commerce qui allait si mal et il irait vivre de ses rentes dans son pays natal, à Beaugency, un joli pays comme chacun sait, où le vin n'est pas tant cher ; il s'était saigné aux quatre membres pour trouver les soixante mille francs qu'il avait déjà prêtés et qui étaient toute sa fortune, il ne pouvait pas faire davantage ; ce n'était pas à lui qu'il fallait s'adresser, c'était à un capitaliste.

En écoutant ce discours, Léon ne s'était pas beaucoup inquiété, se disant que Rouspineau voulait tout simplement lui faire payer cher ces quatre-vingt mille francs ; mais bientôt il avait compris qu'il ne trouverait pas là la somme qu'il lui fallait.

— Je ne vois guère que Tom Brazier qui pourrait faire l'affaire ; vous connaissez bien Tom, qui tient rue de la Paix un magasin de parfumerie anglaise, de papeterie, de coutellerie, auquel il a joint un cabinet d'affaires, un bureau de location et une agence de paris sur les courses.

— J'en ai entendu parler, mais je n'ai point été en relations avec lui.

— Eh bien ! je le verrai aujourd'hui ; si vous voulez revenir demain, vous saurez sa réponse : mais, à l'avance, je crois pouvoir vous assurer qu'elle sera ce que vous désirez. Si Tom n'a pas les fonds, il les trouvera ; il a une riche clientèle, et il fait valoir l'argent de plus d'une de nos femmes à la mode, qui chez lui trouvent de gros bénéfices qu'elles n'auraient pas ailleurs ; seulement il vous fera payer plus cher que moi.

Cette réponse fut en effet telle que Rouspineau l'avait prévue, et le lendemain Léon se présenta chez M. Brazier ; mais on ne pénétrait pas chez ce personnage important comme chez Rouspineau, qui recevait ses clients dans un petit bureau où il tenait sous clef, dans des coffres sur lesquels on s'asseyait, des échantillons d'avoine et de son. Chez Brazier, on trouvait un élégant magasin meublé à l'anglaise, dans lequel de jolies jeunes filles aux yeux noirs s'empressaient autour de vous, s'informant poliment de ce que vous désiriez. Ce que Léon désirait, c'était voir M. Brazier ; et, comme celui-ci était occupé, il dut l'attendre pendant près d'une heure, assez mal à l'aise au milieu de ce magasin.

Enfin, il vit paraître une sorte de patriarche à cheveux blancs, d'une tenue correcte, de prestance imposante, M. Tom Brazier lui-même, qui le pria de passer dans son bureau particulier.

En quelques mots Léon lui exposa l'objet de sa visite.

— L'affaire est faisable, répondit gravement Brazier : elle se résout dans une question de garantie ; autrement dit, en échange des 80,000 francs qui vous sont nécessaires, qu'offrez-vous ?

— Ma signature.

Brazier s'inclina avec une politesse affectée.

— Moralement, c'est baucoup; mais financièrement, c'est moins, si j'ose me permettre de parler ainsi, car je crois que vous n'avez pas de fortune propre.

— J'ai celle que mes parents me laisseront un jour.

— J'ai l'honneur de connaître M. et madame Haupois-Daguillon, avec qui j'ai fait plusieurs fois des affaires; ils sont encore jeunes l'un et l'autre, pleins de santé; ils peuvent vivre longtemps encore.

— Je l'espère.

— J'en suis convaincu; on ne désire pas généralement la mort de ses parents, seulement... il peut arriver qu'on l'escompte, et ce n'est pas notre cas. Nous sommes donc en présence d'un fils de famille, qui aura une belle fortune un jour, mais qui présentement n'offre comme garantie que des espérances; encore ces espérances peuvent-elles ne pas se réaliser; il peut mourir avant ses parents; il peut être pourvu d'un conseil judiciaire; ses parents peuvent vivre vingt ans, trente ans; vous voyez combien les conditions sont mauvaises; je ne dis pas cependant qu'elles soient telles qu'il faille considérer ce prêt comme impossible, je dis seulement que je dois consulter mes clients, car je ne suis qu'un intermédiaire; et je dis encore que cette absence de garantie rendra probablement le loyer de l'argent assez cher, car on le proportionnera au risque couru.

Il ne fallut pas longtemps à Brazier pour consulter ses clients, et le surlendemain il communiqua à Léon la réponse que celui-ci attendait, sinon avec inquiétude, il avait prévu que l'affaire se ferait, au moins avec une curiosité impatiente de savoir quelles en seraient les conditions.

Elles furent dures, très-dures.

Le temps n'est plus où les usuriers vendaient à leurs clients des collections de crocodiles empaillés ou de vieux habits; mais si les crocodiles et les vieux habits ne sont plus de mode, les procédés de messieurs les usuriers sont toujours les mêmes, sinon dans la forme, au moins dans le fond.

— Nous ne pouvons faire l'affaire, dit Brazier, qu'à une condition, c'est que nous prendrons toutes nos sûretés contre les procès. Pour cela il faut que nous donnions une cause absolument inattaquable à notre prêt. En ce moment, quelles raisons avez-vous pour emprunter une si grosse somme? Aucune aux yeux d'un tribunal. Il faut que vous en ayez. Vous verrez comme il est utile en ce monde d'avoir un bon petit défaut honnête qui cache un vice qui ne l'est pas. Voici donc ce que je suis chargé de vous proposer. Nous vous vendons une écurie de course : oh! en steeple seulement, trois bons chevaux que nous vous vendons à des prix de faveur. Alors voyez comme votre condition change : vous faites des affaires, vous subissez des pertes, notre prêt s'explique et se justifie. Quand je dis que vous subissez des pertes, j'ai en vue les explications à donner en justice; car, en réalité, j'espère, je suis sûr que nos trois chevaux vous feront gagner de l'argent, beaucoup d'argent; en une saison ils peuvent vous permettre de nous rembourser; ne dites pas non, puisque vous ne les connaissez pas : c'est *Aventure*, *Diavolo* et *Robber*. Si vous ne voulez pas faire courir sous votre nom, vous prenez un pseudonyme; que dites-vous de capitaine Thunder?

Léon ne dit rien, pas plus à propos du capitaine Thundor qu'à propos d'*Aventure*, de *Diavolo*, de *Robber*, de l'assurance sur la vie qu'on l'obligea de contracter, ni des 150,000 francs de billets qu'on lui fit signer pour lui livrer l'écurie de course et les 80,000 francs ; il était pris ; il n'avait rien à dire. Au reste l'écurie de course ne lui déplaisait pas trop. C'était un billet à la loterie qu'il prenait, et, dans les conditions où il allait se trouver avec les échéances qui le menaçaient, c'était une sorte de soutien pour lui que ce billet de loterie ; pourquoi ne gagnerait-il-pas un jour ou l'autre ?

Il voulut faire les choses noblement avec Cara, et de telle sorte qu'elle ne pût pas croire qu'il avait des doutes sur la réalité du chiffre des dettes accusé par Louise.

— Voici ce que j'ai pu me procurer sur tes valeurs, dit-il à Cara en lui remettant 70,000 francs ; si tu as d'autres dettes que celles dont tu m'as parlé, paye-les ; si tu n'en as pas, garde ce qui te restera.

Elle se jeta dans ses bras :

— Laisse-moi me confesser dans ton cœur, s'écria-t-elle, je t'ai trompé, ne voulant pas t'avouer tout ce que je devais ; mais tu dois connaître la vérité entière.

Et, après avoir longuement cherché, elle remit une série de factures dont le chiffre s'élevait à 67,694 francs.

Cela fut encore un soulagement pour Léon d'avoir la preuve que ce que Louise lui avait annoncé était réellement dû : il avait été élevé dans des habitudes de probité commerciale qui ne sont pas celles de toutes les maisons de Paris ; ce n'était pas chez M. Haupois-Daguillon qu'on aurait fait deux factures avec des chiffres différents : l'une pour être montrée à celui qui fournissait l'argent, l'autre pour être réellement payée.

XIII

Aventure, *Diavolo* et *Robber* portèrent assez convenablement les couleurs du capitaine Thunder (casaque blanche, toque écarlate), mais ils ne firent pas sortir le billet de loterie qu'il espérait; et, quand le premier des effets Rouspineau arriva à échéance, Léon n'avait pas les fonds nécessaires pour le payer.

Signé « Haupois-Daguillon », ce billet fut présenté à la maison de la rue Royale. Habitué à venir souvent à cette caisse, et à ne s'en retourner jamais sans être payé, le garçon de recette passa son billet par le guichet et alla s'asseoir sur une chaise.

En recevant un billet qu'il n'attendait pas, et qui n'était pas inscrit sur son carnet d'échéances, le bonhomme Savourdin ouvrit de grands yeux, mais il ne lui fallut pas longtemps pour reconnaître l'écriture et la signature de Léon. Dix mille francs! Il relut le billet deux fois et prit sa loupe pour l'examiner : c'était bien dix mille francs, il n'y avait ni grattage, ni surcharge d'écriture ou de chiffre.

Il resta un moment à réfléchir, tenant le billet dans ses mains, que l'émotion faisait trembler, puis tout à coup il ferma la porte en fer de sa caisse, enfonça sa toque de velours bleu sur sa tête, plaça le billet dans la poche de côté de sa redingote et se dirigea rapidement vers le bureau de madame Haupois-Daguillon.

— Voici un billet de 10,000 francs, dit-il ; faut-il le payer ?

A madame Haupois-Daguillon il ne fallut pas beaucoup de temps non plus pour reconnaître l'écriture de son fils ; mais la surprise fut si forte chez elle qu'elle resta un moment sans rien dire ; puis, se remettant peu à peu, elle tourna vers Savourdin un visage pâle, mais calme :

— Mon fils ne vous avait donc pas prévenu ? dit-elle.

— Non, madame, et voilà pourquoi je viens vous demander s'il faut payer.

— Vous demandez s'il faut payer un billet signé Haupois Daguillon, vous ! Payez vite : c'est déjà trop de retard.

Et, comme il tournait vivement sur ses talons, elle l'arrêta d'un signe de la main :

— Je vous autorise à faire remarquer à mon fils qu'il doit vous prévenir des billets mis en circulation ; venant de vous cette observation lui fera mieux comprendre ce que son oubli a de regrettable.

Ce fut tout ; mais les employés qui dans la journée eurent affaire à « madame », comme on l'appelait dans la maison, furent reçus de telle façon qu'il fut évident pour tous qu'il se passait quelque chose de grave ; seulement, comme Savourdin se garda bien de parler du billet, on ne sut pas ce qui motivait cette humeur.

Madame Haupois-Daguillon ne quitta son bureau qu'à l'heure ordinaire pour aller dîner rue de Rivoli : elle trouva son mari installé dans la salle à manger, à sa place, et l'attendant tranquillement les deux coudes sur la table, lisant son journal étalé devant lui. Cette table était servie comme à l'ordinaire, c'est-à-dire avec trois couverts, ceux du maître et de la maîtresse de maison en face l'un de l'autre, celui de Léon à un bout; car bien qu'il ne partageât plus souvent les repas de ses parents, son couvert était mis chaque jour comme si on l'attendait sûrement, et c'était avec cette place vide devant les yeux que son père et sa mère avaient le chagrin de dîner presque chaque soir en tête-à-tête; moins tristes encore cependant quand ils étaient seuls que lorsqu'ayant des invités, ils étaient obligés d'excuser leur fils empêché, « qui venait de les prévenir qu'à son grand regret, il lui était impossible de dîner avec eux ce soir-là. »

Madame Haupois-Daguillon laissa son mari dîner, mais pour elle il lui fut impossible d'avaler un morceau de viande. Ce ne fut qu'après le départ du valet de chambre qui les servait et les portes closes qu'elle prit dans sa poche le billet de Léon et le tendit à son mari :

— Voici un billet qu'on a présenté tantôt et que j'ai payé, dit-elle.

— Léon! dix mille francs, s'écria-t-il, et tu as payé!

— Fallait-il laisser en souffrance la signature Haupois-Daguillon!

Dix mille francs n'étaient pas une somme pour eux; mais combien de billets de dix mille francs avaient-ils été déjà signés par Léon? Là était la question. Sans doute il y avait un moyen tout naturel de la résoudre : c'était d'interroger Léon. Mais, après ce qui s'était passé à propos de Madeleine, ils avaient peur l'un et l'autre de provoquer une explication qui pourrait aller trop loin : ce qu'ils voulaient, ce n'était pas pousser Léon à une rupture, loin de là ; c'était tout au contraire le ramener à la maison paternelle. Il fallait donc procéder avec prudence et avec douceur; interroger Léon, obtenir de lui une confession par l'amitié plutôt que par la sévérité, et n'agir ensuite énergiquement que si l'énergie était commandée par les circonstances.

Mais ce fut en vain qu'ils attendirent leur fils ! pendant trois jours il ne rentra pas, et M. Joseph, dont les fonctions étaient maintenant une sinécure, déclara qu'avant de sortir « monsieur ne lui avait rien dit. »

Que faire? ils ne pouvaient pas cependant lui écrire chez cette femme : ils n'avaient qu'à attendre son retour.

Mais en attendant ainsi ils reçurent une nouvelle qui modifia leurs sentiments : un banquier avec qui la maison était en relations écrivit à M. Haupois-Laguillon qu'on lui avait demandé d'escompter trois billets de 10,000 fr. chacun, signés « Haupois-Daguillon », et qu'avant de les accepter ou de les refuser définitivement il se croyait obligé de l'en prévenir.

M. Haupois-Daguillon courut chez ce banquier, qui lui apprit que ces billets étaient souscrits à l'ordre de M. Tom Brazier, négociant, rue de la Paix ; et aussitôt, M. Haupois-Daguillon se rendit chez celui-ci

Le patriarche anglais le reçut avec les démonstrations du plus profond respect, et il ne fit aucune difficulté de lui apprendre que M. son fils, « un charmant jeune homme », était son débiteur pour une somme de cent cinquante mille francs, se composant pour une part d'argent prêté et pour une autre part du prix de vente d'une écurie de course, « trois chevaux excellents qui feraient honneur à leur propriétaire, *Aventure*, *Diavolo* et *Robber*. »

Le premier mouvement de M. Haupois-Daguillon fut

de se laisser emporter par la colère et de dire son fait au vénérable négociant ; mais il s'arrêta heureusement aux premières paroles de son allocution, et, plantant là M. Tom Brazier légèrement suffoqué de cette algarade, il alla chez son avocat lui conter son affaire et lui demander conseil : le temps des ménagements était passé ; il n'avait que trop attendu ; maintenant il fallait agir et au plus vite.

C'était Favas qui depuis vingt ans était son avocat ; il fut d'avis, lui aussi, qu'il fallait agir au plus vite.

— Je connais la femme, dit-il, en quelques mois elle fera contracter à votre fils pour plus d'un million de dettes, et ce qu'il y aura d'admirable dans son jeu, c'est qu'elle ne lui aura rien demandé. Il faut l'arrêter dans ses manœuvres. Pour cela la loi met à votre disposition un moyen bien simple : un conseil judiciaire, sans lequel votre fils ne pourra plaider, transiger, emprunter.

A ces mots, M. Haupois-Daguillon se récria : mon fils pourvu d'un conseil judiciaire, presque interdit, quelle tache sur son nom !

— Voulez-vous que votre fils dissipe dès maintenant la fortune que vous lui laisserez un jour ? continua Favas. Non, n'est-ce pas ? Eh bien ! vous ne pouvez recourir qu'au conseil judiciaire. Voulez-vous, je ne dis pas qu'il quitte cette femme, cela est sans doute impossible, mais qu'il soit quitté par elle, le conseil judiciaire vous en donne encore le moyen. Croyez-vous qu'elle gardera un amant qui ne pourra plus emprunter et qui n'aura que de l'amour à lui offrir ? Non. Le conseil judiciaire, malgré ses inconvénients, est la seule voie que vous puissiez suivre ; c'est celle que je vous conseille; ce serait celle que je prendrais si j'étais à votre place.

Il n'y eut pas d'explication entre le père et le fils, il ne fut même pas question entre eux du billet de dix mille francs qui avait été payé; mais un matin comme Léon rentrait chez lui, le vieux Jacques, le valet de chambre de ses parents, lui apporta une liasse de papiers timbrés, qu'un huissier, dit-il, lui avait remis la veille, et qu'il avait cachés pour que personne ne les vît.

Resté seul, Léon, bien surpris, ouvrit ces papiers : le premier était la copie d'une requête au président du tribunal de première instance de la Seine tendant à la nomination d'un conseil judiciaire à la personne de Léon-Charles Haupois; — le second était un avis du conseil de famille réuni sous la présidence de M. le juge de paix du premier arrondissement de la ville de Paris, disant qu'il y avait lieu de poursuivre la nomination de ce conseil judiciaire; — enfin, le troisième était un jugement ordonnant qu'il devrait comparaître le surlendemain en la chambre du conseil pour y être interrogé.

Il resta abasourdi : il avait cru à des explications plus ou moins vives avec son père et sa mère, mais non à ce coup droit.

Que devait-il faire?

L'habitude, plus que la volonté, le porta au boulevard Malesherbes, et, arrivé devant la maison de Cara, il ne voulut point passer devant cette porte sans monter un instant : ne serait-ce que pour prévenir Cara qu'il ne rentrerait peut-être pas à l'heure convenue.

A ce mot, Cara leva les yeux sur lui et l'examina, surprise de son air sombre; il ne lui fallut pas longtemps pour deviner qu'il venait de se passer quelque chose de grave, et, cela constaté, il ne lui fallut pas longtemps pour obtenir une confession complète.

Il fut bien étonné de voir qu'elle ne manifestait ni surprise ni indignation :

— Dois-je avouer, dit-elle, que, si je ne m'attendais pas à cela, je m'attendais à quelque coup de Jarnac de la part de ton beau-frère, qui n'est entré dans votre famille que pour s'emparer de toute votre fortune. Je le connais, le baron Valentin, la gloire et les gains du tir aux pigeons ne lui suffisent plus, il lui faut la fortune entière de la maison Haupois-Daguillon. Il la veut et il l'aura si tu ne te défends pas vigoureusement : aujourd'hui le conseil judiciaire pour toi, dans un an l'interdiction. Il est habile.

En moins d'une heure elle l'eut convaincu qu'il devait lutter énergiquement contre cette manœuvre, dont ses parents seraient les premières victimes.

Il ne fut plus question que de choisir l'avocat à qui il devait confier sa cause; mais elle se garda bien de proposer son ami Riolle; ce n'était pas un avocat comme cet homme d'affaires qu'ils fallait, c'en était un qui apportât un peu de son autorité et de sa considération à son client; elle proposa Gontaud qui réunissait ces conditions.

Léon alla donc voir Gontaud; celui-ci demanda huit jours pour étudier l'affaire, puis, au bout de huit jours, il répondit : « Qu'il ne plaidait pas des affaires de ce genre»; et il ajouta avec son sourire narquois : « Allez trouver Nicolas, il vous défendra. »

Cara n'avait pas de préjugés; bien que Nicolas l'eût traînée dans la boue lors du procès à propos du testament du duc de Carami, elle conseilla à Léon de s'adresser à lui. Et Nicolas, qui avait encore moins de préjugés que Cara, accepta l'affaire avec enthousiasme : ce serait une occasion pour lui dans cette seconde plaidoirie de revenir sur ce qu'il avait dit d'excessif dans la première : « En réalité, messieurs, cette femme, que notre adversaire accuse, n'est pas ce qu'on vous dit, etc., etc. »

Nicolas plaida en attaquant tout le monde, surtout le baron Valentin, « ce gentilhomme qui cherche partout des pigeons » ; mais il perdit son affaire ; sur les conclusions conformes du ministère public, M. Haupois-Daguillon fut nommé conseil judiciaire de son fils.

XIV

Il semblait raisonnable et logique de croire que le premier effet de la nomination du conseil judiciaire serait, ainsi que l'avait dit Favas, d'amener une rupture immédiate entre Léon et Cara : une femme comme Cara ne garde pas un amant qui n'a que de l'amour ; ce mot de l'avocat avait été répété par M. Haupois-Daguillon et il était devenu celui de la famille entière. Le baron Valentin lui-même, que M. et madame Haupois-Daguillon écoutaient comme un oracle lorsqu'il parlait des usages et des mœurs du monde et du demi-monde, déclarait qu'il était impossible que la liaison de son beau-frère avec « cette fille » se prolongeât longtemps :

— Vous ne savez pas, disait-il à sa belle-mère, qui le consultait à chaque instant avec des angoisses toutes maternelles, vous ne savez pas quel est le train de maison de ces femmes qui payent toutes choses deux ou trois fois plus cher qu'elles ne valent. Il en est de Cara comme de ces négociants qui ont trois ou quatre cents francs de frais généraux par jour, et qui ne font pas un sou de recette. Comment voulez-vous qu'ils aillent, s'ils ne trouvent pas sans cesse de nouveaux commanditaires? Il faut que Cara, elle aussi, fasse comme eux. Sans doute cela lui sera désagréable, car lorsqu'elle a jeté le grappin sur Léon elle était au bout de son rouleau, et elle espérait bien avec lui refaire sa fortune et en même temps se refaire elle-même dans une existence calme et bourgeoise, où elle pourrait enfin se reposer de toutes ses fatigues. Mais, quand il y a nécessité, on ne s'arrête pas devant ce qui est désagréable. Cara congédiera donc Léon, soyez-en certaine, au moins en qualité d'amant en titre; si elle le gardait, ce serait en compagnie de plusieurs autres, et je ne crois pas que Léon accepte un pareil rôle.

— Mon fils! s'écria madame Haupois-Daguillon. Et à cette pensée sa fierté se révolta indignée au moins autant que son honnêteté.

C'était un petit bonhomme assez ridicule que M. le baron Valentin, mais il avait au moins cette supériorité sur des gens tout aussi ridicules que lui, de savoir qu'il l'était, et par où il l'était. C'était parce qu'il était peu fier de sa baronnie, qu'il avait voulu l'illustrer par quelque action d'éclat et qu'il avait recherché obstinément les gloires du tir aux pigeons, n'étant point en état d'en briguer d'autres, plus difficiles ou plus dispendieuses à obtenir. C'était encore parce qu'il se savait de tournure chétive et jusqu'à un certain point hétéroclite, qu'il prenait à propos des choses les plus simples des grands airs de dignité. En entendant sa belle-mère pousser son exclamation, il se redressa de toute sa hauteur sur ses petites jambes :

— Vous vous méprenez sur le sens de mes paroles, chère mère, dit-il avec noblesse, je n'ai jamais eu la pensée que votre fils pût accepter le rôle que je vous indiquais ; bien que l'avocat de Léon ait parlé de moi en termes peu convenables, m'a-t-on rapporté, mes sentiments à l'égard du frère de ma femme n'ont pas changé et ils ne changeront pas.

— Soyez certain que ce n'est pas lui qui a inspiré cette plaidoirie.

— Je le pense ; il y a là une traîtrise trop forte pour n'être pas féminine.

Cependant les prévisions de Favas ne se réalisèrent pas plus que celles du baron Valentin : Cara ne congédia point l'amant qui n'avait plus que de l'amour à lui offrir, et Léon, du premier rang, ne passa point au dernier.

Si l'intention première de Cara avait été de se séparer de Léon le jour où celui-ci avait eu les mains si bien liées par la justice qu'il ne pouvait signer le moindre engagement, elle n'avait pas tardé à adopter un plan tout opposé.

La demande en nomination de conseil judiciaire avait exaspéré Léon contre ses parents, non pas précisément à cause même de cette demande, mais à cause de la façon dont elle avait été introduite. Que ses parents voulussent l'empêcher de continuer un système d'emprunts qui en quelques mois avait dévoré plus de deux cent mille francs, il l'admettait et trouvait même qu'ils n'étaient point tout à fait dans leur tort; mais qu'ils eussent procédé de cette manière, en arrière de lui, sans le prévenir, c'était ce qui le suffoquait. Pourquoi ne lui avaient-ils rien dit? il se serait expliqué avec eux et il leur aurait fait comprendre qu'il avait été entraîné, mais que son intention n'était pas du tout de marcher sur ce pied. En réalité, deux cent mille francs n'étaient pas dans sa position une dépense constituant des habitudes de prodigalité telles, qu'on devait les réprimer brutalement par la nomination d'un conseil judiciaire.

En raisonnant ainsi, il oubliait que le reproche qu'il adressait à son père et à sa mère était celui-là même qu'ils pouvaient le plus justement lui retourner. Indigné qu'ils eussent introduit leur demande sans le prévenir, il trouvait tout naturel de ne pas les avoir avertis qu'on présenterait à leur caisse un billet de 10,000 francs souscrit à l'ordre de Rouspineau. Il avait eu ses raisons pour agir ainsi, et dans une explication il les eût facilement données. Mais il n'admettait pas que ses parents en eussent eu de leur côté pour agir comme ils l'avaient fait. Quelle différence, d'ailleurs, entre une somme de 10,000 francs à payer et une demande en nomination de conseil judiciaire!

Le résultat naturel de cette exaspération avait été de le rapprocher de Cara: cela était obligé, étant donné sa nature; il avait besoin d'être plaint, d'être aimé, de ne pas se sentir isolé.

Et c'était de la meilleure foi du monde qu'il se trouvait abandonné et isolé. Enfant, il avait vu ses parents absorbés par le soin de leurs affaires n'avoir presque pas de temps à lui donner et consacrer tous leurs efforts à faire fortune, le grand but, la joie suprême de leur vie. Plus tard, c'était encore ce souci de la fortune qui les avait empêchés de lui accorder Madeleine pour femme. Et maintenant, c'était toujours à la question d'argent qu'ils le sacrifiaient.

Cara, voyant cet accès de tendresse et en comprenant très-bien la cause, n'avait eu garde de le contrarier : elle l'avait plaint comme il lui était si doux de l'être, elle l'avait aimé comme il désirait l'être ; elle avait été toute à lui, entièrement pleine de ces prévenances et de ces câlineries qu'une mère a pour son enfant malheureux : maîtresse, mère, sœur et même sœur de charité, elle avait été tout cela à la fois.

Comment ne l'eût-il pas aimée pour cet amour qu'elle lui témoignait alors qu'il se sentait si malheureux. Ce n'était plus la brillante Cara qu'il voyait en elle, c'était la douce et affectueuse Cara qui le consolait, une femme de cœur tendre et aimante.

Avant que le jugement fût rendu, Cara avait pu apprécier les changements qui s'étaient faits, non-seulement dans le cœur de son amant, mais encore dans son esprit ; elle avait pu se rendre compte de l'empire qu'elle avait pris sur lui et de la solidité des liens par lesquels il lui était attaché : il ne sentait plus que par elle, il ne voyait plus que par elle, et, ce qui était d'une bien plus grande importance encore, il ne voyait plus que comme elle voulait qu'il vît, et cela sans désir de la flatter, mais tout naturellement, par accord de la pensée.

Cet état changeait si complétement la situation,

qu'après avoir commencé par souhaiter ardemment que la demande en nomination d'un conseil judiciaire fût repoussée, elle en vint à se demander s'il ne valait pas mieux au contraire qu'elle fût admise : repoussée, Léon pouvait se réconcilier avec ses parents; admise, il ne le pouvait plus et alors il était tout à elle.

Il est vrai qu'il l'était sans rien pouvoir faire; mais son incapacité d'emprunter et d'aliéner ne serait pas éternelle; et puis, d'ailleurs, elle ne s'applique qu'aux biens, cette incapacité.

Et quand cette idée se présenta pour la première fois à son esprit, elle se mit à rire toute seule silencieusement : ils étaient vraiment prudents et prévoyants les gens qui faisaient les lois; ah ! oui, bien prudents, bien perspicaces dans les savantes précautions qu'ils prenaient pour empêcher les jeunes gens de se ruiner !

Le jour du jugement, elle voulut accompagner Léon jusqu'à la porte du Palais, et elle l'attendit là, à moitié cachée au fond de sa voiture. A la façon dont il descendit les marches du grand escalier, elle vit que le conseil judiciaire était accordé, mais elle n'en ressentit aucune contrariété. Cependant, quand il monta en voiture, elle l'enveloppa maternellement dans ses deux bras et elle le tint longuement, passionnément serré contre elle, puis, le regardant en face avec des yeux un peu égarés :

— Si tout est fini avec tes parents, dit-elle, je te reste, moi, je te reste seule; c'est quand on est malheureux qu'il est bon d'être aimé; tu verras comme je t'aime.

Et comme il restait accablé, elle le gronda doucement.

— Ne vas-tu pas te désoler pour une chose qui, en réalité, n'est qu'une chose d'argent.

— Ce n'est pas pour moi que je me désole, c'est pour toi.

— Pour moi ! Mais tu sais bien que je n'en veux pas, que je n'en ai jamais voulu de ton argent. D'ailleurs, mon plan est fait.

Il la regarda avec inquiétude.

— Tu comprends bien que maintenant nous ne pouvons pas rester dans la même situation.

— Que veux-tu dire? demanda-t-il avec des yeux de plus en plus inquiets.

— Qu'on ne vit pas exclusivement d'amour, et que, puisque te voilà sans le sou, tandis que moi-même je n'ai que des valeurs... qui ne valent pas grand'chose, faut que nous prenions une résolution sérieuse.

— Et tu l'as arrêtée dans ton esprit, cette résolution?

— Je l'ai arrêtée.

— Et c'est cette heure que tu choisis pour me la faire connaître?

— Il le faut bien.

Alors, voyant par l'inquiétude de Léon les choses au point où elle voulait les amener, elle continua:

— Voici ce que j'ai décidé: continuer à vivre comme je vis actuellement est désormais impossible; je prends donc une mesure radicale: je vends tout mon mobilier, bijoux, voitures, chevaux; liquidation générale et forcée comme disent les marchands; je ne garde que ce qui est indispensable pour meubler un appartement modeste et élégant: salle à manger, petit salon, deux chambres, le strict nécessaire: et c'est dans cet appartement que nous allons nous établir.

A mesure qu'elle parlait, la figure assombrie de Léon s'était éclairée; quand elle fit une pause, il la prit dans ses bras et lui ferma les lèvres par un baiser.

— Tu es la meilleure des femmes, la plus tendre, la plus dévouée !

— Je t'aime, c'est là ma seule qualité, ne m'en cherche pas d'autres; serons-nous heureux ainsi !

La réflexion revint à Léon, et avec elle un sentiment de dignité.

— C'est impossible, dit-il.

— Parce que ?

— Mais...

Il n'osa pas continuer, ce qui d'ailleurs était inutile, car elle avait compris.

— Es-tu bébête, dit-elle, tu ne veux pas de cet arrangement parce que tu serais honteux de vivre chez moi, entretenu par moi; ça serait cependant un joli triomphe. Mais, sois tranquille, je comprends tes scrupules et je les respecte. C'est moi qui serai entretenue par toi. Je ne voulais pas de ton argent quand tu étais riche, je l'accepte maintenant que tu es pauvre. J'accepte ce que tu ne peux pas me donner, vas-tu dire ? Rassure-toi. Tu m'as prêté environ 100,000 francs, je te les rendrai sur le prix de vente de mon mobilier, et ce sera avec ces 100,000 francs que nous vivrons. Qu'en dis-tu ?

— Je dis que tu es un ange !

XV

CATALOGUE
D'un très-beau et très-élégant
MOBILIER MODERNE

CHAMBRE A COUCHER EN TAPISSERIES ANCIENNES
SALON RECOUVERT EN BROCATELLE
SALLE A MANGER EN ÉBÈNE, MEUBLES D'ART, GLACES, PIANOS, BRONZES D'ART
GARNITURES DE CHEMINÉE, LUSTRES, FEUX
GROUPES ET BUSTES D'APRÈS L'ANTIQUE, ARGENTERIE, TAPIS, IVOIRES
MARBRES, ÉMAUX CLOISONNÉS
PORCELAINES DE CHINE, DE SAXE, DE SÈVRES ET AUTRES
TABLEAUX, CURIOSITÉS

DIAMANTS

BAGUES, COLLIERS
BRACELETS, CROIX, MONTRES, TOILETTES, DENTELLES, FOURRURES
OMBRELLES, ÉVENTAILS, LINGE

VOITURES

CALÈCHE ET DORSAY A HUIT RESSORT
COUVERTURES DE VOITURES EN FOURRURES, HARNAIS, LIVRÉES

Dont la vente aura lieu
Par suite du départ de Mlle C...
Hôtel Drouot, grande salle n.° 1.

Ce catalogue, imprimé par Claye avec un vrai luxe typographique et tiré sur papier teinté, annonça au tout Paris que ces sortes de choses intéressent la vente de Cara.

Alors ce fut dans ce monde une explosion d'exclamations, d'explications et de commentaires. Combien de bonnes amies s'écrièrent avec des larmes dans la voix et le sourire aux lèvres :

— C'est donc vrai que cette pauvre Cara est tout à fait ruinée !

A quoi il y avait des gens moins naïfs qui répliquaient que ce n'est pas toujours parce qu'une femme est ruinée qu'elle vend son mobilier, mais que bien souvent c'est pour s'en faire donner un autre plus riche et tout neuf.

— Ce n'est pas toujours le fils Haupois-Daguillon qui lui en donnera un, puisque ses parents l'ont pourvu d'un conseil judiciaire.

— Il lui donnera peut-être mieux que cela.

— Quoi donc ?

— Son nom ?

Il y eut foule à l'exposition particulière, qui se fit un samedi, et plus grande foule encore à l'exposition du dimanche, car ces bavardages avaient donné un attrait particulier à cette vente : puisqu'on en parlait, il fallait voir ça.

Et l'on était venu voir ça, non-seulement ceux qui, de près ou de loin, touchaient au monde de la cocotterie, mais encore ceux et celles qui, appartenant au monde honnête, étaient curieux d'apprendre et de s'instruire.

Comment font ces femmes-là ? Comment sont-elles meublées ? Ont-elles des meubles spéciaux à leur métier ? Comment est leur chambre à coucher ?

On éprouva une irritante déception à ce sujet en venant voir l'exposition de mademoiselle C... Bien que la chambre à coucher « en tapisseries anciennes » fût le premier article inscrit au catalogue, celui sur lequel les yeux se portaient tout d'abord curieusement, elle ne figura pas à l'exposition, et les femmes qui étaient venues à cette exposition pour voir cette fameuse chambre, de même que les hommes qui s'y étaient rendus comme à une sorte de pèlerinage pour la revoir, en furent pour leur temps perdu : la propriétaire s'était, au dernier moment, réservé le mobilier de cette chambre.

Ceux qui étaient venus pour revoir ce qu'ils avaient déjà vu, les uns pendant un ou plusieurs mois, les autres pendant une courte soirée, constatèrent que ce n'était pas seulement le mobilier de la chambre à coucher qui ne figurait pas à l'exposition ; celui du cabinet de toilette, si curieux et si original, avait été distrait aussi ; de même avaient été réservés encore par la propriétaire d'autres meubles ou d'autres objets pris çà et là ; il était donc évident qu'un choix avait été fait et que la rubrique du catalogue et des affiches « pour cause de départ » n'était pas vraie ; elles auraient dû dire, ces affiches : « pour cause de changement de domicile ».

En effet, avec ce que Cara avait retiré de son mobilier, elle avait meublé pour Léon et pour elle un appartement rue Auber, petit, il est vrai, mais tout à fait élégant, et, bien entendu, elle n'avait eu garde de laisser vendre les choses auxquelles elle tenait pour une raison quelconque, valeur intrinsèque ou affection.

C'était ainsi qu'elle avait réservé sa chambre entière, tout son cabinet de toilette, une partie des meubles du salon et de la salle à manger, si bien que sans dépenser presque rien elle s'était organisé un intérieur charmant, un vrai nid, au centre de Paris, de façon à faire de sérieuses économies sur les voitures.

Et cependant, malgré ce prélèvement, son catalogue, grossi d'ailleurs par une assez grande quantité d'objets fournis par le commissaire-priseur et l'expert chargés de la vente, avait présenté un chiffre total de trois cent quarante numéros bien suffisants pour attirer les acheteurs : sous la rubrique bijoux, il y avait onze montres non chiffrées, dix-sept cravaches à pomme d'or sans initiales et vingt-deux porte-mine aussi en or et également sans initiales, le tout entièrement neuf et n'ayant jamais servi, car aussitôt données, montres ou cravaches avaient été serrées pour être vendues un jour.

De tout ce qui peut allumer les enchères, Cara n'avait refusé que deux moyens : vendre chez elle, ce qui est la suprême attraction pour le monde bourgeois, et diriger sa vente ou même simplement y assister ; mais ni l'un ni l'autre de ces moyens n'entraient dans ses habitudes discrètes, et les employer, si avantageux qu'ils pussent être, eût été donner un démenti à sa vie entière : elle ressemblait ou tout au moins elle avait la prétention de ressembler à ces fleurs qu'on voyait toujours chez elle ; elle se cachait comme la violette, et il fallait la chercher pour la trouver.

Malgré cette absence, sa vente obtint un très-beau succès ; elle produisit le chiffre respectable (respectable en tant que chiffre, bien entendu), de trois cent et quelques mille francs, qui, reproduit par « les journaux bien informés », fit rêver plus d'une pauvre fille, acharnée à l'ouvrage de sept heures du matin à dix heures du soir et gagnant quinze sous par jour.

Pendant que les commissionnaires de l'hôtel des ventes déménageaient l'appartement du boulevard Malesherbes, et pendant que, de leur côté, les tapissiers aménageaient l'appartement de la rue Auber, Cara et Léon, pour échapper à ces ennuis, passaient quelques jours à Fontainebleau, se promenant sentimentalement dans la forêt, seuls, en tête à tête, oublieux du passé et se jetant passionnément dans les jouissances de l'heure présente.

Ce fut à Fontainebleau que Cara reçut la lettre de son commissaire-priseur, lui annonçant que le produit de sa vente s'élevait à 319,423 francs. Elle n'en dit rien à Léon, et ce fut seulement quand le tapissier la prévint que tout était prêt dans l'appartement de la rue Auber qu'elle parla de revenir à Paris.

Elle avait voulu s'occuper seule du choix et de l'arrangement de ce nouvel appartement, et ce devait être une surprise pour Léon d'y faire son entrée pour la première fois.

C'en fut une en effet, ou, pour mieux dire, la soirée fut remplie pour lui par une série de surprises.

Partis de Fontainebleau dans l'après-midi, ils étaient arrivés à Paris pour l'heure du dîner, et à peine entrés dans le salon, avant même d'avoir pu visiter l'appartement, Louise était venue les prévenir que le dîner était servi.

— Offre-moi ton bras, dit Cara vivement, et passons dans la salle à manger.

Elle était toute petite, cette salle à manger, et faite pour l'intimité la plus étroite : deux couverts étaient mis sur la table, mais à côté l'un de l'autre, et non en face l'un de l'autre ; le linge était éblouissant, l'argentorie brillait, les cristaux réfléchissaient par leurs facettes la douce lumière de la lampe; sur le poêle, dans une jardinière placée devant la fenêtre, sur le buffet, des fleurs fraîches et odorantes étaient arrangées avec goût dans des mousses veloutées.

Le menu n'était composé que de trois plats, poisson, rôti et légumes, mais ces plats bien préparés étaient ceux précisément que Léon préférait; aussitôt après les avoir placés sur la table et avoir changé le couvert, Louise sortait de la salle, de sorte qu'ils dînaient en tête à tête comme deux amants enfermés dans un cabinet particulier.

Comme ils finissaient le dessert, le timbre du vestibule retentit; alors Cara se levant sortit vivement; mais, restant peu de temps absente, elle revint prendre le bras de Léon pour le conduire dans le salon, où, sur un petit guéridon, deux tasses étaient préparées, flanquant une boîte de cigares.

Elle lui versa, elle lui sucra elle-même son café, puis allumant une allumette en papier à la lampe, elle la lui présenta; ce fut alors seulement qu'elle s'assit sur le canapé auprès de lui, tout contre lui.

— Maintenant, dit-elle, c'est le moment de parler raison et de régler nos comptes.

Alors tirant de sa poche une grosse liasse de billets de banque, elle la posa sur le guéridon:

— 27,000 francs et 67,000 francs, cela fait 94,000 fr., n'est-ce pas? dit-elle, c'est-à-dire ce que tu as bien voulu me prêter: les voici, c'est à toi qu'il appartient maintenant de nous les distribuer avec économie; sois certain qu'en cela je t'aiderai et que cet argent durera longtemps. J'ai déjà pris mes arrangements pour cela.

Notre loyer n'est pas cher; je n'aurai pas besoin de toilette avant deux ans; Louise sera notre seule domestique, car elle a bien voulu apprendre la cuisine, et tu as vu ce soir qu'elle aura avant peu un vrai talent de cordon bleu; nous ne dépenserons presque rien, douze ou quinze mille francs peut-être par an, et encore ce sera beaucoup. Tu vois donc que nous pouvons ne pas nous inquiéter, et nous aimer librement, sans autre souci que de nous rendre heureux l'un l'autre, comme... mieux que comme mari et femme.

Alors se levant avec un sourire et se posant devant lui gravement, les épaules effacées, la tête haute, d'un air majestueux :

— M. Léon Haupois-Daguillon ici présent, permettez-vous à votre maîtresse, à votre esclave de vous rendre heureux? répondez, je vous prie, comme vous répondriez à M. le maire, oui ou non.

Il la prit dans ses bras, mais presque aussitôt elle se dégagea :

— Comme j'avais prévu ta réponse, j'ai disposé à l'avance ce qui, selon mon sentiment, devait, en satisfaisant tes idées, te plaire. Veux-tu me suivre?

Elle prit la lampe et marcha devant lui. La pièce qui faisait suite au salon était la chambre à coucher, exactement meublée, aux dimensions près, comme au boulevard Malesherbes; puis après cette chambre en venait une autre assez grande qui avait été transformée en un cabinet de toilette qui était le même aussi que celui du boulevard Malesherbes.

Il semblait que c'était là que finissait l'appartement; cependant Cara ouvrit une porte dans une armoire et dit à Léon de la suivre.

Ils se trouvèrent dans une petite chambre, assez simple d'ameublement, puis, après cette chambre, ils passèrent dans un petit salon.

— Cela, dit Cara, c'est l'appartement de mon petit homme, et il a une entrée particulière sur l'escalier, afin que mon petit homme ait l'apparence, pour le monde, de demeurer chez lui, car il serait gêné, je le parierais, qu'on dît qu'il demeure chez sa petite femme.

Alors, revenant dans la chambre et relevant vivement le couvre-pied du lit :

— Seulement, tu sais, dit-elle en lui jetant les bras autour du cou, que ce lit dans ton appartement particulier, c'est un lit de parade, un lit de semblant ; il ne deviendra un lit véritable que quand tu le voudras.

XVI

Ainsi que Cara l'avait pressenti, Léon aurait été gêné « qu'on dît qu'il demeurait chez sa petite femme » ; plus que gêné, honteux, et il n'y aurait point demeuré. Mais l'arrangement de l'appartement particulier leva tous les scrupules : aux yeux du monde il était là chez lui, et c'était chez lui qu'on pouvait venir le trouver, chez lui qu'il pouvait donner des rendez-vous, non chez sa maîtresse. Les convenances étaient sauvées, et Léon n'était pas homme à se mettre volontiers au-dessus des convenances, — cette religion bourgeoise. En réalité c'était lui qui payait le loyer, lui qui payait toutes les dépenses, et l'argent avec lequel il ferait ses paiements lui avait coûté assez cher pour qu'il le considérât comme lui appartenant. Sa conscience était donc en repos; en tout cas il pouvait trouver des arguments pour la calmer lorsqu'elle avait des velléités de protestation ou de révolte, ce qui, à vrai dire, arrivait assez souvent.

Pendant ce temps M. et madame Haupois-Daguillon, pleins de confiance en ce que Favas leur avait dit, et aussi en ce que leur gendre, le baron Valentin, leur avait répété, attendaient leur fils et, pour sa rentrée, M. Haupois-Daguillon avait, avec sa femme, préparé une petite allocution dont l'effet, croyaient-ils, devait produire un heureux résultat :

— De ce que tu as été entraîné à des actes de prodigalité que nous avons dû, bien malgré nous, arrêter, il ne s'en suit pas que nous recourrons contre toi à des mesures de rigueur. Il n'y aura qu'une chose de changée dans notre situation, tu continueras donc de toucher ta pension comme par le passé et aussi tes appointements; seulement comme nous désirons que tu prennes une part plus active dans la direction de notre maison, nous augmentons ta part d'intérêt, nous la portons à 10 pour 100, certains à l'avance que par ton assiduité au travail tu voudras justifier notre confiance.

Ce petit discours débité simplement, amicalement, bras dessus, bras dessous en se promenant, en ami indulgent plutôt qu'en père justement irrité, devait être selon eux tout à fait irrésistible.

Cependant ce n'était pas tout; la mère, elle aussi, aurait quelque chose à dire à son fils, amicalement, tendrement :

— Pour ton avenir, il ne faut pas que des billets signés de ton nom soient protestés; chaque fois qu'on en présentera un, la caisse refusera de le payer, mais tu m'avertiras et je te donnerai les fonds que tu porteras toi-même chez l'huissier.

Le « toi-même » serait légèrement souligné et seulement de façon à bien marquer le témoignage de confiance.

Comment l'enfant prodigue rentrant dans la maison paternelle ne serait-il par touché par ces témoignages d'affection!

Mais l'enfant prodigue n'était pas rentré; et, les affiches annonçant la vente de Cara avaient frappé leurs yeux : *Mobilier moderne, diamants,* par suite du départ de mademoiselle C...

« Par suite de départ »; comme ces mots leur avaient été doux! Et M. Haupois-Daguillon, rentrant de sa promenade et ayant dit à sa femme qu'il avait vu cette affiche, celle-ci avait voulu descendre dans la rue pour la lire elle-même. Ah! comme son cœur de mère avait battu en lisant cette ligne : « Par suite du départ de mademoiselle C... »; mais comme en même temps son imagination de femme honnête avait travaillé en lisant la longue énumération de l'affiche : *Meubles d'art, marbres. tableaux, diamants, voitures,* c'était par le luxe que ces femmes séduisaient les jeunes gens, et c'était pour entretenir ce luxe que ceux-ci se ruinaient.

Enfin elle partait cette femme et bientôt ils en seraient délivrés : après tout, il était jusqu'à un certain point admissible que Léon eût voulu, en restant avec elle pendant quelques jours, lui adoucir les chagrins de ce départ et de cette vente : il était si bon, si tendre le brave garçon.

Mais la vente avait eu lieu et le brave garçon n'était pas revenu à la maison paternelle comme on l'espérait; ou plutôt, s'il était revenu rue de Rivoli, ce n'avait point été pour y rester et y reprendre son domicile : tout au contraire.

Un matin que M. et madame Haupois-Daguillon déjeunaient rue Royale comme ils le faisaient chaque jour, ils avaient vu entrer leur vieux valet de chambre, Jacques, avec une mine effarée.

Le père et la mère, qui n'avaient qu'une pensée dans le cœur, avaient senti tous deux en même temps qu'il s'agissait de leur fils; et, comme Saffroy était à table avec eux, ils avaient fait un même signe à Jacques pour qu'il ne parlât pas. Saffroy était trop fin pour n'avoir pas saisi ce signe, et bien qu'il eût le plus vif désir de savoir ce que Jacques venait annoncer, car il avait bien deviné lui aussi qu'il s'agissait de Léon, il avait quitté la table pour rentrer au magasin.

— Eh bien, Jacques?

Ce fut le même cri qui s'échappa des lèvres de M. et de madame Haupois-Daguillon.

— M. Léon est venu il y a environ deux heures à son appartement; par malheur, je ne l'ai pas vu entrer, car je serais accouru pour prévenir monsieur et madame.

— Alors, comment l'avez-vous su?

— C'est Joseph qui, tout à l'heure, est venu me le dire. M. Léon a donné congé à Joseph et il l'a payé.

Le père et la mère se regardèrent avec inquiétude.

Jacques, qui s'était arrêté un moment, comme s'il n'osait continuer, reprit bientôt :

— Ce n'est pas tout : M. Léon a fait mettre dans des

malles son linge, ses vêtements, ses livres, au moins une partie de ses livres; on a porté le tout dans une voiture, et avant de partir M. Léon a dit à Joseph de m'apporter la clef de son appartement : alors j'ai cru que je devais prévenir monsieur et madame.

Jacques ayant achevé ce qu'il avait à dire, sortit laissant ses deux maîtres écrasés.

Ils se regardaient, n'osant ni l'un ni l'autre exprimer les pensées qui les étouffaient, lorsque leur ami Byasson entra, venant comme tous les jours leur serrer la main et prendre une tasse de café avec eux; s'il avait été fidèle à cette coutume amicale pendant vingt années, il l'était plus encore depuis l'absence de Léon; ses amis étaient heureux, il venait les voir quand ses occupations le lui permettaient; maintenant qu'ils étaient malheureux, il venait avec la régularité qu'inspire l'accomplissement d'un devoir.

Du premier coup d'œil il comprit qu'il arrivait au milieu d'une crise; mais on ne lui laissa pas le temps de poser une seule question. En quelques mots, madame Haupois-Daguillon lui rapporta ce que Jacques venait de leur dire.

— Et qu'avez-vous décidé? demanda-t-il.

— Rien; nous ne savons à quel parti nous arrêter.

— Mon mari parlait d'écrire, mais où voulez-vous qu'il adresse cette lettre? Chez cette femme, est-ce possible?

— Si je ne puis pas écrire à mon fils chez cette femme, je puis encore bien moins aller l'y chercher, dit M. Haupois.

— Ce n'est pas vous, continua Byasson, qui devez l'aller trouver, c'est moi, et j'irai. Sans doute on pourrait vous faire rencontrer avec Léon ailleurs que chez Cara, mais cela pourrait être dangereux. Vous êtes exaspéré contre lui, et de son côté il croit avoir, il a des griefs contre vous : de votre rencontre, il pourrait résulter un choc qui, dans les circonstances présentes, mettrait les choses au pire : je le verrai, moi, et je lui ferai comprendre qu'il est fou.

— Vous parlez de griefs, interrompit M. Haupois.

— Sans doute, il est évident que Léon s'est jeté dans les bras de cette femme et s'est rapproché d'elle plus étroitement parce qu'il a été blessé par la demande en nomination de conseil judiciaire. Quand, sur l'avis de Favas, vous avez adopté cette mesure, je ne vous ai rien dit parce que vous ne m'avez pas consulté, et que rien n'est plus grave que d'intervenir dans une guerre de famille ; mais je n'en ai auguré rien de bon, et j'ai même fait des démarches auprès de trois membres du conseil de famille pour qu'ils n'accueillent pas votre demande, je vous le dis franchement.

— Vouliez-vous donc qu'il nous ruinât ?

— Je ne crois pas qu'il eût été jusque-là, tout au plus aurait-il fait une brèche à la fortune que vous lui laisserez un jour ; enfin cette brèche eût-elle été large, très-large, tout n'eût pas été perdu ; il faut savoir faire des sacrifices indispensables avec les jeunes gens, surtout quand ils sont passionnés, et sous son apparence calme Léon est passionné, il est tendre, et quand il aime il est capable de toutes les folies. Vous avez cru que vous aviez un moyen infaillible de l'arrêter, vous en avez usé, et ce moyen s'est retourné contre vous. Vous avez fait comme les gens qui ont une arme aux mains et qui s'en servent aussitôt qu'ils se croient en danger au lieu d'attendre jusqu'à la dernière extrémité. Si je vous parle ainsi, ce n'est pas, vous le savez, pour ajouter à votre douleur, mais pour vous expliquer, dans une certaine mesure, comment je comprends que Léon ait été entraîné à la résistance et finalement à cette folle résolution. J'ai voulu que vous sachiez à l'avance dans quels termes je lui parlerai, et je crois qu'ils seront de nature à le toucher : c'est par la douceur et la sympathie qu'on peut agir sur lui.

— Quand comptez-vous le voir ? demanda madame Haupois-Daguillon.

— Aussitôt que possible, aujourd'hui, demain, aussitôt que je l'aurai trouvé.

— Eh bien, mon ami, allez, continua-t-elle, et ce que vous croirez devoir dire, dites-le, nous abdiquons entre vos mains.

Comme Byasson, après les avoir quittés, traversait le vestibule, Saffroy se trouva devant lui.

— Eh bien, demanda celui-ci, a-t-on des nouvelles de Léon ?

Byasson n'avait pas une très-grande sympathie pour Saffroy; il le trouvait trop ambitieux, et il le soupçonnait de spéculer sur l'absence de Léon pour s'avancer de plus en plus dans les bonnes grâces de M. et de madame Haupois-Daguillon, de façon à devenir un jour le seul chef de la maison, le fils étant écarté.

— Je vais le chercher, dit-il, afin qu'il reprenne sa place ici ; j'espère que, quand il dirigera tout à fait la maison, il ne pensera plus qu'au travail.

XVII

Trouver Léon n'était pas bien difficile, il n'y avait qu'à trouver Cara; pour cela Byasson se rendit chez le commissaire-priseur qui avait fait la vente de celle-ci. Tout d'abord le clerc auquel il s'adressa prétendit n'avoir pas cette adresse, mais il finit par la trouver et la donner : rue Auber, n° 9.

Arrivé au quatrième, il sonna à la porte de gauche comme le concierge le lui avait recommandé, et il sonna fort.

Ce ne fut pas cette porte qui s'ouvrit, ce fut celle de droite qui s'entre-bâilla, et Byasson, qui tout en attendant comptait machinalement les dessins géométriques du tapis de l'escalier, leva la tête pour voir si dans sa préoccupation il ne s'était pas trompé; il aperçut le bonnet blanc d'une femme de chambre, puis la porte se referma vivement.

Puis bientôt après la porte de gauche fut ouverte par Léon lui-même, qui, en apercevant Byasson, recula d'un pas.

— Je suis indiscret? dit celui-ci.

— Pas du tout, entrez donc, je vous prie, je suis heureux de vous voir au contraire, vous me trouvez en train d'emménager.

Tout en s'asseyant, Byasson regarda autour de lui,

bien surpris de voir cet intérieur simple et décent où rien ne rappelait la femme à la mode, et surtout une femme telle que Cara.

— Mon cher enfant, dit-il, tu supposes bien, n'est-ce pas? que je ne viens pas te relancer pour le seul plaisir de te serrer la main; ce plaisir est vif, car je t'aime de tout mon cœur, comme un enfant que j'ai vu naître et grandir; cependant je ne serais pas monté ici si je n'avais eu à te parler sérieusement. Je quitte tes parents à l'instant même, et comme, peu de temps avant mon arrivée, Jacques était venu leur annoncer ton déménagement, tu peux t'imaginer dans quel état de désespoir ils sont; ta mère, ta pauvre mère est baignée dans les larmes; ton père est accablé dans une douleur morne; ils te pleurent comme si tu étais mort.

— Qui m'a tué?

— Qui tout d'abord les a désespérés? Ne récriminons point : je ne suis venu te trouver que pour te parler amicalement, mais comme je ne me trouve pas à mon aise ici, — il regarda autour de lui comme pour sonder les tentures, — je te demande de sortir quelques instants avec moi.

Léon, assez mal à l'aise, montra les caisses et les malles placées au milieu du salon :

— J'aurais voulu achever mon emménagement, dit-il.

— Je ne te demande qu'une heure : refuseras-tu ton vieil ami?

— Et où voulez-vous que nous allions?

— Sois sans inquiétude, je ne te ménage pas une surprise, ces moyens ne sont pas dans mes habitudes; je te demande tout simplement de m'accompagner chez moi pour que nous puissions nous entretenir, portes closes, librement.

— Je suis tout à vous; je vous demande seulement deux minutes pour me préparer.

Et il passa dans sa chambre, dont il tira la porte sur lui; mais ce ne fut pas deux minutes qu'il lui fallut pour se préparer; il resta près d'un quart d'heure absent.

Byasson demeurait rue Neuve-Saint-Augustin, il ne leur fallut que peu de temps pour arriver chez lui. En chemin, ils ne s'entretinrent que de choses insignifiantes, et plus d'une fois Léon laissa tomber la conversation comme un homme qui suit sa propre pensée : le quart d'heure qu'il avait employé à se préparer, selon son expression, l'avait singulièrement assombri, et il n'y avait pas de doute qu'avant de le laisser sortir, Cara l'avait stylé. Ce n'était donc plus seulement contre lui que Byasson allait avoir à lutter; ce serait encore contre elle; mais, si formelles que pussent être les promesses qu'elle avait exigées de son amant, mieux valait encore engager la lutte dans ces conditions défavorables que de l'avoir elle-même derrière soi, invisible, mais menaçante et prête à paraître au moment décisif.

Au lieu de recevoir Léon dans son bureau, comme d'ordinaire, Byasson le fit monter à sa chambre, où il était sûr que personne ne pourrait venir les déranger et où il n'y avait pas d'oreilles indiscrètes à craindre. Mais si cette chambre était un lieu sûr, elle était en même temps un lieu encombré et si plein de toutes sortes de choses placées çà et là avec un beau désordre qu'il leur fallut un moment assez long et pas mal de travail avant de pouvoir trouver deux siéges pour s'asseoir.

Sur le canapé était un tableau tout nouvellement acheté et auquel il ne fallait pas toucher, car il n'était pas encore sec; les chaises étaient prises, celle-ci par un vase en bronze, celle-là par un ivoire, une autre par un tas de gravures; sur un fauteuil étaient de vieilles faïences, et debout dans les coins ou contre les meubles se dressaient en rouleau des tapis et des étoffes qui attendaient là depuis longtemps le moment où le maître s'étant décidé à faire construire la maison de campagne dont depuis quinze ans il portait et agitait le plan toujours nouveau, toujours changeant dans sa tête, on les emploierait enfin à l'usage pour lequel ils avaient été successivement achetés au hasard des occasions.

— Tu comprends bien, n'est-ce pas, mon cher enfant, dit Byasson, quelle est ma situation? Je suis le plus vieil ami de ton père et de ta mère, le plus intime; je suis le tien; je t'aime comme si tu étais mon fils, moi qui n'ai pas d'enfants et qui n'en aurai jamais d'autres que ceux dont tu me feras un jour le parrain. Tu dois trouver tout naturel et légitime que je me jette entre tes parents et toi au moment où vous allez vous séparer. Et que produira cette séparation? votre malheur, votre désespoir à tous. Je me trompe, elle fera le bonheur de quelqu'un; mais ce quelqu'un mérite-t-il que tu lui sacrifies et ta famille, et ton avenir, et ton honneur?

— Celle dont vous parlez sans la connaître m'aime et je l'aime.

— Sans la connaître! Mais je la connais comme tout Paris; sa notoriété est, par malheur, assez grande pour qu'on puisse parler d'elle avec la certitude que ce qu'on dira sera au besoin confirmé par vingt, par cent témoins qui viendront déposer dans leur propre cause. Je ne veux ni te peiner ni te blesser, mais il faut bien cependant que je te dise ce que j'ai sur le cœur, et tu dois sentir que ce n'est pas ma faute si mes paroles ne sont pas l'éloge de celle que tu crois aimer. Quelle est cette femme que tu préfères à ton père, à ta mère, à la famille, à la fortune, à l'honneur, et auprès de qui tu veux vivre misérablement dans une condition honteuse, dans une situation fausse qui n'a pas d'issue possible? Qu'a-t-elle pour elle qui excuse ta folie?

— Je l'aime.

— A-t-elle un grand talent? A-t-elle un grand nom? A-t-elle seulement la jeunesse ou la passion, ce qui explique, ce qui excuse toutes les folies? Tu sacrifies tout et tu te donnes à elle; pour combien de temps? Je veux dire combien de temps encore pourras-tu l'aimer : la vieillesse et une vieillesse rapide ne doit-elle pas vous séparer dans un avenir prochain? Tu sais comme moi, tu sais mieux que moi, quel est son âge. Elle pourrait être ta mère; ce n'est pas à toi qu'il faut le dire, toi qui l'as vue sous la cruelle lumière du matin, si terrible pour une femme de son âge.

Léon, blessé par ces paroles, ne pouvait guère s'en fâcher, il voulut essayer de sourire :

— Vous qui aimez tant les choses d'art, réfléchissez donc un peu, dit-il, à l'âge qu'avait Diane de Poitiers quand Jean Goujon la représenta nue.

— Quelle niaiserie!

— Cinquante ans, n'est-ce pas, et elle était adorée par son amant, qui en avait vingt-huit ou vingt-neuf; Hortense n'a pas cinquante ans, elle n'en a pas quarante; pour moi elle n'en a pas trente.

— Elle en aura soixante le jour où tombera le bandeau qu'elle t'a mis sur les yeux. Et que faut-il pour que cela arrive? un mot que tu entendras, la satiété peut-être, mieux que cela, la voix de ta dignité et de ta conscience qui te fera comprendre que cette femme ne te tient que par ce qu'il y a de mauvais en toi, et qui te fera sentir qu'elle n'a jamais éveillé en ton cœur rien de bon, rien de noble, rien de grand, rien de ce qui est la conséquence ordinaire de l'amour lorsqu'il existe entre deux êtres dignes l'un de l'autre. Me diras-tu qu'elle est digne de toi, toi que j'ai connu honnête, tendre, bon, généreux, toi qui portes écrites sur ton visage toutes les qualités qui sont dans ton cœur?

— Je vous dirai que vous parlez d'une femme que vous ne connaissez pas.

— Oui, mais tu ne me diras pas que tu as été séduit et entraîné par ces qualités qui, étant aussi en elle, se sont mariées aux tiennes. Tu as été séduit par ses défauts, par ses vices, par son savoir de vieille femme, qui depuis vingt-cinq ans a étudié, pratiqué, expérimenté sur le sujet vivant, dont elle fait rapidement un cadavre, toutes les rouéries de la passion qu'elle peut jouer, j'en suis convaincu, avec un art incomparable. Je les connais, ces habiletés de vieilles femmes qui se font les mères en même temps que les maîtresses de leurs jeunes amants, leur préparant d'une main expérimentée la cantharide ou le haschisch et de l'autre les enveloppant de flanelle. Voilà ce qui m'épouvante pour toi et me fait te tenir ce discours, que je t'épargnerais comme je me l'épargnerais moi-même, si, au lieu d'être aux mains de cette femme, tu aimais la première venue, une jeune fille, n'importe qui, la fille de ton concierge, dont le cœur ne serait pas pourri et gangrené.

— C'était à mon père qu'il fallait l'adresser, ce discours, quand j'aimais Madeleine.

— Je l'ai fait.

— Et vous n'avez point été écouté, pas plus que je ne l'ai été moi-même; vous voyez donc bien que ce n'est pas seulement leur caisse que mon père et ma mère veulent mettre à l'abri de mes prodigalités, c'est encore mon cœur qu'ils veulent protéger contre mes égarements, c'est ma vie qu'ils veulent prendre pour la diriger au gré de leurs idées, de leurs intérêts, de leur sagesse. Eh bien, je me suis révolté, et puisqu'on m'avait empêché de prendre pour femme, une jeune fille digne entre toutes de respect et d'amour, auprès de laquelle j'aurais vécu heureux dans ma famille, tranquillement, sans autres émotions que celles du bonheur et de la paix, j'ai pris pour maîtresse une femme qui a été assez habile, non pour me faire oublier celle que j'ai aimée, celle que j'aime toujours, car rien n'effacera de mon cœur le souvenir de Madeleine, mais pour me consoler. Et pour cela, j'en conviens, il fallait en effet que son art fût grand, très-grand. Mais pour tout le reste, ne croyez rien de ce que vous venez de dire, rayez la cantharide et la flanelle, ce n'est pas par là qu'Hortense me tient comme vous le pensez. Vous avez beaucoup trop d'imagination, et cette imagination n'est plus jeune, ce qui fait qu'elle va chercher de savantes complications là où les choses sont bien simples. Quand j'ai fait la connaissance d'Hortense, j'ai obéi à un caprice : elle me plaisait, voilà tout. Mais bientôt, j'ai appris à la connaître, et j'ai vu qu'elle valait mieux, beaucoup mieux qu'un caprice.

Aujourd'hui je l'aime et je suis heureux d'être aimé par elle. C'est là ce que vous appelez de la folie. Peut-être au point de vue de la raison pure, est-ce en effet de la folie, mais j'ai le malheur d'être ainsi fait que je préfère la folie qui me donne le bonheur à la sagesse qui ne me donnerait que l'ennui.

— Mais, malheureux enfant...

— Tout ce que vous pourrez me dire, croyez bien que je me le suis déjà dit : je gaspille ma jeunesse, je compromets mon avenir, je m'expose à être jugé sévèrement par ceux qui s'appellent les honnêtes gens, cela est vrai, je le sais, je le crois; mais j'aime, je suis aimé, je vis, je me sens vivre. Ah! je vous trouve tous superbes avec vos sages paroles : cette jeune fille que tu aimes n'a pas de fortune, il n'est pas sage de l'aimer, oublie-la, la sagesse c'est d'aimer une femme riche et bien posée dans le monde; cette autre que tu aimes n'est pas digne non plus de ton amour, il n'est donc pas sage de l'aimer; nous qui ne la connaissons pas, nous la connaissons mieux que toi. Eh bien, je l'aime, et rien ne me séparera d'elle. Quand ma famille me repoussait et me déshonorait, où ai-je trouvé de l'affection et de l'appui, si ce n'est près d'elle? Quand je suis sorti de l'audience, où sur la demande de mon père et de ma mère... de ma mère, Byasson, on venait de faire de moi une sorte de chose inerte, quels bras se sont ouverts pour me recevoir? les siens. Et vous voulez que maintenant je me sépare de cette femme qui m'a consolé dans le malheur, qui par tendresse pour moi s'est ruinée pour rester ma maîtresse, quand vous qui êtes riche vous m'avez déshonoré de peur que la centième, la millième partie peut-être de votre fortune soit compromise. Eh bien, non, je ne la quitterai pas; non, je ne l'abandonnerai pas, car ce serait une lâcheté et une infamie dont je ne me rendrai pas coupable. Ma folie raisonne, vous voyez bien, elle est donc incurable.

— Que tu penses à elle, je le comprends, mais ne penseras-tu pas à ton père, ne penseras-tu pas à ta mère?

— A qui ont-ils pensé lorsqu'ils ont présenté cette demande? à moi ou à eux?

— Ne parlons point du passé; parlons du présent. Que vas-tu faire?

— Rien pour le moment, je suis incapable de rien faire.

— Alors de quoi vivras-tu? Est-ce toi qui vas être l'amant de Cara puisque tu ne peux plus l'entretenir comme ta maîtresse?

— Vous oubliez que pour mes deux cent mille francs de dettes j'ai reçu de l'argent, il me reste cent mille francs, nous vivrons avec.

— Et quand ces cent mille francs seront dépensés, ton père et ta mère, morts de chagrin, t'auront laissé leur fortune, n'est-ce pas, et alors tu pourras la partager avec l'amie des mauvais jours, ce qu'elle espère?

Léon allait répondre; mais au moment même où il étendait le bras, on frappa à la porte du salon qui précédait la chambre.

— Laissez-nous, cria Byasson.

Mais on frappa de nouveau. Alors Byasson se levant avec colère alla ouvrir la porte.

— C'est une lettre pressée pour M. Léon Haupois dit le commis qui entra.

Byasson voulut repousser cette lettre, mais malgré la distance Léon avait entendu ces quelques mots.

Il arriva; de loin il reconnut le papier et le chiffre

de Cara. Il prit la lettre, mais, chose étrange, l'adresse était d'une écriture qu'il ne connaissait pas; vivement il l'ouvrit.

« Madame vient de se trouver mal; le médecin est très-inquiet; madame prononçant votre nom à chaque instant j'ose vous prévenir de ce qui se passe.

» LOUISE. »

Alors s'adressant à Byasson :
— Nous reprendrons cet entretien quand vous voudrez, dit-il, il faut que je vous quitte.

XVIII

Lorsque Léon arriva rue Auber, il trouva sa maîtresse sans connaissance étendue sur son lit, et auprès d'elle un jeune médecin qu'on avait été chercher au hasard du voisinage, qui s'appliquait à la faire revenir à elle.
— C'est une syncope, rassurez-vous, il n'y a pas de danger, d'ailleurs je crois qu'elle va cesser.

En effet, au bout de quelques instants, Cara promena ses yeux autour d'elle d'un air égaré, puis apercevant Léon, le reconnaissant, elle lui jeta les deux bras autour du cou, et, l'attirant à elle par un mouvement passionné, elle éclata en sanglots spasmodiques.

— Maintenant, dit le médecin, madame n'a plus besoin que de repos et de calme; je puis me retirer.

Et il s'en alla avec l'attitude modeste d'un homme

qui n'a pas la conviction d'avoir accompli un miracle.

Léon s'installa auprès du lit de Cara, et celle-ci lui ayant pris la main, qu'elle garda dans la sienne, ils restèrent ainsi assez longtemps sans parler ; malgré le désir qu'il en avait, Léon n'osait l'interroger, le médecin ayant prescrit le repos et le calme.

Enfin, Cara se trouva assez bien elle-même pour prendre la parole :

— Pauvre ami, dit-elle, comme je suis heureuse que tu sois revenu ! c'est ta voix qui m'a ressuscitée ; je crois bien que j'étais en train de mourir ; je ne souffrais pas, je ne sentais rien, je ne voyais rien ; je serais peut-être restée longtemps, toujours dans cet état, si tout à coup ta voix n'avait retenti dans mon cœur, et alors il m'a semblé que je me réveillais ; comme tu as été bien inspiré de revenir !

— Je n'ai pas été inspiré ; je suis revenu parce que Louise m'a écrit que tu étais malade.

— Comment, Louise ?

— Elle m'a écrit parce qu'elle était effrayée, et elle m'a dit de venir tout de suite.

— Je comprends qu'elle ait été effrayée. Après ton départ, j'ai pensé à ce que tu venais de me dire, et je me suis imaginé, pardonne-moi, que ton ami Byasson allait si bien te prêcher et te circonvenir que nous ne nous verrions plus. Alors, j'ai été prise d'un anéantissement, mon cœur a cessé de battre, mes yeux ont cessé de voir, j'ai poussé un cri, Louise est accourue et je ne sais plus ce qui s'est passé : quand j'ai recouvré la vue, j'ai rencontré tes yeux.

— C'est pendant cette syncope que Louise effrayée

m'a écrit ; mais comment a-t-elle su que j'étais chez Byasson ?

— Je ne sais pas, il faudra le lui demander. Assurément ce n'est pas moi qui le lui ai dit, car je suis fâchée qu'elle t'ait écrit.

— Comment, tu es fâchée que je sois revenu ?

— Cela paraît absurde, n'est-ce pas, cependant cela ne l'est pas. Oui, je suis heureuse, la plus heureuse des femmes que tu sois revenu, mais j'aurais voulu que tu revinsses de ton propre mouvement et non pas ramené par la lettre de Louise. Si ton ami Byasson t'a emmené chez lui, ce n'était point, n'est-ce pas, pour te montrer ses tableaux ou ses curiosités, c'était pour tâcher de te décider à te séparer de moi et à rentrer chez ton père. Ne me dis pas non, c'est cette pensée, ce sont ces discours que j'entendais qui m'ont étouffée et qui ont provoqué ma syncope. Quand j'en suis venue à bien préciser la situation et à me dire : écoutera-t-il la voix de son ami ou écoutera-t-il celle de son amour ? retournera-t-il chez son père ou reviendra-t-il ici ? l'angoisse a été si poignante que je me suis évanouie. Mais, malgré tout, malgré l'état affreux dans lequel j'étais, j'aurais voulu que Louise ne t'écrivît pas. Livré à toi-même tu aurais seul décidé cette situation, c'est-à-dire notre avenir à tous deux, ma vie à moi. C'était une épreuve, elle eût été telle qu'il ne serait plus resté de doute après. Si tu avais été chez ton père, je serais peut-être morte, mais qu'importe la mort, c'est la fin. Au contraire, si tu étais revenu près de moi, librement, quelle joie ! Tu veux me dire que tu es venu, cela est vrai, mais tu es venu, tu l'as reconnu tout à l'heure, parce que Louise t'a écrit que j'étais en danger. Il n'y a pas eu lutte dans ton cœur ; il n'y a pas eu choix. Et c'était sortir triomphante de cette lutte que j'aurais voulu. C'était ce choix qui aurait calmé mes alarmes. Tu es accouru après avoir lu la lettre de Louise, la belle affaire en vérité chez un homme tel que toi qui est la bonté même ! Pitié n'est pas amour. Aussi je veux que tu retourne chez ton ami Byasson, non tout de suite, mais demain, après-demain, il reprendra son prêche où il a été interrompu, et tu décideras en connaissance de cause, librement.

Il arrive bien souvent qu'on ne permet une chose que pour la défendre.

Léon, devant retourner chez Byasson pour faire un choix entre sa famille et sa maîtresse, n'y retourna pas, car y aller eût été avouer qu'il pouvait être indécis, et que la lettre de Louise l'avait précisément arraché à cette indécision.

Quant à la façon dont cette lettre lui était parvenue, il en avait eu, même sans la demander, l'explication la plus simple et la plus naturelle : dans sa crise, Cara avait prononcé plusieurs fois, sans en avoir conscience, le nom de Byasson, et Louise, perdant la tête, avait imaginé qu'il fallait envoyer chez ce monsieur dont elle avait trouvé l'adresse dans le *Bottin*.

Byasson, ne voyant pas Léon revenir bientôt comme celui-ci en avait pris l'engagement, lui écrivit ; mais Léon ne reçut pas ses lettres qui furent remises à Louise par la concierge, et par Louise à Cara ; alors il vint lui-même rue Auber, mais il eut beau sonner, sonner fort, on ne lui ouvrit pas. Il sonna à la porte de Cara, Louise lui répondit que madame était à la campagne. Il revint le lendemain ; le concierge, sans le laisser monter, l'arrêta pour lui dire que M. Léon Haupois était en voyage ; quelques jours après on lui fit la même réponse.

C'était évidemment un parti pris ; le mieux dans ces conditions était donc de ne pas brusquer les choses ; il était plus sage d'attendre, de veiller et de saisir une occasion favorable quand elle se présenterait ; ce qui devait arriver un jour ou l'autre.

Cara eut alors toute liberté de pratiquer sur Léon le système de l'absorption, à petites doses, lentement, savamment, et chaque jour elle se rendit plus chère, surtout plus indispensable.

Vivant sous le même toit, ils ne se quittèrent plus, et, peu à peu, ils en vinrent à sortir ensemble, le soir d'abord pour aller au théâtre dans une baignoire qu'ils louaient pour eux seuls et où ils se tenaient serrés, l'un contre l'autre, les jambes enlacées, la main dans la main, écoutant, riant, s'attendrissant ensemble.

Mais le soir ne leur suffit plus, et on les vit tous deux aux courses, d'abord à la Marche, à Porchefontaine, au Vésinet, où l'on a pour ainsi dire l'excuse de la partie de campagne, puis à Chantilly, puis enfin à Longchamps, devant tout Paris.

Le jeudi, il l'accompagna à Batignolles, rue Legendre, et rapidement il devint l'ami, le père des enfants qui, très franchement, se prirent pour lui d'une belle passion ; il joua avec eux ; il prit plaisir à leur faire des surprises de joujoux, de gâteaux ou de bonbons ; il les emmena à la campagne, en voiture, avec leur tante, bien entendu, dîner dans les bois ou au bord de l'eau.

— Quel bon père, quel bon Papa-Gâteau tu ferais ! disait-elle.

Bientôt il n'y eut plus qu'un jour par mois, le 17, où Cara le laissa seul, celui où elle allait au Père-Lachaise, en pèlerinage au tombeau du duc de Carami. Une fois il vint avec elle jusqu'à la porte du cimetière. Puis, la fois suivante, comme elle était souffrante et pouvait à peine se traîner, il lui donna le bras pour l'aider à monter jusqu'au tombeau, et ensuite il l'accompagna toujours.

C'était beaucoup pour Cara que Léon ne pût pas se passer d'elle, mais ce n'était pas assez pour ses desseins ; il lui fallait plus ; il fallait qu'il s'habituât à voir en elle plus qu'une maîtresse, si agréable, si séduisante que fût cette maîtresse.

Lorsqu'ils allaient aux courses, Léon ne restait pas toujours à ses côtés comme un jaloux, et alors quand elle était seule dans sa voiture, ses anciens amis, quelques-uns de ses anciens amants, les hommes du monde dans lequel elle avait vécu l'entouraient, les uns pour lui donner une banale poignée de main, les autres pour causer plus intimement avec elle.

Un jour, en revenant, elle se montra si distraite, si préoccupée que Léon ne put pas ne pas lui demander ce qu'elle avait. Elle répondit qu'elle n'avait rien ; mais son ton démentait ses paroles.

Enfin, après le dîner, lorsqu'ils furent en tête à tête, côte à côte, elle se décida à parler :

— Sais-tu qui j'ai vu tantôt à Longchamps ? Salzondo.

Léon laissa échapper un mouvement de contrariété ; car, malgré l'histoire des perruques, la liaison de Salzondo avec Cara avait été si notoire, si publique, que ce nom ne pouvait pas être doux à ses oreilles.

— Sais-tu ce qu'il m'a proposé? continua-t-elle. Tout d'abord, et pour la centième fois, de redevenir pour lui ce que j'étais il y a quelques années; puis, quand il a été bien convaincu que je n'y consentirais jamais, il m'a tout simplement demandé d'être sa femme, sa vraie femme, c'est-à-dire devant le maire.

— Et tu as répondu? demanda-t-il d'une voix mal assurée.

— Que je réfléchirais; car enfin la chose mérite d'être pesée. Etre la femme de Salzondo n'est pas plus sérieux que d'être sa maîtresse; seulement, on a un mari, une position dans le monde, une belle fortune; et tout cela c'est quelque chose. Tu me diras que ce n'est rien quand on aime et qu'on est aimée; cela est vrai, mais il faut remarquer qu'un pareil mariage n'empêche pas d'être aimée par celui qui est maître de votre cœur et d'être à lui corps et âme. De plus, ce mariage, s'il se faisait, te permettrait de te réconcilier avec ta famille, et c'est là encore une considération d'un poids considérable. Combien de fois, pensant à cette rupture, je me dis que, si jamais tu cesses de m'aimer, ce sera elle qui te détachera de moi : femme de Salzondo....

— Hortense ! s'écria-t-il en se levant avec colère.

Alors elle aussi se leva et, le prenant dans ses deux bras :

— Tu me tuerais, n'est-ce pas ? dis-moi que tu me tuerais si j'étais assez misérable pour écouter de pareilles considérations. Mais, sois tranquille, si je sais voir où est la sagesse, je ne puis aller que là où est l'amour.

Et tout de suite ouvrant son buvard, elle se mit à écrire :

« Mon cher Salzondo.

» J'ai réfléchi à votre proposition et j'en suis touchée comme je dois l'être, mais... mais quand le cœur est pris, (et il est bien pris, je vous le jure), la raison, la sagesse, même le vice, ne peuvent rien contre lui.

» Je resterai toujours votre amie, mais rien que votre amie

» CARA. »

Elle donna ce billet à lire à Léon, puis l'ayant mis dans une enveloppe, elle sonna.

Louise parut :

— Va jeter tout de suite cette lettre à la poste.

Quand Louise fut sortie, Cara vint se rasseoir près de Léon :

— Êtes-vous content, mon maître? moi, je suis la plus heureuse des femmes, et toute ma vie je serai reconnaissante à Salzondo d'abord de m'avoir montré qu'il m'estimait assez pour m'épouser, et aussi et surtout de t'avoir inspiré ce geste de colère qui prouve mieux que tout combien tu m'aimes. Tu m'aurais tuée !

XIX

Pendant ce temps, Byasson attendait toujours l'occasion favorable qui devait lui permettre de faire auprès de Léon une nouvelle tentative plus efficace que la première.

Mais il attendit en vain : on avait des nouvelles de Léon par quelques-uns de ses anciens camarades et notamment par Henri Clergeau ; mais Léon lui-même ne donnait pas signe de vie ; aux lettres les plus pressantes aussi bien qu'aux demandes de rendez-vous, il ne répondait point, et quand ses amis, cédant aux instances de Byasson, voulaient aborder ce sujet avec lui, il leur fermait la bouche dès le premier mot ; Henri Clergeau, ayant voulu insister et revenir à la charge, n'avait obtenu que des paroles de colère qui avaient amené une brouille entre eux.

— J'ai assez d'un conseil judiciaire, avait dit Léon, je ne veux point d'un conseil d'amis.

Avec ses créanciers, Rouspineau, Brazier, Léon avait pratiqué ce même système de faire le mort, et il les avait renvoyés à son conseil judiciaire ; il n'avait rien, (son appartement était au nom de Cara), il ne pouvait rien : c'était à son père de payer si celui-ci le voulait bien, sinon il payerait plus tard lui-même quand il le pourrait ; et il n'avait pas pris autrement souci de leurs réclamations, se disant qu'ils lui avaient fait payer assez cher l'argent qu'ils lui réclamaient pour attendre. L'attente n'était-elle pas justement un des risques sur lesquels ils avaient basé leurs opérations ?

Heureusement pour Rouspineau et pour Brazier, M. et madame Haupois-Daguillon s'étaient montrés de bonne composition : afin de sauver l'honneur de leur nom commercial, ils avaient pris l'engagement de payer les billets à leur échéance, mais à condition qu'ils seraient protestés pour la forme, et surtout à condition plus expresse encore que cet arrangement serait tenu secret, de manière à ce que Léon ne le connût jamais.

Le jour où une indiscrétion serait commise ils ne payeraient plus.

Fatigué, agacé de voir qu'il n'obtiendrait rien de Léon, Byasson voulut risquer une tentative auprès de Cara, et il lui écrivit pour lui demander une entrevue.

Si Cara ne voulait pas que Léon fût exposé aux attaques amicales de Byasson, qui pouvaient l'émouvoir et à la longue l'ébranler, elle n'avait pas les mêmes craintes pour elle-même. D'avance elle était bien certaine de ne pas se laisser toucher, si pathétique, si entraînante que fût l'éloquence de Byasson; c'est au théâtre qu'on voit les Marguerite Gauthier se laisser prendre aux arguments d'un père noble et se contenter d'un baiser, « le seul vraiment chaste qu'elles aient reçu », pour le paiement de leur sacrifice; dans la réalité les choses se passent d'une façon moins scénique peut-être, mais à coup sûr plus sensée. D'ailleurs, elle avait intérêt à voir Byasson et à apprendre de lui combien M. et madame Haupois étaient disposés à payer la liberté de leur fils.

Elle donna donc à Byasson le rendez-vous que celui-ci lui demandait, et, pour être sûre de n'être point dérangée, elle envoya Léon à la campagne.

Byasson arriva à l'heure fixée, et, pour la première fois, cette porte, à laquelle il avait si souvent sonné, s'ouvrit toute grande devant lui.

Cara était dans sa chambre, et, comme une bonne petite femme de ménage, elle s'occupait à recoudre des boutons aux chemises de Léon, dont une pile, revenant de chez le blanchisseur, était placée devant elle sur une table à ouvrage; ce fut donc l'aiguille à la main, travaillant, que Byasson la surprit.

Elle se leva vivement, avec une sorte de confusion, pour lui offrir un siége.

Byasson avait préparé ce qu'il aurait à dire, il entama donc l'entretien rapidement et franchement :

— Vous savez, dit-il, que je suis un commerçant, nous parlerons donc, si vous le voulez bien, le langage des affaires, et j'espère que nous nous entendrons, si, comme j'ai tout lieu de le supposer, vous êtes une femme pratique.

Cara se mit à sourire.

— Je viens vous faire une proposition : combien vaut pour vous mon ami Léon?

— La question est originale.

— Il y a acheteur.

— Mais vous ne savez pas s'il y a vendeur, il me semble?

— C'est à vous de le dire : vous avez; moi je demande.

— A livrer quand?

— Tout de suite.

— Et vous payez tout de suite aussi?

— Nous ne sommes pas précisément pressés, mais je vous ferai remarquer qu'entre vos mains la valeur que vous avez se déprécie.

— Ce n'est pas mon opinion; elle gagne, au contraire, puisque chaque jour qui s'écoule, étant un jour de vie, rend plus prochaine la réalisation de mes espérances.

— Enfin c'est à vous de faire votre prix, et non à moi.

— J'avoue que vous me prenez au dépourvu, car il me faudrait une table de probabilités pour la mortalité, comme en ont les compagnies d'assurances, et je n'ai pas cette table; en réalité votre question se résume à ceci : combien l'un ou l'autre de M. ou de madame Haupois-Daguillon ont-ils encore de temps à vivre; et franchement je n'en sais rien; vous êtes mieux que moi renseigné à ce sujet; ont-ils des infirmités, suivent-ils un bon régime, le cœur est-il solide, les poumons fonctionnent-ils bien ? Je ne sais pas; il y aurait vraiment loyauté à vous de me renseigner. Vivront-ils longtemps encore ? Mourront-ils bientôt ? Faites-moi une offre raisonnable; nous discuterons, et j'espère que nous nous entendrons, si, comme j'ai tout lieu de le supposer, vous êtes un homme pratique.

Byasson avait cru que sur le terrain commercial il aurait meilleur marché de Cara, il vit qu'il s'était trompé, et il resta un moment sans répondre.

— Alors, vous ne voulez pas jouer cartes sur table? dit-elle, en continuant; je croyais que vous me l'aviez proposé, mettons que je me suis trompée. C'est donc à moi de faire mon compte. Je vais essayer. Quand j'ai connu votre ami, j'avais un mobilier qui valait plus de 600,000 fr. Votre ami s'étant trouvé dans une mauvaise situation, j'ai dû pour lui venir en aide, vendre ce mobilier. Vous savez ce qu'est une vente forcée. De ce qui valait 600,000 fr., j'ai tiré 300,000 fr. environ. C'est donc 300,000 fr. que votre ami me doit de ce chef. De plus je lui ai prêté 100,000 fr. De plus encore, j'ai fait pour son compte diverses dépenses, dont je puis fournir état, s'élevant à environ 100,000 fr. Cela nous donne un total de 500,000 francs dont je suis créancière et sur lesquels il n'y a pas un sou à diminuer. Maintenant, à ces 500,000 francs il faut ajouter ce qui m'est nécessaire pour vivre honnêtement en veuve de Léon, et je ne pense pas que vous trouverez que ma demande est exagérée si je la porte à 25,000 francs de rente, c'est à dire un capital de 500,000 francs. En tout, et répondant à votre question, je vous dis que pour moi votre ami Léon vaut un million, si je vends tout de suite et comptant, deux si je vends à terme. Qu'est-ce que vous offrez?

Quand on est né sur les bords du gave d'Oloron, on n'a pas beaucoup de flegme; Byasson fit un saut sur sa chaise:

— Vous vous imaginez donc que Léon vous aimera toujours? s'écria-t-il.

— Aimer! dit-elle en souriant, je croyais que nous parlions le langage des affaires, au moins vous m'aviez dit que telle était votre intention; est-ce qu'avec une femme comme moi un homme tel que vous peut employer un autre langage?

— Mais...

— Vous voulez maintenant que nous parlions sentiment; très-volontiers, et à vrai dire cela m'agrée: le sentiment, mais c'est notre fort à nous autres. Vous venez de me demander superbement si je m'imaginais que Léon m'aimerait toujours. Je ne peux pas répondre à cela, car toujours c'est bien long. Seulement ce que je peux vous dire c'est que quand je voudrai Léon m'épousera. A combien estimez-vous la fortune de M. et de madame Haupois-Daguillon? Dix millions, n'est-ce pas? Ils ont deux enfants; la part d'héritage de Léon sera donc de cinq millions. Or, c'est cinq millions que j'abandonne pour un million. C'est-à-dire que si j'étais une femme d'argent et rien que cela, je ferais un marché de dupe. Mais si je ne suis pas une honnête femme selon vos idées, je suis une femme d'honneur, et puisque nous parlons maintenant sentiment j'ai le droit de dire que j'ai le sentiment de la famille. Voilà pourquoi je n'ai pas voulu jusqu'à ce jour que Léon m'épouse. Mais vous comprendrez qu'après cette entrevue, je n'aurais plus les mêmes scrupules si vous, mandataire de cette famille que je voulais ménager, vous repoussiez l'arrangement que je n'ai pas été vous proposer, mais que, sur votre demande, je veux bien accepter. Et n'imaginez pas qu'en parlant ainsi je me vante et j'exagère mon pouvoir sur Léon : quand je le voudrai j'en ferai mon mari, et vous devez sentir qu'il faut que je sois bien sûre de ma force, puisqu'à l'avance, et sans craindre que vous puissiez m'opposer une résistance efficace, je vous dis ce que je ferai si nous ne nous mettons pas d'accord sur notre chiffre. Vous connaissez Léon, son caractère, sa nature; c'est un garçon au cœur tendre et à l'âme sensible. Quand ces gens-là aiment, ils aiment bien, et vous savez qu'il m'aime, car s'il ne m'aimait pas il serait rentré dans sa famille, lui qui est la bonté même, pour ne pas désoler sa mère et son père. Pourquoi ne l'a-t-il pas fait? Parce qu'il ne peut pas se détacher de moi, attendu que je le tiens par le sentiment aussi bien que par toutes les fibres de son être; en un mot, parce que je lui suis indispensable. Ah! c'est dommage que vous ne l'ayez pas marié jeune; comme il eût aimé sa femme! il a tout ce qu'il faut pour le mariage, la tendresse, la douceur, l'amour du foyer et aussi la fidélité : il y a des hommes ainsi faits qui n'aiment qu'une femme; tout d'abord ils l'aiment un peu, puis beaucoup, puis passionnément comme dans le jeu des marguerites, puis toujours davantage ; et ces hommes sont plus communs qu'on ne pense ; il y a les timides, les bêtes d'habitude, etc., etc. Mais vous connaissez Léon mieux que moi ; je n'ai donc rien à vous dire. C'est vous qui avez à me répondre.

— Je vous aurais répondu si vous m'aviez parlé sérieusement.

— Je vous jure que je n'ai jamais été plus sérieuse, et il me semble que, si vous voulez bien réfléchir à mes chiffres, vous verrez combien ils sont modérés. Je voudrais que la question pût se traiter devant Léon, vous verriez s'il vous dirait que le bonheur que je lui ai donné ne vaut pas 500,000 fr. Songez donc que, depuis que je l'aime, il n'a pas eu une minute d'ennui, de lassitude ou de satiété. Croyez-vous que cela ne doit pas se payer? Croyez-vous que quand une femme s'est exterminée pour offrir à un homme cette chose rare et précieuse qu'on appelle le bonheur, elle n'est pas en droit de se plaindre qu'on vienne la marchander? Vous vous imaginez donc qu'il est facile de les rendre heureux vos beaux fils de famille, élevés niaisement, qui ne prennent intérêt à rien, qui n'ont de passion pour rien, qui n'ont d'énergie que pour satisfaire leur vanité bourgeoise, et qui nous prennent, non pour ce que nous sommes, non pour notre beauté ou notre esprit, mais pour notre réputation qui flatte leur orgueil; eh bien ! je vous assure que la tâche est rude et que celles qui la réussissent gagnent bien leur argent. Mais je ne veux pas insister; vous réfléchirez, et vous verrez combien ma demande est modeste.

Elle se leva, et comme Byasson restait décontenancé par le résultat de leur entretien, elle continua :

— Voulez-vous me permettre de vous montrer, pour le cas où vos réflexions seraient longues, que Léon peut attendre sans être trop malheureux?

Et, souriante, légère, elle le promena dans son appartement, le salon, la salle à manger, même le cabinet de toilette :

— Voilà mon arsenal, dit-elle; vous voyez qu'il est vaste; pour nous autres, c'est la pièce la plus importante de notre appartement.

Et elle se mit à lui ouvrir ses armoires, ses tiroirs, lui montrant ce qui lui restait de bijoux et de curiosités. Pour cela, elle venait à chaque instant s'asseoir près de lui, sur un sopha, et il était impossible de déployer plus de gracieuseté, plus de chatteries qu'elle n'en mettait dans ses paroles et dans ses mouvements; elle eût voulu séduire Byasson qu'elle n'eût pas été plus aimable.

Pendant quelques instants, il la regarda en souriant, ils étaient l'un contre l'autre, les yeux dans les yeux.

— A quoi donc pensez-vous? demanda-t-elle avec câlinerie.

— Je pense que si j'étais le père de Léon, je vous étranglerais là sur ce sopha comme une bête malfaisante.

Elle se releva d'un bond, puis se mettant bientôt à rire :

— Evidemment ce serait économique, mais ça ne se fait plus ces choses-là : au revoir cher monsieur; je prends votre boutade pour un compliment.

XX

Un million !

Ce fut le mot que Byasson se répéta en allant de la rue Auber à la rue Royale, pour raconter à M. et à madame Haupois-Daguillon son entrevue avec Cara.

Byasson, qui avait gagné lui-même ce qu'il possédait, sou à sou d'abord, franc à franc ensuite, et seulement après plusieurs années de travail acharné par billets de mille francs, savait ce que valait un million, et ce que cette somme, dont tant de gens parlent souvent sans en avoir une idée bien exacte, représentait d'efforts, de peines et de combinaisons même pour les heureux de ce monde.

Un million! Elle avait bon appétit mademoiselle Hortense Binoche, et elle s'estimait à haut prix.

Quand M. et madame Haupois-Daguillon entendirent parler d'un million, ils faillirent être suffoqués tout d'abord par la surprise et ensuite par l'indignation.

— Assurément vous avez raison de pousser de hauts cris, dit Byasson, et cependant je vous conseillerais de donner ce million si j'étais bien convaincu qu'il vous débarrassera à jamais de cette femme.

— Y pensez-vous !

— J'y pense d'autant mieux que maintenant je la connais; je l'ai vue de près et je sais de quoi elle est capable : or elle est capable, parfaitement capable, de se faire épouser par Léon.

— Mon fils !

Si Cara n'avait demandé qu'une somme peu importante, on aurait pu entrer en arrangement avec elle ; mais quel arrangement tenter en prenant un million pour base des conditions de la paix ? cent mille francs, on les aurait donnés ; un million ce serait folie de le risquer en ayant si peu de chances de réussir.

Et cependant il fallait faire quelque chose ; plus que tout autre, Byasson qui avait vu Cara en sentait la nécessité, et il avait fait partager ses craintes à madame Haupois-Daguillon.

Alors il se passa ce qui arrive bien souvent dans les cas désespérés : tandis que madame Haupois-Daguillon, qui était pieuse, demandait un miracle à Dieu, à la Vierge et à tous les saints du paradis, Byasson qui n'avait pas la même confiance dans les moyens surnaturels se décidait à risquer une tentative pour voir s'il ne pourrait pas obtenir aide et assistance auprès de l'autorité. Ancien juge au tribunal de commerce, membre de plusieurs commissions permanentes du ministère de l'agriculture et du commerce, il avait des relations dans le monde officiel dont il pouvait user et même abuser, et il n'hésita pas à recourir à leur influence plus ou moins légitime pour arracher Léon des mains de Cara. Il lui était resté dans la mémoire des histoires de femmes appartenant au monde de Cara qui avaient été expulsées de Paris ou qu'on avait fait enfermer ; pourquoi ne lui accorderait-on pas une mesure de ce genre ? Si on la lui refusait, peut-être lui procurerait-on, peut-être lui suggérerait-on un autre moyen d'arriver à ses fins : ce n'était pas dans des circonstances aussi graves qu'on pouvait se permettre de rien négliger ; le possible, l'impossible devaient être tentés.

Il connaissait à la préfecture de police un haut fonctionnaire sous la direction duquel se trouvaient les arrestations et les expulsions, ainsi que le service des mœurs. Il l'alla trouver, accompagné de M. Haupois-Daguillon, et il lui exposa son cas : le fils de son meilleur ami, Léon Haupois-Daguillon, était l'amant d'une femme connue sous le nom de Cara dans le monde de la galanterie, et cette femme menaçait de se faire épouser si on ne lui payait pas la somme d'un million ; dans ces conditions, que faire ? Le jeune homme était si aveuglé, si fasciné qu'il se pouvait très-bien qu'il se laissât entraîner à ce honteux mariage.

M. Haupois ne put pas laisser passer cette parole sans dire que pour lui il ne croyait pas ce mariage possible ; mais, bien que, jusqu'à un certain point, rassuré de ce côté, il n'en désirait pas moins voir finir une liaison déshonorante qui faisait son désespoir et celui de toute sa famille.

— Et qui vous fait espérer que ce mariage n'est pas possible ? demanda le fonctionnaire de la préfecture.

— Les idées d'honneur et de respect dans lesquelles mon fils a été élevé.

— Vous êtes heureux, monsieur, d'avoir vécu dans un monde où l'on croit à la toute-puissance de l'honneur et du respect, et d'être arrivé à votre âge sans avoir reçu de l'expérience de cruelles leçons. Pour nous, nos fonctions ne nous laissent pas ces illusions consolantes ; nous voyons chaque jour à quels abîmes les passions peuvent entraîner les hommes, même ceux qui ont reçu les plus pures leçons d'honneur et de vertu ; aussi ne disons-nous jamais à l'avance qu'une chose est impossible, par cela seul qu'elle a les probabilités les plus sérieuses contre elle : au contraire, nous savons que tout est possible, même l'impossible, alors surtout qu'il s'agit de passion.

— La passion n'est pas la folie, s'écria M. Haupois-Daguillon.

— Assurément, le fou n'a pas la conscience de ses actions, et l'homme passionné a cette conscience ; le fou agit au hasard, sans savoir s'il fait le bien ou le mal, et l'homme passionné agit en sachant ce qu'il fait mais trop souvent il n'y a plus ni bien ni mal pour lui, il n'y a que satisfaction de sa passion ; on a dit : « l'homme s'agite et Dieu le mène », mais il faut dire aussi : « l'homme s'agite et ses passions le mènent. » Où la passion dont monsieur votre fils est possédé le conduira-t-elle ? Je n'en sais rien. Je veux espérer avec vous que ce ne sera pas à ce mariage dont M. Byasson se montre effrayé. Cependant, je dois vous dire que, si cette femme veut se faire épouser, elle est parfaitement capable d'arriver à ses fins. Je la connais, et je l'ai eue dans ce cabinet, à cette place même où vous êtes assis en ce moment, monsieur, — il adressa ces paroles à M. Haupois-Daguillon — à l'époque où elle était la maîtresse du duc de Carami. Effrayée, elle aussi, de voir son fils aux mains de cette femme qui se faisait alors appeler Hortense de Lignon, madame la duchesse de Carami vint me trouver comme vous en ce moment, messieurs ; elle me demanda de sauver son fils, car il arrive bien souvent, trop souvent, hélas ! que des familles éperdues, qui n'ont plus de secours à attendre de personne, s'adressent à nous comme à la Providence, ou plus justement comme au diable. Je ne connaissais pas alors cette Hortense, ou tout au moins, je ne savais d'elle que fort peu de chose, enfin je ne l'avais pas vue ! Je fis prendre des renseignements sur elle, et ceux que j'obtins furent d'une telle nature que je m'imaginai, — j'étais bien entendu, plus jeune que je ne suis, — je m'imaginai que si le duc connaissait ces notes, il quitterait immédiatement sa maîtresse, si grand que pût être l'amour qu'il ressentait pour elle.

— Et vous avez toujours ces notes? demanda M. Haupois-Daguillon.

— Je les ai. Vous comprenez que je n'eus pas la naïveté de les lui communiquer tout simplement. Des rapports de police ! on ne croit que ceux qui parlent de nos ennemis ; comment un amant épris aurait-il ajouté foi à ceux qui parlaient de sa maîtresse ? Il fallait quelque chose de plus précis. Je fis cacher le duc derrière ce rideau, cela ne fut pas très-facile ; mais enfin j'en vins à bout, et lorsque mademoiselle de Lignon, — c'est Cara que je veux dire, — arriva, je racontai à celle-ci sa vie entière, avec pièce à l'appui de chaque fait allégué, de telle sorte qu'elle ne put nier aucune de mes accusations. Vous sentez que c'était pour le duc que je racontais, et comme sa maîtresse était contrainte par les preuves que lui mettais sous les yeux de passer condamnation à chaque fait, il était à croire, n'est-ce pas, que M. de Carami serait édifié quand j'arriverais au bout de mon récit. Je n'y arrivai pas. A un certain moment, Cara dont les soupçons avaient été éveillés par le ton dont je lui parlais et aussi probablement par quelque regard maladroitement lancé du côté du rideau, se leva vivement et courut à ce rideau qu'elle souleva. Une explication suivit ce coup de théâtre, et alors je pus parler plus fortement que je ne l'avais fait jusqu'à ce moment. Quel fut selon vous le résultat de cette explication? Cara manœuvra si bien que le duc lui offrit son bras et qu'ils sortirent de mon cabinet plus fortement liés l'un à l'autre que lorsqu'ils étaient entrés. Désolée de cette faiblesse, madame la duchesse de Carami obtint que Cara serait mise à Saint-Lazare. Elle y resta deux jours. Le troisième, je reçus l'ordre de la faire mettre en liberté; et il n'y avait pas à discuter cet ordre, qui avait été obtenu grâce aux toutes-puissantes protections dont dispose sa sœur dans un certain monde. Une fille avait eu plus de pouvoir que la duchesse de Carami, car cette sœur de Cara n'est rien autre chose qu'une fille, comme Cara elle-même d'ailleurs; ces deux femmes, au lieu de se faire concurrence, ont eu la sagesse de se partager les rôles, l'une a travaillé dans le monde officiel, l'autre dans le monde de l'argent; elles se sont aidées, elles ne se sont pas contrariées. Aujourd'hui, par considération pour vous, messieurs, et sur votre demande, je puis encore envoyer Cara à Saint-Lazare, mais je vous préviens d'avance qu'elle n'y restera pas longtemps. Je ne puis donc rien pour vous, et j'en suis désolé. Mais, hélas! il n'y a plus de pouvoir qui protége les familles; nous ne sommes plus au temps où l'on pouvait expédier Manon Lescaut à la Louisiane. Nous ne sommes même plus au temps où, par la contrainte par corps, on pouvait, en coffrant les jeunes gens à Clichy, les séparer de leursss maîtres:

M. Léon Haupois a fait pour deux cent mille francs de billets, m'avez-vous dit, nous aurions là une arme excellente ; une fois à Clichy, il aurait eu le temps de se déshabituer de sa maîtresse, et la force de l'accoutumance, si puissante en amour, brisée, vous auriez eu bien des chances pour rompre définitivement cette liaison. Je me sens si incapable, et vous, — il se tourna vers M. Haupois, — et vous, monsieur, je vous vois si faible en présence du danger qui vous menace que j'en viens à vous dire : souhaitez que votre fils manque à cet honneur que vous invoquiez si haut il y a quelques instants ; qu'il se fasse condamner, et nous l'arrachons à cette femme : il serait en prison, il serait à la Nouvelle-Calédonie, je vous le rendrais et il reviendrait, j'en suis sûr, un honnête homme ; il est dans la chambre de Cara, je ne puis rien sur lui, rien pour lui, et je ne sais pas ce qu'il deviendra.

XXI

Bien que la parole du fonctionnaire de la préfecture de police eût produit une profonde impression sur M. Haupois-Daguillon, elle ne l'avait cependant pas convaincu que Léon pût jamais en venir à prendre Cara pour femme.

— Assurément, dit-il à Byasson en sortant, il y a de l'exagération. Le spectacle continuel du mal conduit à un pessimisme désolant : la passion, la passion, grand mot, mais le plus souvent petite, très-petite chose; enfin nous verrons, nous aviserons; en réalité, il n'y a pas urgence à agir dès demain; certes, j'ai grande hâte de voir cette liaison rompue, et j'ai grande hâte aussi de voir l'enfant prodigue revenir à la maison paternelle, mais enfin il ne faut rien compromettre.

Cependant M. Haupois-Daguillon ne put pas prendre le temps de réfléchir et d'aviser lentement, prudemment, sans rien compromettre, comme il l'avait espéré, car une lettre du curé de Noiseau vint à quelques jours de là lui signifier brutalement qu'il y avait au contraire urgence à agir pour empêcher Cara de poursuivre ses projets de mariage. On a déjà dit que c'était à Noiseau que M. et madame Haupois-Daguillon avaient leur maison de campagne, et comme cette terre appartenait à la famille Daguillon depuis plus de cinquante ans, les héritiers de cette famille étaient les seigneurs de ce pauvre petit village de la Brie, qui ne compte guère plus de cent cinquante habitants : maire, curé, conseillers, instituteur, garde champêtre, tout le monde dépendait, à un titre quelconque, du château et des fermes, et par conséquent s'intéressait à ce qui pouvait arriver de bon ou de mauvais aux propriétaires actuels ou futurs de ce château et de ses terres.

C'était à Noiseau que madame Haupois-Daguillon s'était mariée; c'était dans le cimetière de Noiseau que ses pères étaient enterrés; enfin c'était sur les registres de Noiseau qu'avaient été inscrits les actes de naissance et de baptême de Camille et de Léon, nés l'un et l'autre au château.

Dans sa lettre d'un style vraiment ecclésiastique, c'est-à-dire aussi peu clair et aussi peu précis que possible, le curé de Noiseau croyait devoir prévenir « sa bonne dame madame Haupois-Daguillon » qu'une personne fort élégante de toilette, et tout à fait bien dans sa tenue, était venue lui demander l'extrait de baptême de M. Léon Haupois-Daguillon. Il savait d'une façon indirecte, mais certaine cependant, qu'à la mairie la même personne avait aussi demandé une copie légalisée de l'acte de naissance de M. Léon. Il ne lui appartenait pas de scruter les intentions de cette personne, qui d'ailleurs lui avait laissé une offrande pour les pauvres de la paroisse et pour l'entretien de la chapelle de la très sainte Vierge, mais il croyait néanmoins de son devoir de porter cette demande à la connaissance « de sa bonne dame madame Haupois-Daguillon », afin que celle-ci prît les mesures que la prudence conseillerait, si toutefois il y avait des mesures à prendre, ce que lui ignorait et ne cherchait même pas à savoir. Il regrettait bien de ne pouvoir donner ni le nom, ni l'adresse de la personne en question ; mais cette personne, qui avait quelque chose de mystérieux dans les allures, était venue elle-même commander et prendre ces actes, de sorte qu'il avait été impossible, malgré certaines avances faites à ce sujet, d'obtenir d'elle ce nom et cette adresse : c'était même la réserve dont elle avait paru vouloir s'envelopper qui avait donné à penser au curé de Noiseau que « sa bonne dame madame Haupois-Daguillon » devait être avertie.

Il n'avait pas fallu de grands efforts d'imagination à M. et à madame Haupois-Daguillon pour comprendre que « cette personne fort élégante de toilette, tout à fait bien dans sa tenue et qui paraissait vouloir s'envelopper dans une réserve mystérieuse, » n'était autre que Cara et ils avaient compris aussi que le moment était venu d'agir énergiquement et de se défendre : si l'on se trompait une première fois, on recommencerait une seconde, une troisième, toujours, tant qu'on n'aurait pas réussi.

Souffrante depuis une quinzaine de jours, madame Haupois-Daguillon avait agité dans la solitude et dans la fièvre cent projets qui, tous, n'avaient eu qu'un but : sauver son fils. Et parmi ces projets, les uns fous, elle le reconnaissait elle-même, les autres sensés, au moins elle les jugeait tels, il y en avait un auquel elle était toujours revenue, et qui précisément par cela lui inspirait une certaine confiance. Au moyen de Rouspineau et de Brazier, on rendait le séjour de Paris désagréable et pénible à Léon, qui, elle le savait mieux que personne, avait l'horreur des réclamations d'argent ; quand ces deux créanciers, dont ils étaient maîtres, l'auraient bien harcelé, on lui ferait proposer d'une façon quelconque (cela était à chercher) de quitter Paris, d'entreprendre un voyage seul, où il voudrait, et à son retour, après trois mois, après deux mois d'absence, il trouverait toutes ses dettes payées.

Décidée à agir, madame Haupois-Daguillon imposa ce projet à son mari, et tout de suite on lança en avant Rouspineau et Brazier qui, trop heureux d'avoir la certitude d'être intégralement payés sans rabais et sans procès, se prêtèrent avec empressement au rôle qu'on exigeait d'eux ; pendant un mois Léon ne put point faire un pas sans être exposé à leurs réclamations ; chez lui, en public, partout ils le poursuivirent de leurs demandes d'argent, tantôt poliment, « ils savaient bien que paralysé par son conseil judiciaire il ne pouvait pas les payer totalement, mais ce n'était pas la totalité de leurs créances qu'ils demandaient, c'était un simple à-compte »; tantôt au contraire grossièrement : « Quand on avait assez d'argent pour vivre à ne rien faire, on devait être juste envers ceux qui s'étaient ruinés pour vous. » Et les choses avaient pris une telle tournure qu'un jour Rouspineau était venu annoncer à madame Haupois-Daguillon que si elle le voulait bien il n'attendrait plus M. son fils sur le palier de celui-ci, parce qu'il avait peur d'être jeté du haut en bas de l'escalier.

Ce jour-là, madame Haupois-Daguillon avait jugé que le moment était arrivé d'intervenir personnellement; elle était, il est vrai, malade et obligée de garder le lit; mais, loin d'être une condition mauvaise, cela pouvait servir son dessein au contraire; elle n'avait pas à chercher le moyen de faire faire sa proposition à son fils, elle la lui adresserait elle-même directement, car elle n'admettait pas que Léon, la sachant malade, refusât de venir la voir.

Elle n'avait donc qu'à le prévenir de cette maladie.

Mais, voulant mettre toutes les chances de son côté, elle pria son mari de quitter Paris, et d'aller passer quelques jours à leur maison de Madrid: par cette absence, il n'était pour rien dans sa tentative, ce qui devait dérouter les calculs de Cara; et d'autre part, si Léon craignait des reproches, il serait rassuré, sachant son père en Espagne.

Ce fut le cœur ému et les mains tremblantes que madame Haupois-Daguillon se décida à écrire à son fils après le départ de son mari :

« Mon cher enfant, je suis malade au lit depuis six jours ; je suis seule à Paris, ton père étant retenu à Madrid ; je voudrais te voir ; toi, ne voudras-tu pas embrasser ta mère qui t'aime et que ton baiser guérira peut-être ? »

Il fallait avoir la certitude que cette lettre arriverait dans les mains de Léon, et pour cela il n'était pas prudent de la confier à la poste ; elle fit venir son vieux valet de chambre, en qui elle avait toute confiance, et elle lui dit d'aller se mettre en faction devant le n° 9 de la rue Auber.

— Quand mon fils sortira seul, vous lui donnerez cette lettre en lui disant que je suis malade : s'il est accompagné, vous ne lui remettrez pas et ne lui direz rien ; vous attendrez.

Le vieux Jacques resta devant la porte de la rue Auber depuis midi jusqu'à cinq heures du soir, et ce fut seulement à ce moment qu'il put remettre sa lettre à Léon qui rentrait seul.

Tout d'abord Léon, qui avait reconnu l'écriture de l'adresse, voulut repousser cette lettre, mais le vieux Jacques prononça alors les paroles que, depuis qu'il avait commencé sa faction, il se répétait machinalement :

— Madame, malade, m'a dit de remettre cette lettre à monsieur.

Vivement il ouvrit la lettre et, sans dire un seul mot, à pas rapides il se dirigea du côté de la rue de Rivoli.

Le temps de l'attente avait été terriblement long pour madame Haupois-Daguillon de deux heures à cinq ; enfin, un coup de sonnette retentit, qui la fit sauter sur son lit ; c'était lui ! elle ne se trompait pas, elle ne pouvait pas se tromper; seule la main agitée d'un fils inquiet sonne ainsi.

La porte de la chambre s'ouvrit; sans prononcer une seule parole, elle lui tendit les bras et ils s'embrassèrent.

Elle avait fait préparer une chaise près de son lit, elle le fit asseoir, et elle l'eut en face d'elle, après être restée si longtemps sans le voir, l'attendant, le pleurant.

Comme il était changé! il avait pâli; ses traits étaient fatigués; des plis coupaient son front.

Mais elle se garda bien de lui faire part des tristes réflexions que cet examen provoquait en elle; elle ne l'eût pu qu'en les accompagnant de reproches, et ce n'était point pour lui adresser des reproches qu'elle lui avait écrit et qu'elle l'avait appelé près d'elle.

D'ailleurs, au lieu d'interroger, elle devait pour le moment répondre, car elle aussi avait changé sous l'influence du chagrin d'abord, de la maladie ensuite, et Léon lui posait question sur question pour savoir depuis quand elle était souffrante, ce qu'elle éprouvait, ce que le médecin disait.

Ils s'entretinrent ainsi longuement, sur un ton également affectueux chez la mère aussi bien que chez le fils, et sans que rien dans leurs paroles, dans leur accent ou dans leur regard fît allusion à ce qui s'était passé de grave entre eux.

Il s'informa de la santé de son père, de celle de sa sœur, de celle de quelques vieux amis, mais il ne parla pas de son beau-frère, prenant ainsi la responsabilité de la plaidoirie de Nicolas.

Le temps s'écoula sans qu'ils en eussent conscience, et, comme la demie après six heures sonnait, la femme de chambre entra portant dans ses bras une nappe, des assiettes et un verre, puis elle se mit à dresser le couvert sur une petite table.

— Tu manges donc? demanda Léon.

— Oui, depuis deux jours, mais jusqu'à présent, j'ai mangé du bout des dents, le pain avait un goût de plâtre, il me semble aujourd'hui que j'ai presque faim, tu me guéris.

La femme de chambre, qui n'avait pu apporter tout ce qui était nécessaire en une seule fois, était sortie.

— Si j'osais? dit madame Haupois.

— Quoi donc, maman?

— Je te demanderais de dîner avec moi... si tu n'es pas attendu toutefois; je suis sûre que je dînerais tout à fait bien si je t'avais là en face de moi, me servant.

Assurément, il était attendu; et, comme il devait rentrer à cinq heures, il y avait déjà longtemps qu'Hortense s'exaspérait, car elle n'aimait pas attendre; mais comment refuser une invitation faite dans ces termes? comment partir quand sa mère lui disait qu'elle dînerait bien s'il était en face d'elle pour la servir? Hortense elle-même lui dirait de rester, si elle était là; il lui expliquerait comment il avait été retenu sans pouvoir la prévenir, et elle avait trop le sentiment de la famille pour ne pas comprendre qu'il avait dû accepter, elle était trop bonne pour se fâcher.

Il rencontra les yeux de sa mère; leur expression anxieuse l'arracha à son irrésolution et à ses raisonnements.

— Mais certainement, dit-il, je dîne avec toi.

— Oh! mon cher enfant!

Puis, comme elle ne voulait pas se laisser dominer par l'émotion, elle le pria de sonner pour qu'on mît un second couvert.

— Et puis il faut savoir s'il y a à dîner pour toi, dit-elle en souriant, le régime d'une malade ne doit pas être le tien.

On avait seulement fait cuire un poulet pour que madame pût en manger un peu de blanc. Un simple poulet ! Ce n'était point là le dîner que madame Haupois voulait offrir à son fils ; heureusement le menu put être renforcé par les provisions de la maison : une terrine de Nérac qu'un ami envoyait de Nérac et dont on ne trouverait pas la pareille chez les marchands ; du fromage de Brie fabriqué à la ferme de Noiseau exprès pour les propriétaires et qui ne ressemblait en rien à celui du commerce ; des fruits du château ; une bouteille du vieux sauterne qu'on ne buvait ordinairement que dans les jours de fête, et que Jacques alla chercher à la cave, enfin ces pâtisseries, ces sucreries, ces liqueurs, toutes ces chatteries, toutes ces choses caractéristiques de la vie de famille et qui rappellent si doucement les années d'enfance.

Ainsi composé, le dîner dura longtemps. Léon eût voulu cependant l'abréger, mais le moyen ? il était plus de huit heures quand il se termina. Plusieurs fois madame Haupois avait remarqué que, malgré la joie que Léon éprouvait à dîner avec elle, il était préoccupé, et elle avait compris quelle était la cause de cette préoccupation. Elle ne voulut pas pousser à l'extrême le triomphe si considérable qu'elle venait d'obtenir.

— Maintenant tu vas me quitter, dit-elle, je te garderais bien toujours, mais pour... pour mon repos il vaut mieux que nous nous séparions. Te verrai-je demain?

— Tu le demandes?

— Eh bien, à demain alors. Cependant, avant que tu partes, il faut que je te dise un mot sérieux. Oh! sois tranquille, il ne sera point question de reproches, cette soirée a trop bien commencé pour que je la termine tristement, je veux m'endormir dans la joie.

Elle lui serra la main.

— Quand nous avons recouru à la mesure du conseil judiciaire, — je dis nous, car nous devons tous dans la famille porter notre part de responsabilité de cette mesure, — quand nous avons recouru au conseil judiciaire, nous n'avions qu'un but: rompre une liaison qui nous désespérait; au lieu de la rompre cette liaison, tu l'as rendue plus étroite et plus intime; et, au lieu de revenir à nous, tu t'en es éloigné davantage.

— Mais...

— Écoute-moi, jusqu'au bout, je t'ai dit que je ne voulais pas t'adresser des reproches, tu verras que je ne t'ai pas trompé; ce n'est pas de nous que je veux parler, c'est de toi. Par la position que tu as prise, tu t'es mis dans l'impossibilité de payer tes créanciers, qui te tourmentent et te harcèlent. Je les ai vus. Je comprends que leurs réclamations et leurs reproches doivent te rendre malheureux.

— Très malheureux, cela est vrai.

— Il faut que cela cesse; il faut que tes dettes soient payées. Elles le seront si tu veux. Que ton esprit n'aille pas encore trop vite; je ne veux pas te faire des propositions inacceptables, te les imposer comme tu parais le craindre. Il s'agit de donner une simple satisfaction à ton père et de lui prouver que ton cœur n'est pas fermé à la voix de la conciliation. Quitte Paris pendant quelque temps, trois mois, deux mois même, seul bien entendu; fais un voyage où il te plaira, et, à ton retour, je te donnerai moi-même, j'en prends l'engagement, tous tes billets acquittés. Voilà ce que j'ai obtenu de ton père, et voilà ce que je demande. Je te l'ai dit, ce voyage sera une marque de condescendance envers ton père, et vos rapports, nos rapports s'en trouveront changés du tout au tout. Pour moi, quelle chose capitale! J'avoue que ce ne sera pas la seule : pendant ce voyage, dans le recueillement et dans la solitude, tu pourras t'interroger, ce qui n'est pas possible à Paris, et, au retour, tu agiras comme ta conscience... ou comme ton cœur te le conseillera, selon que l'un ou l'autre sera le plus fort. Je n'ai pas besoin de te dire ce que je demanderai à Dieu. Mais enfin, quoi que tu fasses, tu auras lutté; et, si ce n'est pas à nous que tu reviens, tu auras au moins la satisfaction de nous avoir donné un témoignage de bon vouloir : nous te plaindrons, nous te pleurerons, mais nous ne te condamnerons plus. Réfléchis à cela, mon enfant. Tu me répondras demain, plus tard, quand tu voudras, quand tu seras fixé. Pour aujourd'hui, embrasse-moi.

Ils s'embrassèrent, émus tous deux.

— Viens quand tu voudras, dit-elle, puisque toute la journée je n'ai qu'à t'attendre. A demain.

XXII

Si Léon n'avait pas été en retard, il se serait assurément abandonné, en sortant de la chambre de sa mère, aux douces émotions qui emplissait son cœur; mais, malgré lui, la pensée d'Hortense s'imposa impérieusement à son esprit.

Dans quel état allait-il la trouver? C'était la première fois qu'il la faisait attendre. Qu'avait-elle pu croire? Qu'allait-elle dire? Ce fut quatre à quatre qu'il monta les marches de son escalier.

Comme il allait, courbé en avant, la tête basse, il fu tout surpris, un peu avant d'arriver à son palier, de se trouver brusquement arrêté; en même temps deux bras se jetèrent autour de son cou:

— Enfin, te voilà!

C'était Hortense, haletante, éperdue.

Ils achevèrent de gravir l'escalier dans les bras l'un de l'autre, et ce fut seulement à la porte du salon close qu'Hortense, après l'avoir passionnément embrassé à plusieurs reprises, put trouver des paroles pour l'interroger :

— Où as-tu été? Qu'as-tu fait? Que t'est-t-il arrivé? Qui t'a retardé? Comment n'as-tu pas pu me prévenir? Ah! si tu savais quelles ont été mes angoisses! Je t'ai cru mort! J'ai cru que tu m'abandonnais! Parle donc;

tu es là et tu ne dis rien. Si tu ne m'aimes plus, avoue-le franchement, loyalement. Mais non, je suis folle. Tu m'aimes, je le vois, je le sens.

Elle voulait qu'il parlât, et elle ne lui laissait pas le temps d'ouvrir les lèvres.

Enfin, sans desserrer les bras, elle se tut, et ce ne fut plus que par les yeux qu'elle l'interrogea, le pressant, le suppliant.

Mais, au moment où il allait parler, Louise ouvrit la porte pour dire que le dîner était servi :

— Ah ! c'est vrai, s'écria Cara, j'oubliais, tu dois être mort de faim, viens dîner, à table tu me raconteras tout.

— Mais j'ai dîné.

— Ah ! tu as dîné ; et moi, pendant que tu dînais tranquillement, joyeusement, je souffrais le martyre. Et avec qui as-tu dîné ?

— Avec ma mère.

Cara était ordinairement maîtresse de ses impressions, elle ne put pas cependant retenir un mouvement de stupéfaction :

— Ta mère !

Alors il voulut commencer son récit ; mais, après l'avoir si vivement pressé de parler, elle ne le laissa pas prendre la parole :

— Je n'ai pas dîné, dit-elle, car j'étais trop tourmentée pour manger, mais maintenant que je vois que j'ai été comme toujours beaucoup trop naïve, je vais me mettre à table si tu veux bien le permettre ; tu me conteras ton affaire ce soir, rien ne presse, n'est-ce pas ?

Elle se mit à table, mais après le potage il lui fut impossible de manger.

— Non, dit-elle, cela m'étouffe ; je sens qu'il se passe quelque chose de grave ; allons dans notre chambre, et dis-moi tout, absolument tout.

Elle avait eu le temps de réfléchir et de prendre une contenance, elle écouta donc Léon sans l'interrompre.

Il lui dit comment, au moment où il rentrait, Jacques, le valet de chambre de ses parents, lui avait remis une lettre de sa mère ; comment en apprenant que sa mère était malade il avait couru rue de Rivoli, sans penser à rien autre chose qu'à cette nouvelle inquiétante ; comment il avait trouvé sa mère alitée, souffrant de douleurs rhumatismales fort pénibles ; comment celle-ci, au moment de dîner, lui avait demandé de partager son dîner de malade ; comment il n'avait pu refuser ; enfin comment, malgré le désir qu'il en avait, il n'avait pu trouver personne pour apporter, rue Auber, un mot expliquant son retard.

Elle l'avait écouté les yeux dans les yeux, debout devant lui ; lorsqu'il se tut, elle s'avança de deux pas et, lui prenant la tête entre les mains en se penchant doucement, de manière à l'effleurer de son souffle :

— Comme c'est bien toi ! dit-elle d'une voix caressante ; comme c'est bien ta bonté, ta générosité, ta tendresse ; ta mère, s'associant à ton père, t'a mis en dehors de la famille ; tu apprends qu'elle est malade, tu oublies l'injure, la blessure qu'elle t'a faite ; tu n'as plus qu'une pensée : l'embrasser ; et tu cours à elle les bras ouverts. Oh ! mon cher Léon, comme je t'aime et que je suis fière de toi ! Oh ! le brave garçon, le bon cœur !

Et, lui passant un bras autour du cou, elle s'assit sur

ses genoux, puis, avec effusion passionnée, elle l'embrassa encore :

— Et pourtant, reprit-elle, je t'en veux de n'avoir pas pensé à moi.

— Je te jure...

— Tu me jures que quand ta mère t'a gardé à dîner tu as été peiné de ne pouvoir me prévenir, je le crois ; mais ce n'est pas cela que je veux dire. Je t'en veux de n'avoir pas eu l'idée de monter ici quand ton vieux Jacques t'a remis la lettre de ta mère, car cela ne t'aurait pris que quelques minutes à peine, et tu ne m'aurais pas laissé dans l'angoisse ; mais ce n'est pas la question du temps qui t'a retenu, c'en est une autre : tu as eu peur que je te garde.

— Je t'assure que non.

— Sois franc. Eh bien, tu as eu tort de penser que je pouvais t'empêcher d'aller voir ta mère malade, car la vérité est qu'il y a longtemps que je t'aurais envoyé près d'elle, même alors qu'elle était en bonne santé, si je l'avais osé. Est-ce que je n'ai pas tout intérêt, grand enfant, à ce que tu sois bien avec ta famille ? Au début, oui, j'aurais pu craindre que ta famille te séparât de moi. Mais maintenant il faudrait que je fusse une femme sans cœur et même sans intelligence pour avoir cette crainte. Est-ce que je ne sais pas, est-ce que je ne sens pas que tu m'aimes comme je t'aime et que rien ne nous séparera ? Cette crainte écartée, combien d'avantages j'aurais à une réconciliation ! Je ne parle pas d'avantages matériels, ceux-là sont de peu d'importance pour moi. Mais si jamais ma suprême espérance se réalise, si jamais tu me prends publiquement, légitimement pour ta vraie femme, ce ne sera qu'avec l'assentiment de ta famille et non malgré elle. C'est donc d'elle que j'ai besoin, c'est son appui qu'il me faut. Ne sens-tu pas combien j'aurais été heureuse que ta mère pût apprendre que c'était moi qui t'envoyais près d'elle ? Elle m'aurait su gré de ce commencement de réconciliation, et elle aurait compris que je n'étais pas la femme qu'elle s'imagine d'après de faux rapports. Tu vois donc que, loin de te retenir, j'aurais été la première à te dire d'aller l'embrasser.

— Quand Jacques m'a dit que ma mère était malade, je n'ai pensé qu'à cette maladie, et je suis parti sans autre réflexion ; mais, quand elle m'a demandé de dîner avec elle, la pensée m'est venue alors que si tu pouvais me parler tu me dirais : « Reste ».

— Oh ! pour cela il faut que je t'embrasse.

Ce n'était pas la première fois que Cara parlait de son mariage, c'était peut-être la centième ; mais toujours elle avait eu grand soin de le faire d'une façon incidente, en passant, tout d'abord comme d'une idée folle, puis comme d'un rêve irréalisable, puis peu à peu en précisant, mais de telle sorte cependant que Léon ne pût pas lui répondre d'une façon catégorique : cette réponse eût dû être un oui, elle l'eût bravement provoquée ; mais comme à l'embarras de Léon, lorsqu'elle abordait ce sujet, il était évident que ce oui n'était pas prêt à venir, elle n'avait jamais voulu brusquer un dénoûment qui ne s'annonçait pas comme devant s'accorder avec ses désirs. Il fallait attendre, patienter, cheminer lentement sous terre, tendre les fils de la toile qui devait le lui livrer sans défense, et encore n'était-il pas du tout certain que cette heure sonnât jamais. Elle n'insista donc pas plus dans cette occasion sur cette idée de mariage qu'elle ne l'avait fait jusqu'à présent, et comme si elle n'en avait parlé que par hasard, elle passa à un autre sujet.

Que lui avait dit sa mère dans cette longue entrevue ? Tout leur temps n'avait pas été employé à manger. Une réconciliation était-elle probable, était-elle prochaine ?

Il hésita assez longtemps, mais elle le connaissait trop bien pour ne pas savoir lui arracher gracieusement et sans le faire crier ce qu'il voulait cacher.

— Cette réconciliation à laquelle tu pousses toi-même, dit-il enfin, serait possible si je voulais, si je pouvait accepter l'arrangement qu'on me propose.

— Quel qu'il soit, il faut le subir.

— Même s'il doit nous séparer ?

— Mon Dieu !

— Oh ! pour deux mois seulement.

Alors il raconta la proposition de sa mère, très-franchement et telle qu'elle lui avait été faite.

— Et qu'as-tu répondu ? demanda-t-elle d'une voix tremblante.

— Je n'ai pas répondu.

— Que répondras-tu ?

— Je ne répondrai pas pour ne point peiner ma mère, et elle ne tardera pas à comprendre que je ne peux pas me séparer de toi, je ne dis pas pour trois mois, mais pour un mois, mais pour huit jours.

— Pas pour une heure.

Ce récit donna à réfléchir à Cara, et pour elle la nuit entière se passa dans ces réflexions.

Il était évident que la famille de Léon, qui pendant assez longtemps avait laissé aller les choses, comptant sans doute sur la lassitude, la satiété ou toute autre cause de rupture, voulait maintenant se défendre vigoureusement : de là cette feinte maladie de la mère qui était inventée pour attendrir le fils ; de là cette proposition de payer les billets Rouspineau et Brazier à condition que Léon quitterait Paris pendant deux mois ; pendant cette absence on agirait sur lui, on le circonviendrait, on l'entraînerait.

Si Brazier et Rouspineau avaient été si menaçants en ces derniers temps, n'était-ce pas précisément pour rendre le séjour de Paris insupportable à Léon ?

Déjà Cara avait eu des soupçons à ce sujet, et il lui avait semblé que les réclamations de ces deux créanciers, que leurs poursuites et que leurs criailleries devaient avoir une autre cause que le désir d'être payés par Léon.

La proposition de madame Haupois-Daguillon, arrivant juste après la période la plus violente de réclamations, persuada Cara que ses soupçons étaient fondés.

Réclamations insolentes des créanciers, maladie et proposition amicale de la mère, tout cela s'enchaînait et tendait à un même but : éloigner Léon, et ensuite ne le laisser revenir que quand il serait guéri de son amour.

Bien que cela parût logique à Cara, elle ne voulut pas s'en tenir à des présomptions si bien fondées qu'elles pussent être, il lui fallait une certitude, une preuve, et pour cela elle n'avait qu'à interroger Rouspineau et Brazier.

Sur Brareiz elle n'avait pas de moyens d'action, et d'ailleurs le patriarche anglais était assez retors pour ne dire que ce qu'il voulait bien dire.

Mais avec Rouspineau il pouvait en être tout autrement : si Rouspineau avait en affaires les finasseries d'un paysan, elle aussi était paysanne d'origine, et la vie de Paris avait singulièrement aiguisé chez elle la finesse qu'elle avait reçue de la nature ; et puis d'ailleurs elle avait sur Rouspineau, qu'elle connaissait depuis quinze ans, des moyens d'intimidation qui le feraient parler quand même il voudrait se taire.

Ce serait donc à lui qu'elle s'adresserait, et ce serait lui qui dirait le rôle que madame Haupois avait joué dans les tracasseries qui en ces derniers temps avaient rendu Léon si malheureux.

Que dirait Léon lorsqu'il verrait sa mère, sa mère malade, sa bonne mère poussant en avant les gens qui l'avaient harcelé et exaspéré ?

XXIII

Le lendemain matin, tandis qu'il dormait encore, elle se rendit chez le marchand de fourrages de la rue de Suresnes.

Rouspineau était occupé à rentrer une voiture de paille ; mais quand il aperçut sa cliente, il voulut bien passer sa fourche à l'un de ses garçons pour se rendre dans son bureau, où Cara l'attendait le visage sévère et dans l'attitude d'une personne indignée :

— Rouspineau, dit-elle en coupant court aux politesses dont il l'accablait avec l'obséquiosité et la platitude d'un homme qui n'a pas la conscience sûre, il y a quinze ans que nous nous connaissons, et je puis dire, n'est-ce pas, que je vous ai fait gagner une bonne partie de ce que vous possédez.

— Ça c'est vrai, c'est bien vrai, et je ne l'oublierai jamais.

— Vous ne l'oubliez pas, mais dans la pratique de la vie cela ne vous engage à rien envers moi.

— Si l'on peut dire, pour vous je sauterais dans le feu, je...

— Ecoutez-moi. Quand je suis venue vous demander de ne pas harceler M. Léon Haupois de vos réclamations d'argent, vous m'avez dit que vous étiez gêné, que vous étiez menacé de la faillite, enfin vous avez si bien joué votre jeu, que je vous ai presque cru. Vous vous êtes moqué de moi. Vous n'avez tourmenté M. Léon Haupois que parce que vous aviez intérêt à le faire.

— Si l'on peut dire !

— Nous savons tout, n'essayez donc pas de me tromper encore, ou cela vous coûtera cher.

Le moyen employé par Cara était celui qui réussit si souvent dans les querelles d'amant et de maîtresse : « Je sais tout », c'est-à-dire l'affirmation de la probabilité ; avec Rouspineau, il devait être infaillible si le fameux « tout » était bien dit avec l'assurance de la certitude.

Il produisit l'effet attendu ; Rouspineau se troubla ; dès lors, bien certaine d'avoir touché juste, Cara n'eut plus qu'à jouer sa scène de manière à arriver à des aveux. Rouspineau se défendit ; il ne savait pas ce que tout cela voulait dire ; il était innocent comme l'enfant qui vient de naître ; s'il avait demandé de l'argent à M. Haupois fils, c'était parce qu'il en avait besoin ; et, à l'appui de cette dernière assertion, il voulut montrer des factures ; mais Cara tint bon, se renfermant étroitement dans son « tout », si bien qu'après plus d'une heure de discussion, Rouspineau dut reconnaître qu'il n'avait pas pu faire autrement que d'accepter le rôle qu'on lui avait imposé ; son cœur saignait toutes les fois qu'il demandait de l'argent à M. Haupois fils, un si brave jeune homme ; mais il le fallait, madame Haupois-Daguillon, qui était une maîtresse femme, ne voulant payer les billets qu'à cette condition.

— Pourquoi ne me l'avez-vous pas dit tout de suite ? demanda Cara.

— Parce que le paiement des billets ne devait se faire que si nous gardions le secret Tom et moi ; j'ai encore deux billets qui ne sont pas payés.

Pour arracher cet aveu, Cara n'avait pas seulement employé l'adresse, elle avait eu recours aussi aux menaces, sans lesquelles Rouspineau n'eût jamais parlé : sous le coup d'une dénonciation au parquet pour usure qu'elle ne ferait pas directement, mais qu'elle ferait faire, et qui conduirait Rouspineau en police correctionnelle d'abord et, peut-être ensuite, en prison pour un ou deux ans si les juges admettaient l'escroquerie, il avait bien fallu qu'il fît le récit qu'elle exigeait de lui le couteau sur la gorge. Elle poursuivit son avantage :

— Maintenant que vous voilà raisonnable, dit-elle, vous allez m'écrire tout ce que vous venez de me conter.

— Oh ! cela jamais.

— Ecoutez-moi donc et ne dites pas de niaiseries. Si

vous ne voulez pas me faire cette lettre, c'est parce que vous avez peur que madame Haupois-Daguillon ne vous paye pas vos deux derniers billets.

— Oh! juste; et pour cela seulement, bien sûr, songez donc, vingt mille francs, nous ne gagnons pas notre argent comme vous, nous autres pauvres diables.

— Je sais bien que vingt mille francs c'est une somme, même pour tous ceux qui ne sont pas des pauvres diables; mais il ne faut pas oublier que, si vous aviez l'ennui de passer en police correctionnelle, le moins qui pourrait vous arriver, ce serait d'être condamné à restituer l'excédant de ce qui vous était dû légitimement, et de plus, à payer une amende s'élevant à la moitié de ce que vous avez prêté; rappelez-vous Sichard, Ledanois, Adam et autres que vous connaissez mieux que moi, et voyez si le total de tout cela n'excéderait pas les vingt mille francs pour lesquels vous criez si fort.

— Vous ne ferez pas cela.

— Je ne le ferais que si vous refusiez d'écrire la lettre que je vous demande, laquelle ne sera pas montrée à madame Haupois-Daguillon, je vous en donne ma parole. Au contraire, si vous l'écrivez, je vais prendre l'engagement de vous payer moi-même vos deux billets dans le cas où madame Haupois-Daguillon les refuserait.

— Que ne disiez-vous cela tout de suite! s'écria Rouspineau. Dictez-moi ce que vous voulez que j'écrive; dès lors que vous vous engagez à payer si madame Haupois-Daguillon ne paye pas, je sais bien que je n'ai pas à craindre que vous fassiez un mauvais usage de cet écrit.

18

Cara dicta et Rouspineau écrivit :

« Je soussigné, reconnais : 1° que c'est par ordre de madame Haupois-Daguillon que j'ai fait des démarches pour être payé par M. Léon Haupois de ce qu'il me doit ; 2° que les quatre premiers billets souscrits par M. Léon Haupois ont été payés à l'échéance par la maison Haupois-Daguillon, et qu'ils n'ont été protestés que pour la forme.

» ROUSPINEAU. »

Cela fait, Cara écrivit elle-même l'engagement de payer les vingt mille francs restant dus, si les billets n'étaient pas acquittés par M. et madame Haupois-Daguillon ; puis elle quitta Rouspineau, qui en fin de compte ne se plaignait pas trop de la conclusion de cette affaire ; de vrai, elle aurait pu plus mal tourner ; elle avait bec et ongles, madame Cara, et il valait mieux être de ses amis que de ses ennemis.

En sortant de chez Rouspineau, Cara ne rentra point chez elle, mais elle se rendit rue du Helder, chez son ami et conseil, l'avocat Riolle.

Comme le jour où elle était venue demander à Riolle ce que valait la maison Haupois-Daguillon, elle entra par la petite porte dans le cabinet de l'avocat, et, comme ce jour-là encore, elle trouva Riolle penché sur ses dossiers et travaillant.

Mais au lieu d'aller l'embrasser dans le cou, comme elle l'avait fait alors, elle ferma la porte avec bruit, de façon à s'annoncer.

Riolle leva la tête pour voir qui venait le déranger.

— En voilà une surprise ; on ne te voit plus ; tu négliges tes amis, et quand ils vont chez toi tu n'y es jamais pour eux. On n'a jamais vu bourgeoise plus rangée.

— J'aime.

— Il me semble que ce n'est pas la première fois, et quand cette indisposition te prenait, elle ne t'empêchait pas d'être convenable avec tes amis.

— Maintenant c'est autre chose.

— Je m'en aperçois.

— Ce n'est pas pour toi que je parle, c'est pour moi.

— Tu t'imagines peut-être que tu aimes pour la première fois ?

— Justement; au moins, c'est la première fois que j'aime ainsi; il est vrai que chaque fois que j'ai aimé je me suis dit : Celui-là, c'est le bon, c'est le vrai, ce n'est pas comme le dernier.

— Et tu as toujours trouvé au nouveau des mérites que l'ancien n'avait pas ou plus justement n'avait plus.

— Enfin, je t'assure que cette fois, c'est la bonne : tu ne connais pas Léon, c'est le meilleur garçon du monde, bon enfant, simple, tendre, affectueux, n'ayant pas d'autre souci, d'autre préoccupation, d'autre passion que d'aimer. Quand je pense qu'il y a des femmes assez bêtes pour prendre comme amants des gens qui ne pensent qu'aux idées ou qu'aux affaires qu'ils ont dans la cervelle. Pour une femme intelligente, il n'y a qu'un amant possible : c'est un homme jeune, beau garçon, tendre, sensible, solide, qui n'ait d'autre affaire en ce monde que d'aimer; — et voilà précisément Léon.

— Mes compliments. Mais alors puisqu'il en est ainsi, me diras-tu ce qui me vaut... ce n'est pas plaisir qu'il faut dire maintenant, — me diras-tu ce qui me vaut l'honneur de ta visite ?

— Un conseil à te demander.

— Alors, il n'est pas complet, le jeune, le tendre, le sensible Léon.

— Heureusement, car ce qu'il aurait d'un côté, il le perdrait de l'autre.

— C'est aimable.

— Laisse donc, tu sais bien que tu n'as jamais été qu'une tête, drôle il est vrai, mais une simple tête ; c'est à cette tête que je m'adresse aujourd'hui : que penses-tu d'un mariage entre deux Français contracté à l'étranger sans le consentement des parents et sans publication ?

— Ton mariage n'en est pas un, ça n'est rien, ça n'existe pas aux yeux de la loi.

— De votre loi.

— Il n'y en a qu'une en France, c'est celle qui est contenue dans le Code, au titre cinquième « Du mariage ».

— Es-tu assez avocat avec ton Code ! tu sais bien pourtant qu'à côté de votre loi contenue dans votre Code au titre cinquième, sixième ou vingtième, il y en a une autre qui s'appelle la loi religieuse : tu me dis qu'aux yeux de votre Code un mariage fait comme je viens de te l'expliquer ne vaut rien, mais que vaut-il pour la loi religieuse ?

— Pourquoi t'adresses-tu à moi pour une chose qui n'est pas de ma spécialité ? tu n'as donc pas dans le clergé du diocèse de Paris un conseil pour tes affaires religieuses, comme tu en as un au barreau de la cour de Paris pour tes affaires civiles ?

— Tu sais que je n'ai jamais toléré la plaisanterie sur ce sujet, assez donc, je te prie, et si tu le veux bien, réponds plutôt à ma question, que je précise : le mariage religieux de deux Français célébré à l'étranger dans les conditions dont nous parlons est-il nul comme le mariage civil ?

— Je n'ai pas dans les affaires religieuses la même compétence que dans les affaires civiles; je ne puis donc te répondre que des à-peu-près : un mariage célébré religieusement, selon les lois de l'Eglise, est valable aux yeux de l'Eglise, et n'est attaquable pour elle que si une des prescriptions qu'elle exige n'a pas été observée.

— Je te propose un exemple : je me marie à l'étranger avec Léon devant un prêtre catholique en observant toutes les règles du mariage catholique, et je reviens ensuite en France, suis-je mariée ?

— Non, pour la loi.

— Mais, pour l'Eglise ?

— Oui sans doute.

— C'est-à-dire, n'est-ce pas, que je ne puis pas me marier à l'église une seconde fois et que mon mari ne peut pas se marier non plus ?

— A la mairie vous pouvez vous marier l'un et l'autre, à l'église vous ne pouvez vous marier ni l'un ni l'autre avant que votre premier mariage soit dissous soit par la mort naturelle de l'un de vous, soit par l'autorité ecclésiastique au cas où les formalités exigées n'auraient pas été toutes observées.

— C'est bien ce que je pensais, je te remercie.

— Il n'y a pas de quoi, ma pauvre fille, car un pareil mariage ne signifie rien.

— Tu raisonnes comme un simple avocat que tu es, et, ce qui est pire, comme un incrédule; mais tu oublies qu'il y a des familles, et elles sont nombreuses, qui, même sans pratiquer la dévotion, considèrent le mariage religieux comme un vrai mariage; enfin tu oublies encore qu'il n'y a pas beaucoup de jeunes filles qui consentiraient à prendre un mari qui ne pourrait pas faire consacrer leur mariage par l'Eglise; tu vois donc que ce mariage religieux signifie quelque chose au contraire, et même qu'il signifie beaucoup. En tout cas, ce que tu m'as dit me suffit, et je t'en remercie.

— Veux-tu me payer mes honoraires?
— C'est selon.
— Avec une réponse.
— Oh! alors volontiers.
— A quand ce mariage?
— La date n'est pas fixée, mais ce sera peut-être pour bientôt; au revoir, cher ami, et encore une fois merci.
— Oh! Cara, devais-tu finir ainsi : *Lugete veneres cupidinesque.*
— Cela veut dire?
— *De profundis.*

XXIV

Lorsque Cara revint chez elle, elle trouva Léon qui l'attendait avec une impatience au moins égale à celle qu'elle avait eue elle-même la veille :

— Enfin, te voilà? D'où viens-tu? Qu'as-tu fait?

— Voilà que tes paroles sont justement celles que je t'adressais hier; tu vois comme l'on souffre lorsque l'on attend; mais sois assuré que ce n'était point pour te faire connaître mes angoisses que je suis sortie ce matin. Tu as bien dormi toi; moi je n'ai pas fermé l'œil de la nuit.

— Malade?

— Non, inquiète, tourmentée : j'ai réfléchi à ce que tu m'as dit à propos de ce voyage que ta mère te voudrait voir entreprendre.

— Pourquoi te tourmenter puisque je t'ai dit que ce voyage ne se ferait pas?

— Et c'est justement pour cela que je me tourmente.

— Ne m'as-tu pas dit toi-même que tu ne voulais pas que nous nous séparions?

— Pas pour une heure, ai-je dit, je m'en souviens, mais cette parole a été le cri de l'égoïsme et de la passion : je n'ai pensé qu'à moi, qu'à mon amour, qu'à mon bonheur; je n'ai pensé ni à ton repos, ni à la santé de ta mère. Et cependant ce sont choses qu'il ne faut pas oublier. Toute la nuit j'ai donc réfléchi à ce cri qui m'avait échappé, et j'ai fait mon examen de conscience, me disant que quand, de ton côté, toi aussi tu réfléchirais, tu me condamnerais pour cette pensée égoïste.

— Te condamner serait me condamner moi-même.

— Toi, tu as le droit de disposer de ton repos, et, jusqu'à un certain point, de celui de ta mère. Moi, je ne l'ai pas. J'ai senti cela. Mais je n'ai pas voulu m'en tenir aux réflexions d'une nuit de fièvre, ce matin j'ai voulu demander un conseil sûr.

—Et à qui demandes-tu conseil quand il s'agit de nous?

— A quelqu'un de qui tu ne peux pas être jaloux, car si bon que tu sois, il est encore meilleur que toi ; si sensé, si ferme que tu sois, il est encore plus sensé et plus ferme que toi, — au bon Dieu. Je viens de la Madeleine. J'ai été bien longtemps, cela est possible, mais j'ai prié jusqu'à ce que la lumière se fasse dans mon esprit troublé et me montre la route à suivre.

— Et de quelle route parles-tu? demanda Léon, qui était fort peu religieux de nature et d'éducation.

— De celle que nous devons prendre au sujet de la proposition de ta mère : il faut que tu acceptes cette proposition.

— Tu veux que je parte en voyage, s'écria-t-il, toi ! c'est toi qui me donnes un pareil conseil?

— Oh ! le mauvais regard que tu m'as jeté. Ne détourne pas les yeux, j'ai lu ce qu'ils disaient ; c'est une pensée de jalousie qui t'a arraché ce cri.

— De surprise, de doute, en ne comprenant pas comment tu peux me conseiller de partir.

— Oh! l'ingrat! Je pense à lui, je ne pense qu'à lui et à sa mère, je me sacrifie, et il s'imagine que je lui conseille de s'en aller en voyage pour être libre pendant qu'il sera parti! Mais, si je voulais ma liberté, qui m'empêcherait de la prendre? Sommes-nous mariés? Non, n'est-ce pas? Je ne suis que ta maîtresse, et je puis te quitter demain, tout de suite. Si je ne le fais pas, c'est parce que je t'aime, n'est-ce pas? et rien que pour cela. C'est parce que je t'aime que j'ai accepté cette existence mesquine et bourgeoise, et non pour autre chose, non pour les plaisirs et les avantages qu'elle me procure. Voilà en quoi le conseil judiciaire que tes parents t'ont donné est bon, c'est qu'en te liant les mains et en te laissant sans le sou, il te prouve à chaque instant que je t'aime pour toi, rien que pour toi. Eh bien ! quand les choses sont ainsi, je trouve mauvais que tu doutes de mon amour. Et je trouve plus mauvais encore que tu en doutes au moment même où cet amour s'affirme par le plus grand sacrifice qu'il puisse te faire. Mais je ne veux ni quereller ni me fâcher. Tu as eu une mauvaise pensée, oublions-la et revenons à ce que je te disais. Ta mère est malade, et tu dois tout faire pour lui rendre la santé; pour cela, le meilleur moyen c'est d'assurer son repos : qu'elle te sache en Allemagne, en Angleterre, en Amérique, en Asie, tandis que je serai à Paris, et tout de suite elle se rétablira. Voilà pour elle, à qui nous devons tout d'abord penser ; si plus tard tu peux lui apprendre que je t'ai moi-même conseillé ce voyage, elle m'en saura peut-être gré. Maintenant, occupons-nous de toi. Si tu n'es pas malade, tu es en tout cas horriblement tourmenté et humilié par ces réclamations honteuses de Rouspineau et de Brazier. A ton retour, tu serais débarrassé d'eux, et cela aussi est un point important à considérer. Ce n'est pas le seul : au lieu de ménager ton argent, tu as été vite; espérant faire des bénéfices qui te permettraient de payer Brazier et Rouspineau, tu as parié aux courses et tu as perdu ; de plus, toujours pour le même motif, tu as confié d'assez fortes sommes à ton ami Gaussin qui, avec ses combinaisons, devait ruiner la banque de Monte-Carlo, et qui s'est tout simplement ruiné lui-même en te perdant ton argent ; de sorte que tu es présentement dans une assez mauvaise situation financière. Si tu voyages, tes parents seront obligés de t'accorder des frais de route ; et ils le feront sans doute assez largement pour que tu puisses économiser dessus quelque bonne somme qui, à ton retour, te sera utile. Voilà les pensées qui me sont venues à l'église, et c'est pourquoi je te dis d'accepter la proposition de ta mère : pour elle, pour toi, pour nous. Maintenant tu feras ce que tu voudras; moi au moins j'aurai la conscience tranquille et satisfaite, ce qui est quelque chose.

Tout cela était si raisonnable, si sage, qu'il ne pouvait pas ne pas en être touché. Évidemment son devoir de fils était de donner à sa mère malade la satisfaction qu'elle demandait. Évidemment son intérêt à lui-même était de se débarrasser au plus vite de Brazier et de Rouspineau. Évidemment en lui donnant ce conseil Hortense agissait avec une délicate générosité : cela était d'une femme de cœur.

Il ne pouvait véritablement que remercier celle qui avait eu assez d'abnégation pour lui parler ce langage ; ce qu'il fit.

Ce fut après avoir déjeuné avec sa chère Hortense, plus chère que jamais, qu'il se rendit chez sa mère.

Quand celle-ci apprit qu'il consentait à partir, elle pleura de joie. C'était la première fois qu'il la voyait pleurer, car madame Haupois-Daguillon n'était pas femme à s'abandonner facilement à ses émotions.

— Je ne mets qu'une condition à mon voyage, dit Léon en souriant doucement ; si quinze jours après mon départ tu ne m'écris pas que tu es guérie, complétement guérie, je reviens ; car tu comprends bien, n'est-ce pas, que ce voyage sera un pèlerinage pour obtenir ton rétablissement.

— Avant huit jours je serai guérie.

Madame Haupois-Daguillon se demanda si elle ne devait pas rappeler son mari, pour qu'il vît Léon avant le départ de celui-ci, mais elle crut qu'il était plus sage d'éviter une rencontre dans laquelle pourraient s'échanger des reproches réciproques, et, au lieu de lui écrire de revenir, elle le pria de prolonger son absence.

Ç'avait été une question longuement débattue de savoir où Léon voyagerait, et comme madame Haupois-Daguillon laissait, bien entendu, le choix du pays à son fils, Cara avait fait adopter l'Amérique.

— Ne fais pas les choses à demi, lui avait-elle dit, et pour que tes parents soient bien certains que nous ne nous verrons pas, va-t'en aux États-Unis ; c'est d'ailleurs un voyage qui t'intéressera, et puis, comme la dépense sera grosse, les économies que tu feras seront grosses aussi.

Pendant les jours qui précédèrent son départ, Léon alla chaque matin passer deux heures avec sa mère, et le reste de son temps il le donna à Hortense : jamais elle n'avait été plus tendre pour lui ; jamais elle ne l'avait aimé plus passionnément.

Il devait s'embarquer à Liverpool, et comme Byasson, par un bienheureux hasard (arrangé il est vrai avec madame Haupois-Daguillon), avait des affaires qui l'appelaient à Manchester, il avait été convenu qu'il accompagnerait son jeune ami jusqu'à bord du paquebot. Comme cela on aurait la certitude que Cara n'était pas du voyage, au moins pour sa première partie.

Ce fut donc seulement jusqu'à la gare du Nord que Cara put conduire son amant, et ce fut dans la voiture qui les avait amenés qu'ils se séparèrent : que de baisers, que d'étreintes, que de promesses, que de serments! Tu ne m'oublieras pas; tu ne me tromperas pas; tu le jures; jure encore. Cara était affolée; Léon était plus calme, mais cependant très-ému, très-attendri.

Cependant, lorsque la portière de la voiture eut été refermée, et lorsque Léon eut disparu, Cara se remit assez vite; en rentrant dans son appartement, elle était tout à fait calme.

Elle trouva Louise en train d'entasser dans deux grandes malles du linge et des robes; les malles étaient bientôt pleines.

— Tu vas les faire porter rue Legendre, dit Cara, puis ce soir tu iras les reprendre et tu iras les déposer à la gare de l'Ouest, bureau de la consigne; prenons toutes nos précautions, et si la mère me fait surveiller, ce qui me paraît probable, elle en sera pour ses frais. Tu diras à la concierge que je suis malade et que je garde le lit.

Léon devait s'embarquer le samedi à Liverpool; à midi, madame Haupois-Daguillon reçut une dépêche de Byasson :

« Liverpool, 11 heures.

» Ai quitté Léon sur le *Pacific*. Le vapeur prend la mer, beau temps. »

Deux heures après, on remit à madame Haupois-Daguillon une lettre qu'un exprès venait d'apporter :

« La personne que nous avions mission de surveiller n'était point malade comme elle le prétendait; elle n'est point chez elle, et nous avons tout lieu de croire qu'elle est sortie hier soir un peu avant minuit; faut-il rechercher où elle a pu aller? »

Avant de répondre, madame Haupois-Daguillon

étudia l'indicateur des chemins de fer pour voir combien de temps au juste il fallait pour aller de Paris à Liverpool ; cet examen la rassura ; si Cara était partie le vendredi soir, un peu avant minuit, elle n'avait pas pu arriver à Liverpool avant le départ du *Pacific*.

Alors elle répondit un seul mot à cette lettre : « Cherchez. »

Ce fut le lundi seulement qu'elle apprit le résultat de cette recherche : le samedi matin, la personne qu'on avait mission de surveiller s'était embarquée au Havre sur le *Labrador*, en route pour New-York.

XXV

Les deux vapeurs le *Pacific* et le *Labrador* courent à toute vitesse sur l'Océan : l'un est sorti du canal de Saint-Georges, l'autre de la Manche ; les mêmes eaux les portent, et, dans l'air frais et pur qu'aucunes souillures terrestres ne ternissent, leurs fumées noires tracent la ligne qu'ils suivent.

Sur le pont du *Labrador* une femme à la toilette élégante, une Parisienne, Cara, une jumelle de courses à la main, sonde les profondeurs vaporeuses de l'horizon, et quand passe un officier elle lui demande, mais sans préciser la question, si tous les vapeurs partis d'Europe le samedi pour l'Amérique suivent la même route.

Sur le pont du *Pacific*, Léon regarde aussi la mer, mais il ne cherche rien à l'horizon; que lui importe que tel navire soit ou ne soit pas en vue; s'il promène les yeux çà et là, c'est en rêvant mélancoliquement

Depuis longtemps il n'avait pas eu une heure de solitude et de liberté; il avait été si bien pris, si étroitement enveloppé par Cara, qu'il avait peu à peu cessé de s'appartenir, pour lui appartenir à elle, n'ayant pas une pensée, une sensation, un sentiment qui lui fussent propres ou personnels, tous lui étaient suggérés par elle, ou tout au moins étaient partagés avec elle. On ne se dégage pas facilement d'une pareille absorption, on ne s'affranchit pas comme on veut d'une pareille servitude, car ce n'est pas seulement le corps qui se façonne par l'habitude, l'esprit et le cœur se modifient tout aussi aisément, tout aussi rapidement, et ce n'est pas du jour au lendemain qu'ils reprennent leur personnalité : seul sur ce navire il ne sentait en lui qu'un vide douloureux, une tristesse vague, que l'ennui de la vie à bord et la monotonie du spectacle de la mer roulant continuellement une longue et grosse houle rendaient encore plus pesants. A qui parler? L'oreille qui l'écoutait ordinairement ne pouvait l'entendre, les yeux dans lesquels il cherchait l'accord de sa pensée ne pouvaient lui répondre.

Mais peu à peu il se laissa gagner par le charme mélancolique du voyage, la monotonie même des choses qui l'entouraient le pénétra, la répétition régulière de ce qui se passait sous ses yeux lui offrit un certain intérêt, et de nouvelles habitudes vinrent insensiblement remplacer celles qui avaient été si brusquement rompues par son départ.

D'ailleurs la vie même du bord avait pris une activité pour l'équipage et pour les passagers un intérêt qu'elle n'avait pas pendant les premières journées où l'on s'éloignait de l'Europe; on approchait de Terre-Neuve, de ce que les marins appellent les bancs, et c'est toujours le moment critique de la traversée.

La température s'était refroidie, l'air s'était obscurci, et l'on avait rencontré de grands icebergs qui, descendant du pôle, s'en venaient fondre dans les eaux chaudes du *Gulf Stream;* plusieurs fois le vapeur avait brusquement viré de bord, changeant sa route pour ne pas aller donner contre ces écueils flottants, s'ouvrir et couler bas. Puis d'épais brouillards, plus froids que la neige avaient enveloppé le navire, et jour et nuit le sifflet d'alarme, par des coups stridents, avait averti les autres navires qui pouvaient se trouver sur son chemin.

— Coulerons-nous ceux que nous rencontrerons, serons-nous coulés par eux?

De pareilles questions discutées avec les officiers qui, dans leurs caoutchoucs couverts de givre et la barbe prise en glace, arpentent le pont, sont faites pour distraire l'esprit et susciter l'émotion.

Quand Léon débarqua à New-York, son état moral ne ressemblait en rien à celui dans lequel il se trouvait lorsqu'il s'était arraché des bras de Cara à la gare du Nord.

Si son père et sa mère, si Byasson avaient pu le voir, ils auraient cru que les espérances du fonctionnaire de la préfecture de police étaient en train de se réaliser: la puissance de l'accoutumance était considérablement affaiblie, et il ne faudrait pas bien des journées de voyage encore sans doute pour qu'elle fût tout à fait détruite. Alors, que resterait-il de cette liaison? Ne verrait-il pas Cara ce qu'elle était réellement?

Avant son départ de Paris il avait été convenu qu'il descendrait au grand hôtel de la cinquième avenue, et c'était là qu'on devait lui envoyer des dépêches, s'il était besoin qu'on lui en envoyât; en tout cas, c'était là qu'on devait lui adresser ses lettres.

De dépêches, il n'en attendait point; loin de s'aggraver l'état de sa mère avait dû s'améliorer, et il n'y avait pas à craindre qu'Hortense fût malade; triste, oui ennuyée, mais non malade. Ce ne fut donc que par une sorte d'acquit de conscience qu'il demanda s'il n'y avait pas de dépêche à son nom.

Grande fut sa surprise, profonde fut son angoisse lorsqu'on lui en remit une, et sa main trembla en l'ouvrant :

« Arriverai par *Labrador* peu après toi; n'écris à personne, ne télégraphie pas sans nous être vus.

» HORTENSE. »

Il resta stupéfait.

Que se passait-il? Pourquoi cette dépêche? Pourquoi ce voyage? Pourquoi ne devait-il pas écrire? Pourquoi ne devait-il pas télégraphier?

Toutes ces questions se pressaient dans sa tête troublée sans qu'il leur trouvât une réponse satisfaisante ou raisonnable.

Cette dépêche, en plus de l'inquiétude qu'elle lui causa, n'eut qu'un résultat, qui fut de lui imposer le souvenir de Cara; il ne vit plus qu'elle, il ne pensa plus qu'à elle, il fut à elle comme s'il était encore à Paris et comme s'il venait de la quitter.

Pourquoi arrivait-elle?

Était-elle jalouse ?

Il n'y avait guère que cette explication qui parût sensée, et encore avait-elle un côté absurde : une femme jalouse n'envoie pas une dépêche à celui qu'elle soupçonne.

Il se rendit au bureau de la compagnie transatlantique française pour savoir quand devait arriver le *Labrador*; on lui répondit que, parti du Havre le samedi, il était attendu d'un moment à l'autre.

Ainsi Hortense avait quitté le Havre le jour où lui-même s'embarquait à Liverpool : c'était là un fait qui rendait ce mystère de plus en plus inextricable.

Le mieux était donc d'attendre sans chercher à comprendre ce qui échappait à des conjectures raisonnables.

Et, en attendant, il se fit conduire chez le banquier où sa mère lui avait ouvert un crédit; cela occuperait son temps et calmerait son impatience, cela le distrairait de voir Wallstreet, le quartier de la finance.

Il fit passer sa carte à ce banquier qui, depuis longtemps, était en relation d'affaires avec la maison Haupois-Daguillon. Celui-ci le reçut plus que froidement. Alors Léon parla de son crédit.

Sans répondre, le banquier prit une dépêche dans un tiroir et la lui présenta; elle était en français et ne contenait que quelques mots :

« Considérez lettre du 5 courant comme non avenue et ouverture de crédit annulée.

» HAUPOIS-DAGUILLON. »

C'était marcher de surprise en surprise; mais, si la première était stupéfiante, celle-là en plus était outrageante.

C'était sa mère qui annulait, par une dépêche adressée à son banquier et non à lui-même, le crédit qu'elle lui avait ouvert avant son départ, gracieusement, généreusement, sans même qu'il le demandât, et d'une façon beaucoup plus large qu'il ne paraissait nécessaire.

Évidemment c'était quand sa mère avait appris le départ d'Hortense, qu'elle avait envoyé une dépêche; mais alors, pourquoi l'avoir adressée au banquier et non à lui? il y avait là une marque de méfiance qui lui causa une profonde blessure, aussi cruelle que l'avait été celle faite par la demande de conseil judiciaire.

Qu'elle crût qu'il l'avait trompée en se faisant accompagner par Hortense dans ce voyage, cela il l'admettait et il ne pouvait pas trop se fâcher de cette absence de confiance; mais qu'elle le supposât capable de s'approprier indélicatement un argent qu'on lui refusait, cela malgré ses efforts pour se calmer, l'exaspérait et lui donnait la fièvre.

Ce fut dans ces dispositions qu'il attendit que le *Labrador* arrivé, mais retenu à la quarantaine, pût débarquer ses passagers.

Si Hortense ne pouvait pas lui apprendre ce qui avait inspiré la dépêche au banquier, au moins elle lui expliquerait ce qui avait nécessité son voyage; il n'aurait plus à aller d'une interrogation à une autre, les brouillant, les enchevêtrant et n'arrivant à rien

De loin il l'aperçut, appuyée sur le bastingage, lui faisant des signes avec son mouchoir.

Enfin elle mit le pied sur le pont volant et, se faufilant au milieu des passagers qui ne se hâtaient point, n'étant attendus par personne, elle arriva à Léon, et émue, palpitante, elle se jeta dans ses bras.

XXVI

Ils montèrent en voiture pour se rendre à l'hôtel, et aussitôt Léon voulut interroger Cara.

Mais, sans répondre, elle le regarda en le pressant dans ses bras :

— Laisse-moi te regarder, t'embrasser, dit-elle, enfin je suis près de toi ; je te tiens ; on ne nous séparera plus ; oh ! ces douze jours ! j'ai vieilli de dix ans. M'aimes-tu ?

— Tu le demandes ?

— Oui, et il faut que tu le dises, il faut que tu le jures ; il faut que je voie, que je sente que tu n'es pour rien dans ce qui arrive.

— Mais qu'arrive-t-il ?

— Tu ne le sais pas ?

Disant cela, elle plongea dans ses yeux.

— Non, continua-t-elle, tu ne le sais pas ; ce regard limpide, ces yeux honnêtes ne peuvent pas mentir ; je savais bien que je n'aurais qu'à te voir pour être rassurée.

— Mais encore...

— On a préparé une terrible machination pour nous séparer.

— Qui ?

— Tes parents, ta mère : j'en ai la preuve que je

t'apporte ; quand tu auras vu, quand tu auras lu, tu comprendras que nous avons été trompés, dupés.

Elle le regarda du coin de l'œil ; elle fut surprise de voir qu'il ne bronchait pas, qu'il ne se révoltait pas, — et cela était un point d'une importance décisive qu'il écoutât les accusations contre sa mère, sans même tenter de les arrêter.

— Que dois-je lire ?

— A l'hôtel ; jusque-là laisse-moi tout à la joie de te voir ; puisque nous sommes réunis nous pourrons par-là, nous expliquer, car il faut que nous nous expliquions franchement, loyalement, sans arrière-pensée, et que nous sachions à quoi nous en tenir, non-seulement pour l'heure présente, mais pour l'avenir.

Il voulut insister, elle lui ferma les lèvres avec un baiser.

— Laisse-moi jouir de ces minutes du retour qui passent trop vite ; je t'ai, je te tiens, je n'écouterai qu'un mot si tu veux bien me le dire : m'aimes-tu ?

Ils arrivèrent à l'hôtel et alors il voulut la prendre dans ses bras, mais elle se dégagea et le tint à distance.

— Maintenant, dit-elle, l'heure des explications décisives a sonné ; j'ai voulu, pendant ce trajet, n'être qu'à la tendresse et à l'amour ; maintenant c'est notre vie qui va se décider.

De son carnet elle tira un papier plié en quatre et le lui tendit :

— Lis, dit-elle.

Il voulut la tenir dans son bras pendant que de l'autre il prenait ce papier, mais doucement elle recula et se tint debout devant lui, tandis qu'il restait assis.

— Je veux te voir, dit-elle, c'est ton regard qui m'apprendra ce que je dois faire.

Ayant ouvert ce papier il courut à la signature ; mais, après avoir lu le nom de Rouspineau, il regarda Hortense avec surprise, comme pour lui dire qu'il jugeait inutile de continuer :

— Lis, dit-elle d'une voix saccadée, ne vois-tu pas que tu me fais mourir ?

Il lut :

« Je soussigné reconnais : 1° que c'est par ordre de madame Haupois-Daguillon que j'ai fait des démarches pour être payé par M. Léon Haupois de ce qu'il me doit ; 2° que les quatre premiers billets souscrits par M. Léon Haupois ont été payés à l'échéance par la maison Haupois-Daguillon et qu'ils n'ont été protestés que pour la forme. »

Comme il restait immobile, accablé, elle dit :

— Tu connais l'écriture de Rouspineau, tu connais sa signature, tu ne les connais que trop par toutes les lettres dont il t'a poursuivi, tu vois donc que cette reconnaissance est bien écrite par lui.

Il ne répondit pas.

— Tu vois aussi quel a été le rôle de Rouspineau, et comment on s'est servi de lui comme on s'est servi de Brazier pour te forcer à quitter Paris, où l'on t'a, par toutes ces humiliations, rendu la vie insupportable. Rouspineau et Brazier, pour gagner leur argent, ont joué le rôle qui leur était imposé, et ta mère elle-même a joué le sien dans la comédie de la maladie ; enfin, on s'est moqué de toi.

C'était lentement qu'elle parlait, en le regardant, surtout en attendant que chaque mot eût produit son effet,

19.

de façon à n'arriver que progressivement à sa conclusion.

Tout à coup Léon releva la tête, et la regardant en face :

— As-tu vu ma mère ? dit-il.
— Non.
— As-tu vu quelqu'un envoyé par elle ?
— Personne.
— Lui as-tu écrit ?
— Tu es fou.

Comme elle ne connaissait pas la dépêche envoyée au banquier, elle se demandait ce que signifiaient ces étranges questions ; mais son plan étant tracé à l'avance, elle ne voulut pas s'en écarter :

— Ce que tu veux savoir, n'est-ce pas, dit-elle, c'est comment j'ai appris le rôle joué par Rouspineau en cette affaire. Tout simplement en l'interrogeant. J'avais, je l'avoue, été bien surprise par les demandes insolentes de Brazier et de Rouspineau. L'insistance de ces gens à et poursuivre me paraissait étrange et jusqu'à un certain point inexplicable. Tu n'es pas le premier fils de famille à qui ils ont prêté de l'argent : tu étais le premier à qui ils le réclamaient de cette façon. Le vendredi, veille de ton départ, Rouspineau, depuis longtemps déjà pressé par moi, se décida à parler. D'aveu en aveu, je lui arrachai ce que tu viens de lire, et, contre l'engagement que je pris de lui payer les deux billets que tu dois encore, il consentit à m'écrire ce papier. Ceci se passait le vendredi soir ; tu devais t'embarquer le samedi matin à Liverpool. Que faire ? Il m'était impossible de te rejoindre ; et, d'autre part, je n'osais t'envoyer une dépêche, craignant qu'elle fût interceptée par ton ami Byasson, qui, tu dois le comprendre maintenant, ne t'avait accompagné que pour te surveiller et t'expédier comme un colis, sans crainte de retour. Ah ! toutes les précautions étaient bien prises. Alors je résolus de te rejoindre ici. J'eus le temps de rentrer chez moi, de faire mes malles à la hâte, avec l'aide de Louise, et de prendre le train du Havre, qui part à minuit dix minutes. Arrivée au Havre, j'allai au télégraphe pour t'envoyer ma dépêche, puis je m'embarquai sur le *Labrador*, et me voici. Dans quelle situation morale je fis la traversée, tu peux l'imaginer ; je voyais tout le monde conjuré pour te séparer de moi et je me demandais si tu n'étais pas d'accord avec tes parents.

— Moi !

— Cela était absurde et encore plus injuste, j'en conviens, mais toi aussi tu conviendras qu'il était bien difficile d'admettre que ta mère qui, tu l'as toujours dit, t'aime et ne veut que ton bonheur, il était bien difficile d'admettre que ta mère avait pu toute seule machiner un pareil plan. J'ai quitté Paris décidée, je te l'avoue, à pousser les choses à l'extrême, pour trancher notre situation dans un sens ou dans un autre : ou nous nous séparerons franchement, ou je deviens ta femme ; tu as vingt-cinq ans accomplis, tu peux te marier malgré ton père et ta mère, à la condition de leur faire des sommations ; si tu m'aimes comme je t'aime, si tu comprends que je suis tout pour toi, qu'il n'y a que près de moi que tu peux trouver de l'affection et de la tendresse, si tu vois enfin ce qu'est pour toi cette famille qui t'a donné un conseil judiciaire, qui t'as déshonoré en te livrant aux moqueries des usuriers, qui s'est jouée de ton bonheur, de ton honneur, dans le seul intérêt de son argent; si tu comprends tout cela, tu n'hésites pas à me donner ton nom dont je suis digne par l'amour que je t'ai toujours témoigné; si tu hésites, retenu par je ne sais quelles lâches considérations mondaines, je n'hésite pas, moi, à me séparer d'un homme qui n'est pas digne d'être aimé.

Elle avait prononcé ce discours, évidemment préparé à l'avance, en détachant chaque mot, et les yeux dans les yeux de Léon; c'était en arrivant seulement à son projet de mariage qu'elle avait pressé son débit, de manière à n'être pas interrompue. Ayant dit ce qu'elle avait à dire, elle attendit, suivant sur le visage de son amant les divers mouvements qui l'agitaient, et lisant en lui comme dans un livre.

Or, ce qu'elle lisait n'était pas pour la satisfaire : tout d'abord la surprise, puis l'embarras, puis enfin la répulsion.

Mais elle n'était pas femme à se fâcher et encore moins à se décourager en voyant l'accueil fait à son projet.

A vrai dire, elle l'avait prévu cet accueil. Elle connaissait trop bien Léon pour s'imaginer, alors que dans les longues heures de la traversée elle préparait ce discours, qu'il allait lui répondre en lui sautant au cou et en écrivant à un notaire de Paris pour que celui-ci procédât aux sommations respectueuses. Cette hardiesse de résolution n'était pas dans le caractère de Léon. Si monté qu'il pût être contre ses parents, — et de ce côté elle l'avait trouvé dans les dispositions les plus favorables à ses desseins, — si exaspéré qu'il fût, il avait trop le sentiment de la famille, il était trop petit garçon, il était trop dominé par le respect humain pour risquer aussi franchement une déclaration de guerre à visage découvert. Si elle l'avait cru capable d'un pareil coup de tête, elle n'aurait pas entrepris ce voyage d'Amérique, et à Paris même elle se fût fait épouser. Si, malgré ses prévisions, elle avait cependant parlé de ce mariage précédé de sommations, c'est parce qu'il était dans ses principes de ne jamais rien négliger de ce qui avait une chance, si faible qu'elle fût, de réussir. Or, comme il se pouvait que Léon, en se voyant en butte aux tracasseries de sa famille, entrât dans un accès d'exaspération qui lui ferait accepter cette idée de mariage, elle avait cru devoir la mettre en avant, quitte à se replier sur une autre, si celle-là était repoussée. Et, en conséquence, elle avait préparé cette autre idée dont la réalisation, pour lui donner des avantages moins complets que la première, n'en serait pas moins cependant pour elle un superbe succès qui couronnerait ses efforts.

L'exaspération ne s'étant pas produite chez Léon au point de l'entraîner aux dernières extrémités, Cara ne commit point la maladresse de lui faire une scène de reproches, qui n'aurait abouti à rien de pratique. Elle était indignée de voir son embarras et son trouble, et c'eût été avec une véritable jouissance qu'elle lui eût reproché sa lâcheté en l'accablant de son mépris. Mais on ne fait pas ce qu'on veut en ce monde, et elle n'avait pas traversé l'Océan pour s'offrir des jouissances purement platoniques. Plus tard elle se vengerait de ces hésitations enfantines; pour le moment, elle avait mieux à faire; plus tard, elle lui dirait ce qu'elle pensait de lui; pour le moment elle ne devait lui dire que ce qui était utile.

Jusqu'alors elle avait parlé debout devant Léon en le tenant sous son regard ; mais, si cette position était bonne pour l'observer et le dominer, elle était mauvaise pour le toucher et dans un mouvement de trouble passionné lui faire perdre la tête.

Elle vint donc se placer près de lui sur le canapé où il était assis :

— Voilà dans quelles dispositions j'ai quitté Paris, dit-elle, décidée à t'obliger à la rupture ou au mariage, à la rupture si tu étais le complice de ta famille, ou au mariage si tu en étais la victime. Et ma résolution était si bien arrêtée que j'ai eu soin de prendre avec moi tous les papiers nécessaires à ce mariage : tes actes de naissance et de baptême, ainsi que les miens. Tu vas me dire que ce n'est pas en quelques minutes qu'on obtient ces actes. Cela est juste, et je ne veux pas qu'à cet égard il s'élève un doute dans ton esprit : j'avais ces actes depuis quelque temps déjà, bien avant que ton voyage fût décidé, les légalisations qui sont sur les actes de naissance en feront foi par leur date.

Pourquoi avait-elle levé ces actes bien avant que le voyage de Léon fût décidé ? Ce fut ce qu'elle n'expliqua pas ; il suffisait au succès de son plan que Léon ne pût pas croire qu'elle avait eu le temps de les obtenir entre le moment où Rouspineau avait parlé et celui où elle était partie, et la date de la légalisation était une réponse suffisante à cette question si Léon se la posait.

Elle continua :

— Pendant les premiers jours de la traversée, je m'affermis dans ma résolution : rupture ou mariage ; il n'y avait que cela de possible, il n'y avait que cela de digne.

— Comment as-tu pu admettre de sang-froid que je te trompais?

— Remarque que j'étais dans une situation terrible; si je n'admettais pas que tu me trompais, je devais admettre que c'était ta mère qui te trompait, et, malgré tout, je n'osais porter une pareille accusation contre celle qui était ta mère, tant jusqu'à ce jour je m'étais habituée à la respecter. Enfin je passai quelques jours dans une angoisse affreuse, malade en plus, horriblement malade par la mer. Pendant ces jours de douleur, je n'ai pas quitté ma cabine. Cependant, cet état de maladie et de faiblesse a eu cela de bon qu'il a calmé la fièvre et la colère qui me dévoraient quand j'ai quitté Paris. Une nuit que tout le monde dormait dans le navire et que le silence n'était troublé que par le ronflement de la machine et le gémissement du vent dans la mâture, j'ai eu une vision. Je dis une vision et non un rêve, car je ne dormais pas. Écoute-moi sérieusement.

— Je t'écoute.

— Sans douter de la réalité de cette vision, malgré ton irréligion. J'ai vu, j'ai entendu mon ange gardien. Avec tes idées, je sais que cela doit te paraître insensé; cependant cela est ainsi. Il me parla, et voici ses paroles: « Tu serais coupable de pousser ton ami à peiner ses parents. Mais tu serais coupable aussi de persévérer plus longtemps dans la vie qui est la vôtre. » Puis la vision disparut, et je restai livrée à mes pensées, m'efforçant de m'expliquer ces paroles qui m'avaient bouleversée. Le premier avertissement me parut assez facile à comprendre, il voulait dire que je ne devais pas exiger de toi les sommations respectueuses à tes parents, qui seraient une si cruelle blessure pour leur vanité et leur orgueil; donc je devais renoncer à mon projet de mariage tel que je l'avais arrangé dans ma tête pendant ces si longues journées. Je ne suis pas femme à désobéir à la volonté de Dieu; je renonçai donc à ce mariage.

Elle baissa les yeux comme si elle était profondément émue, mais elle avait été douée par la nature d'une qualité que l'usage avait singulièrement perfectionnée, celle de voir sans paraître regarder; elle remarqua que le visage de Léon, jusqu'alors douloureusement contracté, se détendit.

Après un moment donné à l'émotion, elle poursuivit:

— Le second avertissement était moins clair: comment ne pas persévérer dans la vie qui était la nôtre? La première idée qu'il s'offrit à mon esprit fut celle de la rupture: je devais me séparer de toi. S'il m'avait été cruel de renoncer à ce projet de mariage qui assurait mon bonheur pour l'éternité, combien plus cruelle encore me fut la pensée de la séparation! J'avais pu, après bien des combats, abandonner l'espérance d'être ta femme; mais je ne pouvais pas t'abandonner toi-même, renoncer à notre amour, à mon bonheur, à la vie. Je me dis qu'il était impossible que telle fût la volonté de Dieu, et je cherchai un autre sens à ces paroles. C'est hier seulement que j'ai trouvé, et de ce moment j'ai abandonné ma cabine, guérie, pour monter sur le pont comme si j'etais insensible au mal de mer; voilà pourquoi je ne suis pas trop défaite; ah! si tu avais pu me voir il y a deux ou trois jours, je n'étais qu'un spectre: comment suis-je?

Elle resta un moment assez long à le regarder dans

les yeux, en face de lui, et si près, que de son souffle elle lui faisait trembler la barbe.

Il voulut encore la prendre dans ses bras, mais doucement elle lui abaissa les mains qu'elle prit dans les siennes et qu'elle embrassa tendrement.

— Écoute-moi, dit-elle, je t'en prie, écoute-moi avec toute ton âme, sans distraction, sans pensée étrangère à ce qui nous occupe, car c'est ma vie que tu vas décider par un oui ou par un non; écoute-moi.

Et de nouveau, se penchant en avant, elle lui baisa les mains, mais cette fois fiévreusement, passionnément.

— Ce qui m'avait trompé, dit-elle, c'était la pensée que je devais renoncer à devenir ta femme. Ta femme par un mariage légal avec consentement de tes parents et publications, oui, à cela je dois renoncer. Mais ta femme par un mariage religieux, sans consentement de tes parents, sans publications; ta femme pour toi seul et pour Dieu; oui, voilà ce que je dois poursuivre, voilà ce que Dieu exige, voilà ce que je te demande, voilà ce que tu m'accorderas, si tu m'aimes, voilà ce que je vais exiger de toi et ce qui amènerait notre séparation si tu me le refusais. Je t'ai demandé de m'écouter tout à l'heure, je te répète ma prière à tes genoux; avant de parler, avant de répondre, avant de prononcer le oui ou non qui va décider notre vie à tous deux, notre bonheur ou notre malheur, comme tu voudras, écoute-moi jusqu'au bout.

Elle se laissa glisser à terre, et, jetant les bras autour de Léon, elle resta serrée contre lui, la tête levée, le regardant ardemment :

— Et ce que je te demande ce n'est rien qu'une marque

d'amour, la plus grande, la plus haute que tu puisses me donner. C'est pourquoi tu me vois à tes genoux te priant, te suppliant à mains jointes comme si je m'adressais à Dieu. J'aurais persisté dans ma première idée d'exiger de toi un vrai mariage, je ne serais pas dans cette position. Je t'aurais dit simplement ce que je désirais et j'aurais attendu la réponse sans appuyer ma demande par un mot ou par un geste, car un vrai mariage légal m'aurait donné des droits que celui que j'implore ne me donnera jamais. Par un mariage légal je me serais trouvée ta femme aux yeux de la loi, c'est-à-dire que j'aurais partagé ta fortune, celle que tu recueilleras un jour dans la succession de tes parents, j'aurais porté ton nom, j'aurais été ton héritière pour le cas où tu serais mort avant moi. Cela eût compliqué ma demande de questions d'argent et d'intérêts qui m'eussent imposé une grande réserve. Dieu merci, cette réserve n'existe pas maintenant, et je n'ai pas à me renfermer dans une froide dignité. Je peux te prier, te supplier, faire appel à ta tendresse, à l'amour, à nos souvenirs de bonheur, sans qu'on puisse m'accuser de calcul et sans craindre de mêler l'argent au sentiment, car ce mariage purement religieux, ne me donnera aucuns droits à ta fortune, je ne serai pas ta femme pour la loi, je ne porterai pas ton nom, pour tous notre union sera nulle, elle n'existera que pour nous... et que pour Dieu. Voilà pourquoi j'insiste, pourquoi je te presse : que m'importe la loi des hommes, je n'ai souci que de celle de Dieu.

Ce n'était pas seulement par la parole qu'elle le pressait, c'était encore par le regard, par la voix, par l'accent, par le geste, se serrant contre lui, l'enveloppant, l'étreignant, le fascinant : s'il y avait de l'habileté dans ce qu'elle disait, combien plus encore y en avait-il dans la façon dont elle le disait : ce discours eût pu laisser calme un indifférent, mais ce n'était pas à un indifférent qu'elle s'adressait, c'était à un homme qui l'aimait, qui était séparé d'elle depuis quinze jours, qu'elle avait depuis longtemps étudié dans son fort aussi bien que dans son faible, et qu'elle connaissait comme le pianiste connaît son clavier. Pendant toute la traversée, elle avait soigneusement travaillé les airs qu'elle jouerait sur ce clavier, et, dans ce qu'elle disait, dans ce qu'elle faisait, rien n'était livré aux hasards dangereux de l'improvisation.

Que n'eût-elle pas espéré si elle avait pu savoir que celui sur qui elle exerçait déjà tant de puissance venait d'être frappé au cœur par un coup qui lui enlevait toute force de résistance ! Connaissant la dépêche au banquier, ce n'eût peut-être pas été le seul mariage religieux qu'elle eût poursuivi.

Elle reprit :

— Pour être sincère, je dois dire que ce n'est pas seulement le repos de ma conscience que je te demande, c'est encore celui de ma vie entière, celui de la tienne. Il est bien certain que, par tous les moyens, tes parents poursuivront notre séparation ; le passé nous annonce l'avenir ; ils ne reculeront devant rien. Qui sait s'ils ne réussiront pas ? On est bien fort quand on est prêt à tout. Ce mariage nous défendra contre eux, et il me donnera la sécurité sans laquelle je ne peux plus vivre. Tu leur diras la vérité, et alors ils seront bien forcés de renoncer à la guerre. Qui sait même si ce ne sera pas la paix qui se fera quand ils auront compris que la guerre est impossible et inutile? Tu leur diras aussi comment les choses se sont passées, comment je n'ai voulu, comment je n'ai demandé que le mariage religieux quand je pouvais exiger l'autre, et cela leur montrera qui je suis; ils apprendront par là à me connaître et, je l'espère, à m'estimer. Qui sait ce que deviendront alors leurs sentiments pour moi : nous vois-tu tous réunis?

Elle se tut pendant quelques secondes voulant laisser à la réflexion le temps de sonder cet avenir qu'elle n'avait voulu qu'indiquer.

Puis, après avoir étreint Léon une dernière fois et lui avoir baisé les mains longuement en les mouillant de ses larmes brûlantes, elle se releva :

— J'ai tout dit. A toi maintenant de prononcer. Jamais nous n'avons traversé une crise plus grave. C'est notre vie ou notre mort que tu vas choisir. Tu dis oui et je me jette dans tes bras pour y rester à jamais, n'ayant d'autre souci que de me consacrer à toi tout entière et de te rendre heureux en t'aimant, en t'adorant comme jamais homme n'a été adoré. Tu dis non, et je m'éloigne pour ne te revoir jamais, car mon amour ne résisterait pas au mépris que tu me témoignerais en me refusant une juste satisfaction qui te coûtera si peu. Réduite aux termes dans laquelle je la pose, la question que tu as à trancher en ce moment consiste simplement à savoir si tu m'aimes ou si tu ne m'aimes pas. Tu m'aimes, je reste ; tu ne m'aimes plus, je pars. C'est donc là le mot, le seul que tu as à dire : je t'aime. Tes lèvres l'ont prononcé bien souvent, le diront-elles encore, ou ne le diront-elles point?

Parlant ainsi, elle avait fiévreusement remis son

chapeau et son manteau, puis, à chaque mot, elle avait avancé peu à peu vers la porte qu'elle touchait.

Léon l'avait suivie.

Elle posa la main sur le bouton de la serrure, puis elle plongea ses yeux dans ceux de son amant.

Ils restèrent ainsi longtemps ; enfin il ouvrit les bras, et elle s'abattit sur sa poitrine.

Qu'avait-elle à demander de plus? — il l'avait retenue.

XXVII

Elle n'était pas femme à s'endormir dans le succès et à attendre patiemment que Léon fût disposé à réaliser l'engagement tacite qu'elle avait eu tant de peine à lui arracher.

Il pouvait réfléchir lorsqu'il serait de sang-froid et revenir alors sur cet engagement.

D'autre part il y avait à craindre que ses parents n'intervinssent auprès de lui, soit en accourant eux-mêmes en Amérique, soit en faisant agir un homme d'affaires habile, et qu'ils n'arrivassent ainsi à changer sa résolution, qui n'était pas assez ferme pour qu'on pût avoir pleine confiance en elle.

Dans ces circonstances, le mieux était donc de ne pas perdre une minute et de faire célébrer aussi promptement que possible le mariage religieux.

Elle savait que les mariages de ce genre se font facilement et rapidement en Amérique, mais elle ignorait en quoi consistaient au juste cette facilité et cette rapidité. On lui avait dit que l'acte de naissance et l'acte de baptême étaient les seules pièces qu'on exigeait ; cela était-il vrai ? Etait-il vrai aussi que les délais entre la demande et la célébration étaient insignifiants ? Elle voulait mieux que des on-dit plus ou moins vagues ; c'était des certitudes qu'il lui fallait.

Le lendemain matin, alors que Léon était encore au lit, elle sortit « pour aller remercier le bon Dieu ; son absence ne serait que de quelques minutes, le temps d'aller à l'église la plus voisine, et elle revenait ».

Ce fut en effet à l'église catholique la plus rapprochée qu'elle se fit conduire ; mais, au lieu de remercier le bon Dieu, elle entra à la sacristie et demanda si elle pouvait parler à un prêtre qui fût Français ou qui entendît le français. A ces mots, un prêtre qui arrangeait des surplis dans un tiroir lui répondit avec un accent étranger très-prononcé qu'il était à sa disposition.

Il se préparait à entrer dans l'église, croyant qu'il s'agissait d'une confession, quand elle le retint : elle venait lui demander un conseil pour un mariage ; et alors, dans un coin de la sacristie, elle lui raconta l'histoire qu'elle avait préparée.

Elle venait d'arriver à New-York avec son fiancé, et ils étaient pressés de partir pour l'Ouest ; mais avant ils voulaient faire bénir leur union par l'Eglise, si toutefois on ne leur imposait pas de trop longs délais ; car si ces délais devaient les retenir à New-York, ils seraient obligés de se mettre en route avant d'avoir reçu le sacrement du mariage, ce qui serait une grande douleur pour leurs âmes chrétiennes ; elle désirait donc qu'on abrégeât ces délais autant que possible; elle était disposée à payer toutes les dispenses nécessaires, et de plus à faire à la chapelle de la très-sainte Vierge un cadeau proportionné au service qu'on lui aurait rendu.

L'entretien fut long et Cara le fit sans cesse revenir sur ce point décisif qu'il fallait pour leur salut qu'on les mariât avant leur départ pour l'Ouest. Mais le succès dépassa ses espérances, car le prêtre consentit à les marier à l'instant même, s'ils avaient les pièces exigées pour le mariage. Elle crut avoir mal entendu ou que le prêtre l'avait mal comprise, et elle recommença ses explications. Le prêtre, après l'avoir patiemment écoutée, lui répéta ce qu'il lui avait déjà dit. Elle eut peur alors qu'un tel mariage ne fût pas valable; mais le prêtre lui assura qu'il était au contraire indissoluble. Elle pouvait donc se présenter avec son fiancé quand elle le voudrait; ce jour même, le lendemain, et après s'être l'un et l'autre confessés, ils seraient mariés; ils n'auraient pas besoin d'amener des témoins, on leur en fournirait : un bedeau et un enfant de chœur rempliraient cet office.

Tout autre qu'un prêtre lui eût tenu ce langage, elle eût cru qu'on se moquait d'elle ; mais ces paroles étaient évidemment sérieuses; il ne lui restait donc qu'à profiter de ce qu'elle venait d'apprendre et au plus vite; elle remercia ce prêtre si complaisant et lui dit qu'elle allait revenir bientôt avec son fiancé.

Avant de rentrer à l'hôtel, elle s'arrêta chez un bijoutier et elle acheta un anneau ainsi qu'une pièce de mariage.

Arrivée à l'hôtel, elle garda sa voiture, puis rapidement elle monta à la chambre de Léon; il était en train de s'habiller.

— Veux-tu mettre une redingote, lui dit-elle.

— Pourquoi ne veux-tu pas que je garde cette jaquette : je serai plus à mon aise.

— Parce que nous allons nous marier, et je ne voudrais pas que tu fusses en jaquette, cela me serait un mauvais souvenir.

— Nous marier! s'écria-t-il en riant.

Mais elle prit ses grands airs, et dignement elle lui raconta ce que le prêtre de Saint-François venait de lui apprendre : ils étaient attendus ; elle avait promis de revenir avant une demi-heure.

Tout en parlant, elle changeait de robe et prenait une toilette noire, simple et sévère.

— Eh bien? dit-elle.

— Mais un pareil mariage est absurde, dit Léon, il ne vaut rien.

— Que t'importe? ne t'inquiète pas de cela; dis-moi que tu reviens sur ce que tu m'as promis hier, que tu ne veux plus ce que tu as voulu, que j'ai eu tort d'avoir foi en toi, je comprendrai tout cela; mais ne dis pas que ce mariage est absurde; s'il l'est, c'est une raison précisément pour qu'il ne te fasse pas peur, puisqu'il ne t'engagera à rien ; s'il ne l'est pas, ce que j'espère, ce que je crois, pourquoi le refuserais-tu aujourd'hui quand tu l'as accepté hier ?

Il n'y avait pas à répondre, ou plutôt il y avait trop de choses à répondre.

La cérémonie fût bâclée en peu de temps ; ils signèrent sur un registre, un vieux bedeau de quatre-vingts ans et un enfant de chœur de treize ou quatorze ans signèrent après eux, puis le prêtre qui avait célébré la messe signa à son tour ; — ils étaient mariés.

Dans un rêve, les événements n'auraient pas marché plus vite.

Etait-ce possible ?

Précisément parce que la validité d'un mariage conclu dans ces conditions paraissait plus que douteuse à Léon, il voulut faire quelque chose de positif et de solide pour Hortense.

Après leur déjeuner, il la fit monter en voiture avec lui, et il dit au cocher de les conduire dans Broadway à un numéro qu'il lui indiqua.

— Où allons-nous ? demanda-t-elle.

— Tu vas le voir.

Ils s'arrêtèrent à la porte d'une Compagnie d'assurances sur la vie, et là, tout aussi promptement qu'à l'église Léon conclut une assurance en vertu de laquelle la Compagnie s'engageait à payer à madame Hortense Binoche, sa femme, si elle lui survivait et après son décès la somme de cinquante mille dollars.

Quand Léon eut payé la première prime, il montra son portefeuille à Hortense, il ne lui restait que quelques billets.

— Voilà toute ma fortune, dit-il assez gaiement

Et il lui raconta comment le crédit qui lui avait été ouvert avait été presque aussitôt supprimé.

— Ce qui est à la femme, dit-elle, est aussi au mari, nous partagerons, et comme avec ce que j'ai apporté nous ne sommes pas tout à fait à sec, nous nous en irons, si tu le veux bien, visiter les grands lacs et le

Canada, cela vaut bien la banale promenade des jeunes mariés en Suisse ou en Italie.

Trois jours après le départ de Léon et de Cara, madame Haupois-Daguillon débarquait à New-York et descendait à l'hôtel que son fils venait de quitter.

Elle accourait ayant tout quitté, tout bravé pour le sauver, mais elle arrivait trop tard : parti pour l'Ouest, où? on n'en savait rien, pour l'Ouest avec milady. Il n'y avait pas à le chercher, ni à courir après lui. Où le trouver? et d'ailleurs comment l'arracher à cette femme?

Cependant ce voyage de madame Haupois-Daguillon ne fut pas complétement inutile; grâce au consul, pour qui elle avait une lettre de recommandation, grâce à un homme d'affaires actif et intelligent avec qui on la mit en relations, elle apprit, avant de se rembarquer pour l'Europe, que Léon s'était marié à l'église Saint-François devant l'abbé O'Connor, avec la demoiselle Hortense Binoche.

Marié ! Lui, son fils !

Marié avec cette femme, une fille !

Léon et Cara employèrent trois mois à visiter la région des grands lacs et à descendre le Saint-Laurent ; c'était un vrai voyage de noces; jamais on n'avait vu jeunes mariés plus tendres ; cependant il y avait des heures où le mari paraissait sombre et préoccupé ; quant à la femme, elle était radieuse, tout lui plaisait, la séduisait, l'enchantait.

Enfin ils s'embarquèrent à Québec pour Glasgow, et ce fut seulement après une promenade en Ecosse, non moins sentimentale que celle du Canada, qu'ils rentrèrent à Paris.

Une surprise, — cruelle pour Cara, — les y attendait; le concierge de la rue Auber remit à Léon toute une liasse de papiers timbrés.

De la lecture de ces assignations, il résultait que M. et madame Haupois-Daguillon demandaient au tribunal de la Seine la nullité d'un prétendu mariage conclu par leur fils, Léon Haupois-Daguillon, avec une demoiselle Hortense Binoche, devant un prêtre de l'église de Saint-François, à New-York (Etats-Unis), lequel mariage n'avait été précédé d'aucune publication, et avait été fait sans le consentement des père et mère du marié; qu'aux termes de l'article 182 du Code civil, le mariage ainsi contracté était nul, et qu'il importait aux demandeurs de ne pas laisser écouler le délai prévu par l'article 183 du même Code pour porter leur action en nullité devant la justice.

Faisant un rouleau de toutes ces paperasses, Léon les porta immédiatement chez Nicolas pour savoir ce qu'il devait faire; l'avis de l'avocat fut qu'il n'y avai absolument rien à faire et qu'il était inutile de se défendre, attendu qu'il n'y avait pas un tribunal en France qui ne prononcerait la nullité d'un mariage conclu dans de semblables conditions : une seule chose était possible, c'était d'adresser des sommations respectueuses aux parents et, après les délais légaux et les formalités en usage, de procéder à un nouveau mariage.

— Il n'y a que cela de pratique, dit Nicolas, et c'est le conseil que je vous donne si toutefois vous voulez de nouveau et toujours vous marier.

Comme Léon s'en revenait rue Auber et passait sur la place de la Madeleine, il aperçut une dame en grand deuil qui traversait le boulevard comme pour entrer à l'église ; cette dame ressemblait d'une façon frappante à sa mère : même tournure, même taille, même démarche, c'était à croire que c'était elle.

Mais cette pensée ne se fut pas plus tôt présentée à son esprit qu'il la chassa : cela n'était pas possible, c'était sa vision intérieure qu'il voyait ; sa mère n'était pas en deuil.

De qui serait-elle en deuil ?

Il regarda plus attentivement ; une voiture ayant barré le passage à cette dame, celle-ci s'arrêta et tourna à demi la tête du côté de Léon.

C'était-elle ! le doute n'était pas possible, c'était bien elle ; mais alors que signifiait ce deuil ?

Instinctivement et sans réfléchir il traversa le boulevard en courant.

Quand il rejoignit madame Haupois-Daguillon, elle atteignait les premières marches de l'escalier.

— Mère ? s'écria-t-il d'une voix étouffée.

Elle se retourna et en l'apercevant tout près d'elle elle recula.

— En deuil, dit-il, tu es en deuil, de qui ?

Elle le regarda un moment.

— De mon fils, dit-elle.

Et elle continua de gravir l'escalier sans se retourner, le laissant écrasé, suffoqué.

FIN DE LA DEUXIÈME PARTIE.

TROISIÈME PARTIE

I

Le théâtre de l'Opéra annonçait *Hamlet*, pour les débuts de mademoiselle Harol, dans le rôle d'Ophélie

C'était la première fois que Paris entendait ce nom, qui, disaient les journaux de théâtres, était celui d'une jeune chanteuse, Française d'origine, mais dont la réputation s'était faite en Italie à la Scala, à la Fenice, à la Pergola. Quelques articles avaient parlé des succès qu'elle avait obtenus sur ces scènes, mais Paris a autre chose à faire que de s'occuper de ce qui se passe à l'étranger, et toute réputation qu'il n'a pas consacrée, il s'imagine qu'il a ce droit, n'existe pas pour lui.

Faite simplement, modestement et sans réclames tapageuses, l'annonce de ce début n'avait pas produit une bien vive curiosité dans le public: aussi, lorsque le rideau se leva, la salle n'était-elle pas celle d'une représentation extraordinaire ; trois ou quatre critiques tout au plus avaient daigné se déranger, parce qu'on leur avait fait un service et surtout parce qu'ils n'avaient pas à employer mieux leur soirée ailleurs ; il y avait des trous dans les loges et plus d'un fauteuil d'orchestre était vide.

Au milieu du premier tableau, Byasson vint occuper un de ces fauteuils : il n'y avait pas de première représentation ce soir-là, et, ne sachant que faire, il était venu à l'Opéra plutôt pour ne pas se coucher trop tôt que pour voir mademoiselle Harol qu'il ne connaissait pas et dont il n'avait pas souci ; ce n'était pas une de ces débutantes qui, par le bruit dont elles ont soin de s'entourer, forcent l'attention.

Hamlet, en scène, exhalait ses plaintes sur l'inconstance et la fragilité des femmes, Byasson essuya les verres de sa lorgnette et se mit à examiner la salle, allant de loge en loge.

Il était absorbé dans cet examen et il tournait le dos à la scène lorsque, brusquement, il changea de position et braqua sa lorgnette sur le théâtre : une voix qu'il avait déjà entendue venait de réciter les premiers mots du rôle d'Ophélie :

> Hélas ! votre âme, en proie
> A d'éternels regrets, condamne notre joie!
> Et le roi, m'a-t-on dit, a reçu vos adieux !

Ce n'était pas seulement cette voix qu'il avait déjà entendue ; celle qui chantait, il l'avait déjà vue aussi !

Madeleine !

Et, n'écoutant plus, il regarda ; mais l'éclairage de la rampe change les traits ; d'autre part, le blanc, le rouge et tous les ajustements de théâtre substituent si bien le faux au vrai, qu'il resta assez longtemps la lorgnette braquée sans savoir à quoi s'en tenir.

Il avait si souvent pensé à Madeleine qu'il devait être en ce moment le jouet d'une illusion : il voyait Madeleine parce que Madeleine occupait son esprit.

Cependant la ressemblance était véritablement merveilleuse : c'était elle, c'était sa tête ovale, son nez droit, ses yeux bleus, ses cheveux blonds, sa figure douce et pensive.

Mais n'était-ce point Ophélie qui précisément ressemblait à Madeleine? quoi d'étonnant à cela; le type de la beauté de Madeleine n'était-il pas celui de la beauté blonde, vaporeuse et poétique?

Le duo avec Hamlet venait de s'achever et les applaudissements éclataient dans toute la salle s'adressant non-seulement à Hamlet, mais encore, mais surtout à Ophélie : en quelques minutes, le public, indifférent pour elle, avait été gagné et charmé.

Byasson avait été trop occupé à regarder mademoiselle Harol pour avoir pu la bien écouter. Cependant il lui avait semblé que la voix était belle et puissante; elle remplissait sans effort la vaste salle de l'Opéra, et la voix de Madeleine, au temps où il l'avait entendue, était loin d'avoir cette étendue et cette sûreté.

Il est vrai que, depuis cette époque, c'est-à-dire depuis plus de trois ans, cette voix avait pu se développer par le travail.

Mais où Madeleine, si c'était Madeleine, avait-elle pu travailler?

On disait que cette jeune chanteuse arrivait d'Italie; après avoir quitté la maison de son oncle, c'était donc en Italie que Madeleine avait été : cela expliquait que les recherches entreprises à Paris et à Rouen pour la retrouver n'eussent pas abouti.

C'était donc la passion du théâtre qui l'avait fait abandonner la maison de son oncle.

Alors tout s'expliquait, jamais M. et madame Haupois-

Daguillon n'eussent permis à leur nièce de se faire comédienne : en se sauvant, elle avait obéi à une irrésistible vocation.

Et Byasson, qui avait toujours eu pour elle une affection très-vive et très-tendre, fut heureux de trouver cette raison pour justifier cette fuite et aussi son silence depuis lors : il avait toujours soutenu qu'elle disait vrai dans sa lettre d'adieu, en parlant du devoir qu'elle voulait accomplir, il était fier de voir qu'il ne s'était pas trompé dans la bonne opinion qu'il avait d'elle.

C'était pendant la cavatine de Laërte et le chœur des officiers qu'il réfléchissait ainsi ; aussitôt qu'il put quitter sa place sans troubler ses voisins, il se hâta de sortir. Il ne pouvait pas rester dans l'incertitude plus longtemps ; il fallait qu'il sût.

Et il se dirigea vers l'entrée des artistes ; mais, après avoir fait quelques pas, il s'arrêta, retenu par une réflexion qui venait de traverser son esprit.

Pour que Madeleine sauvât Léon, il fallait qu'elle fût toujours Madeleine, la Madeleine d'autrefois.

Qui pouvait dire ce qui s'était passé ? qu'était devenue l'honnête et pure jeune fille après trois années de vie théâtrale, seule, sans affection, sans appui autour d'elle ?

Avant de voir Madeleine, avant de tenter une démarche auprès d'elle, il importait donc de savoir quelle femme il trouverait.

Il revint sur ses pas, décidé à rentrer dans la salle et à chercher quelqu'un, un journaliste ou un homme de théâtre, qui pût lui donner ces renseignements.

Comme il traversait le vestibule, il aperçut justement un jeune musicien qui, faisant partie de l'administration de l'Opéra, devait être en situation mieux que personne de l'éclairer ; il alla à lui.

— Eh bien, dit celui-ci avec une figure joyeuse, comment trouvez-vous notre nouvelle chanteuse?

— Charmante.

— C'est le mot qui est dans toutes les bouches. Pour mon compte, je n'ai jamais douté de son succès, mais j'avoue qu'il dépasse ce que je j'avais espéré. Ce que c'est que la beauté et le charme. Voici une jeune femme qui certainement a une excellente voix dont elle sait se servir; croyez-vous qu'elle eût fait la conquête du public avec cette rapidité, si elle n'avait pas eu ces beaux yeux doux.

— Elle vient d'Italie? demanda Byasson en passant son bras sous celui de son jeune ami et en l'accaparant.

— Oui, mais c'est une Française, d'Orléans je crois. Elle est élève de Lozès, ce qui est bien étonnant, car l'animal n'a jamais formé une femme de talent ; mais elle a travaillé aussi en Italie, où elle a débuté avec assez de succès pour qu'on m'ait envoyé la chercher. Elle a pour cornac un vieux sapajou d'Italien appelé Sciazziga, qui est bien l'être le plus insupportable de la création : avare, mendiant, pleurard. Elle vit avec lui.

Byasson ne put retenir un mouvement qui fit trembler son bras.

— Oh ! en tout bien tout honneur; si vous connaissiez le Sciazziga, l'idée que vous avez eue ne vous serait pas venue. J'ai voulu dire qu'elle vivait chez lui, sous sa garde, et je vous assure qu'elle est bien gardée, car elle est et elle sera la fortune de ce vieux chenapan qui l'exploite. Au reste, elle se tient bien, et l'on voit tout de suite qu'elle a été élevée. Je n'ai pas entendu la moindre médisance sur son compte, et cela prouve bien évidemment qu'il n'y a rien à dire, car sa vie a été passée au crible, soyez-en sûr. Mais rentrons, le deuxième acte va commencer, et vous savez qu'elle paraît tout de suite; je vous recommande son air : « Adieu, ayez foi ! »

Byasson ne se laissa pas dérouter par le mot « Orléans »; se tenant bien, élevée, honnête, c'était Madeleine; ce ne pouvait être qu'elle; Orléans ne devait être qu'une tromperie pour dérouter les recherches; il n'était pas plus vrai que ne l'était le nom de Harol.

Ah! la chère et charmante fille! elle était restée la Madeleine d'autrefois; elle pouvait donc sauver Léon et l'arracher des mains de Cara.

Cette pensée empêcha Byasson de bien écouter l'air d'Ophélie; mais les applaudissements lui apprirent comment il avait été chanté; c'était un triomphe.

A l'entr'acte suivant Byasson ne résista plus à l'envie d'aller voir Madeleine, car c'était bien, ce ne pouvait être que Madeleine; sans doute le moment n'était guère favorable à une visite, et la pauvre petite devait être toute à l'émotion de son début, mais il ne lui dirait qu'un mot.

La façon dont il affranchit sa carte lui fit trouver quelqu'un pour la porter sans retard.

Il n'attendit pas longtemps la réponse: un petit homme gros, gras, souriant, suant, soufflant, demanda d'une voix haletante où était M. Byasson.

Celui-ci s'avança, croyant qu'on allait le conduire près de Madeleine.

— *Z'est* donc vous qui désirez voir la signora, dit le petit homme, *z'est oune* impossibilité en ce moment,

Nous n'avons pas *oune minoute*. Vous *comprénez*, pas *oune minoute*. Désolation ; *ze suois zargé dé* vous *lé* dire *dé* la part *dé* la signora, *ma* demain elle vous *récévra* avec satisfaction, *roue* Châteaudun *noumero quarante-huit*, si vous *lé* voulez bien. *E'scousez, ze souis* obligé *dé* vous *qouitter ;* vous savez *lé* jour *d'oun débout*, pas *oune minoute* à soi.

C'était-là assurément le vieux sapajou nommé Sciazziga dont on avait parlé à Byasson, l'entrepreneur de Madeleine.

Il s'éloigna rapidement, courant, soufflant ; s'il avait *débouté* lui-même, il n'aurait certes pas été plus affairé, plus ému ; mais, en réalité, n'était-ce pas pour lui que Madeleine débutait ?

II

Le lendemain matin, après avoir lu trois ou quatre journaux qui tous étaient unanimes pour constater le grand, l'éclatant succès obtenu la veille à l'Opéra par mademoiselle Harol dans le rôle d'Ophélie, Byasson se rendit rue Royale pour voir M. et madame Haupois-Daguillon.

Dans ses vêtements de deuil, madame Haupois-Daguillon était déjà au travail penchée sur ses livres. et M. Haupois, qui venait d'arriver, parcourait les journaux du matin.

— J'ai du nouveau à vous annoncer, dit-il à ses amis, en leur serrant la main joyeusement.

— Nous aussi, dit M. Haupois, nous avons reçu une bonne nouvelle, et j'allais aller chez vous tout à l'heure pour vous la communiquer. L'homme que nous avons chargé de surveiller Cara est venu nous apprendre hier soir qu'il avait la certitude que Léon était trompé. Il paraît que cette coquine n'a pu jouer son rôle plus longtemps. Après s'être imposé la sagesse pour arriver à ses fins, elle a trouvé que le carême était trop long, et elle est retournée à son carnaval. Elle va une fois par semaine chez Salzondo, et ce n'est pas probablement pour friser les perruques de celui-ci. De plus, elle s'est engouée d'un caprice pour Otto, le gymnaste du Cirque, et elle a si pleine confiance dans la solidité du bandeau qu'elle a mis sur les yeux de Léon que c'est à peine si elle prend des précautions pour lui cacher cette double intrigue.

— De qui est cette réflexion, demanda Byasson, de vous ou de votre homme ?

— De notre homme. Celui-ci n'a pas encore entre les mains des preuves matérielles de ce qu'il a découvert, mais il espère les avoir bientôt, et alors nous serons sauvés. Lorsque Léon aura ces preuves sous les yeux, lorsqu'il aura vu, ce qui s'appelle vu, de ses propres yeux vu, il connaîtra cette femme et comprendra comment il a été abusé, entraîné, comment on le trompe, l'on se moque de lui et il n'hésitera pas à se réunir à nous pour demander à la cour la confirmation du jugement qui déclare nul son prétendu mariage ; de même il se réunira à nous encore pour poursuivre à Rome l'annulation du mariage religieux. Vous voyez bien que j'ai eu raison de toujours soutenir que ce moyen était le seul bon pour réussir. Est-ce qu'une femme pareille ne devait pas un jour ou l'autre retourner à son ruisseau ? cela était logique, cela était fatal, il n'y avait qu'à attendre ce jour.

— Je n'ai jamais prétendu que Cara ne retournerait pas à son ruisseau, répliqua Byasson, j'aurais plutôt cru qu'elle n'en sortirait pas. Ce que vous m'apprenez ne me surprend pas.

— Si cela ne vous surprend pas, d'autre part cela ne paraît pas vous causer la même satisfaction qu'à nous.

— C'est que je ne puis pas partager vos espérances.

— Mon cher, vous avez toujours été trop pessimiste, dit M. Haupois avec humeur.

— Et vous, mon cher, vous avez toujours été trop optimiste.

— Les situations n'étaient pas les mêmes, dit madame Haupois-Daguillon.

— Cela est parfaitement juste, répondit Byasson, et si je rappelle que j'ai cru ce mariage possible et même imminent quand vous ne vouliez pas l'admettre, c'est seulement pour dire que je ne me suis pas toujours trompé. Eh bien, dans le cas présent, je crois que je ne me trompe pas encore en disant que ces preuves matérielles qu'on vous promet, on ne les obtiendra probablement pas, attendu que Cara ne sera pas assez maladroite pour donner des preuves contre elle, ce qui s'appelle des preuves vraies, et que si elle a des amants, ce que je suis disposé à croire, c'est dans des conditions où elle peut nier toutes les accusations de façon à abuser Léon, la seule chose importante pour elle. Eussiez-vous ces preuves, je ne crois pas encore qu'elles convainquissent Léon, qui est trop complètement aveuglé pour voir clair en plein midi, si vous lui mettez ces preuves sous les yeux sans certaines préparations. Enfin, je ne crois pas qu'il se réunisse à vous pour demander devant la cour la nullité de son mariage, pas plus que celle de son mariage religieux. Pour son mariage civil, cela n'a pas d'importance, la cour prononcera cette nullité, avec ou contre lui, comme le tribunal de première instance l'a prononcée. Mais, pour le mariage religieux, la situation est bien différente; jamais la cour de Rome ne prononcera cette nullité si Léon lui-même ne la demande pas, et, s'il la demande, il n'est même pas du tout certain que vous l'obteniez. Vous voyez donc que vos preuves ne produiront pas les résultats que vous espérez, et j'ai la conviction que, lors même qu'elles seraient éclatantes, Léon n'en poursuivrait pas moins ses sommations respectueuses, tant il est incapable de volonté entre les mains de Cara ; n'oubliez pas que vous allez recevoir le troisième acte, et qu'un mois après il pourra se marier, à Paris, malgré vous, et légitimement.

Pendant que Byasson parlait, M. Haupois-Daguillon se promenait en long et en large avec tous les signes de l'impatience et de la colère; pour madame Haupois, elle écoutait attentivement, examinant Byasson.

Comme son mari allait répondre, elle lui coupa la parole.

— Mon cher monsieur Byasson, dit-elle, vous ne nous parleriez pas ainsi si vous n'aviez pas un autre moyen à nous proposer; vous auriez pitié de nos angoisses; vous avez dit que vous aviez du nouveau à nous annoncer; qu'est-ce? je vous en prie, parlez.

— Madeleine est à Paris. Je l'ai vue hier, et c'est par Madeleine seule que Léon peut être arraché des mains de Cara ; une femme seule sera assez forte pour délier ce qu'une femme a lié ; une influence salutaire détruira l'influence néfaste.

— Léon n'aime plus Madeleine, puisqu'il a épousé cette coquine.

— Léon n'a aimé Cara que parce qu'il aimait Madeleine ; il a demandé à l'une de lui faire oublier l'autre ; après une longue séparation, sans avoir jamais entendu parler de Madeleine, sans savoir même si elle vivait encore, il a pu se laisser séduire par Cara ; mais le jour où Madeleine voudra reprendre son influence sur lui, elle la reprendra ; j'ai pour garant de ce que je vous dis les paroles mêmes de Léon, quand il m'a affirmé qu'il n'avait pris une maîtresse que pour se consoler, mais qu'il n'oublierait jamais celle qu'il avait aimée, celle qu'il aimait toujours.

M. Haupois laissa échapper un geste de mécontentement.

— Où avez-vous vu Madeleine ? demanda vivement madame Haupois.

Byasson aurait voulu ne pas répondre tout de suite à cette question, et c'était avec intention qu'il avait tout d'abord insisté sur l'influence décisive que Madeleine pouvait exercer, et aussi sur les sentiments que Léon éprouvait pour sa cousine.

Mais, devant l'interpellation de madame Haupois, il eût été maladroit de vouloir s'échapper, et mieux valait encore aborder de front la difficulté.

— Vous avez, dit-il, cherché toutes sortes d'explications au départ de Madeleine, il n'y en avait qu'une :

Madeleine était née artiste, elle voulait être artiste. C'est pour cela qu'elle a quitté votre maison; c'est pour se faire chanteuse; elle a débuté hier à l'Opéra avec un succès que les journaux sont unanimes ce matin à constater : une grande artiste nous est née.

— Comédienne !

— Je sais tout ce que vous pourrez dire, mais je vous répondrai que Madeleine est devenue chanteuse comme Léon est devenu le mari de Cara : chacun se console comme il peut; l'un demande sa consolation à une femme, l'autre au travail et à l'art. Enfin Madeleine est chanteuse, et je l'ai retrouvée hier à l'Opéra chantant Ophélie avec le succès que je viens de vous dire. En la reconnaissant, car c'est en la voyant sur la scène que je l'ai reconnue, ma première pensée a été d'aller à elle pour lui demander si elle voulait sauver Léon. Heureusement je me suis arrêté en chemin. D'abord il était sage de s'assurer si Madeleine était toujours Madeleine, et cette assurance, on me l'a donnée telle que je la pouvais désirer. Puis il était sage aussi de savoir si vous étiez disposés à accepter son concours et à le payer du prix qu'il mérite au cas où elle vous rendrait votre fils. C'est ce que je viens vous demander, avant de voir Madeleine, que je vais aller trouver en sortant d'ici. Si Madeleine vous rend Léon, puis-je, en votre nom, prendre l'engagement que vous consentirez à son mariage avec votre fils; puis-je loyalement lui demander ce concours sans lequel vous n'arriverez à rien de pratique et qui seul peut empêcher Léon de persister dans la voie où Cara le pousse?

— Mais, cher ami... s'écria M. Haupois évidemment suffoqué.

Une fois encore la mère coupa la parole au père, la femme au mari :

— Qui vous dit que Madeleine a éprouvé pour Léon les sentiments que vous croyez ? Si cela a été, qui vous dit que cela est encore ?

— Rien, vous avez raison ; j'ai toujours cru que Madeleine avait pour Léon autre chose que l'affection d'une cousine ; j'ai cru aussi qu'elle avait quitté votre maison parce qu'elle ne voulait pas s'abandonner à un sentiment qu'elle savait devoir n'être jamais approuvé par vous ; enfin je crois que si, dans la carrière qu'elle a embrassée, elle a pu rester honnête comme on me l'a dit, c'est parce qu'elle a été gardée par ce sentiment. Il est certain que je puis me tromper, je le reconnais. Mais il est certain aussi que si, contrairement à mon espérance, ce sentiment n'existe pas, et que si d'autre part vous n'acceptez pas Madeleine pour votre belle-fille, Léon, avant deux mois, sera marié avec Cara par un mariage que ni les tribunaux civils, ni les tribunaux ecclésiastiques ne pourront rompre. La question présentement se réduit à ceci : Qui préférez-vous pour belle-fille de Cara ou de Madeleine ? Décidez. Maintenant laissez-moi vous répéter encore ce que je vous ai déjà dit. Léon ne consentira à voir les preuves dont vous attendez merveille que si Madeleine lui ôte le bandeau que Cara lui a mis sur les yeux. Essayez de vous servir de ces preuves avec un aveugle, et vous hâterez son mariage. Ce ne sera pas Cara qu'il accusera, ce sera vous. Je ne suis pas un grand maître dans les choses du cœur, cependant j'ai vu des gens possédés par la passion, et de ce que j'ai vu est résultée pour moi la conviction que, quand une femme est parvenue à mettre des verres roses aux lunettes de l'homme qui l'aime, il n'y a qu'une autre femme qui peut changer ces verres ; celle-là les remplace avec une extrême facilité, et de ce jour ce qui était rose devient noir pour lui, c'est d'un autre côté qu'il voit rose. Je vous ai dit ce que ma conscience m'inspirait. Je vous adjure en cette affaire de ne voir que l'intérêt de votre fils et son avenir : n'oubliez pas que vous ne trouverez pas facilement une jeune fille qui voudra accepter pour mari l'homme veuf de mademoiselle Hortense Binoche, dite Cara, laquelle ne sera pas morte.

— Je verrai Madeleine... dit M. Haupois.

Mais madame Haupois intervint de nouveau.

— Nous ne sommes pas en mesure de lever haut la tête ; pour moi je suis accablée ; voyez Madeleine, mon cher Byasson, et dites-lui de ma part, de notre part, que nous n'aurons rien à refuser à celle qui nous aura rendu notre fils..., si elle est digne de lui.

III

Pour qui connaissait comme Byasson l'orgueil de M. et de madame Haupois-Daguillon, c'était un point capital d'avoir obtenu qu'ils accepteraient Madeleine pour belle-fille si celle-ci leur rendait leur fils ; il s'était attendu à des luttes ; et celle qu'il avait dû soutenir avait été beaucoup moins vive qu'il n'avait craint quand l'idée lui était venue de faire intervenir Madeleine pour l'opposer à Cara.

Cependant, pour avoir réussi de ce côté, tout n'était pas dit : maintenant il fallait voir ce que Madeleine répondrait ; accepterait-elle le rôle qu'il lui destinait ? Aimait-elle Léon ? Voudrait-elle pour mari d'un homme qui avait pris Cara pour femme ? Enfin consentirait-elle à abandonner le théâtre ?

Toutes ces questions se pressaient dans son esprit pendant qu'il se rendait de la rue Royale à la rue de Châteaudun, et il était obligé de reconnaître qu'elles étaient graves, très-graves.

Au *noumèro qouarante-houit*, comme disait Sciazziga, le concierge à qui il s'adressa pour demander mademoiselle Harol lui répondit de monter au troisième étage ; là, une femme de chambre à l'air discret et honnête lui ouvrit la porte et l'introduisit dans un petit salon très-convenable, qui n'avait que le défaut d'être beaucoup trop encombré ; en le meublant, Sciazziga, qui avait fait pendant son absence gérer sa maison de commerce, avait profité de cette occasion pour vendre très-cher à son élève une quantité de meubles dont celle-ci n'avait aucun besoin.

Byasson n'eut pas longtemps à attendre : presque aussitôt Madeleine parut et vint à lui les deux mains tendues :

— Cher monsieur Byasson, dit-elle de sa belle voix harmonieuse et tendre, combien je suis heureuse de vous voir et que je vous remercie de m'avoir fait passer votre carte hier ! me pardonnez-vous ma réponse ?

— Ce serait moi, ma chère enfant, qui devrais vous demander si vous me pardonnez ma visite.

— J'étais si émue que je n'ai pu ajouter à cette émotion celle que votre visite m'aurait donnée; j'avais besoin de calme, il me fallait aller jusqu'au bout sans défaillance, et j'avais peur de moi; c'est chose si terrible de paraître devant ce public indifférent qui, en quelques minutes, peut vous condamner à une mort honteuse; mais ne parlons pas de cela.

— Votre triomphe a été splendide.

— J'ai été heureuse. Mais dites-moi, je vous prie, comment se porte mon oncle, comment se porte ma tante?

— Ils vont bien, quoique depuis votre départ ils aient été cruellement éprouvés; quand vous les verrez, vous les trouverez bien vieillis; votre oncle n'est plus le vieux beau qui montait si fièrement les Champs-Elysées, et votre tante n'a plus son activité d'autrefois; mais vous ne me demandez pas de nouvelles de Léon?

Parlant ainsi, il l'avait regardée en face; il vit qu'elle pâlissait.

— J'ai lu les journaux, dit-elle en baissant les yeux.

— Ah! vous savez?

— Je sais ce que les journaux ont rapporté de ce procès, qui, je le comprends, a dû causer de terribles chagrins à mon oncle et à ma tante. Et lui... je veux dire Léon, comment a-t-il supporté cette crise?

— Nous n'avons pas vu Léon depuis longtemps; il a rompu toutes relations avec nous, et ses amis ont rompu toutes relations avec lui.

— Ah! pauvre Léon!

— Que n'entend-il cette parole de sympathie! elle lui serait douce.

— Il est malheureux?

— Très-malheureux, le plus malheureux homme du monde.

— Mon Dieu!

De nouveau il la regarda, elle paraissait profondément émue et troublée, et cependant elle n'était plus une enfant qui s'abandonne sans résistance à ses impressions; de grands changements s'était faits en elle, elle avait pris de l'assurance dans le regard, de la liberté et de l'aisance dans ses attitudes, sa voix avait de la fermeté, son geste de l'ampleur, la jeune fille était devenue une jeune femme.

— Mon enfant, dit Byasson en lui prenant la main, je vais être sincère avec vous et tout vous apprendre : Léon est tombé sous l'influence d'une femme indigne de lui, et comme il est tendre, comme il est bon, comme le bonheur pour lui consiste à rendre heureux ceux qu'il aime, il a été promptement dominé, sa volonté a été annihilée, et si complétement, que dans une heure de folie, n'ayant personne auprès de lui, seul en Amérique, il s'est laissé marier à cette femme. Comment cette folie a-t-elle été provoquée? c'est là le point intéressant, et je vous demande, mon enfant, de m'écouter avec la confiance que vous accorderiez à votre père, si vous l'aviez encore, comme un ami dévoué, qui a toujours eu pour vous une ardente sympathie et qui vous aime de tout son cœur.

Sans répondre, elle lui serra la main dans une étreinte émue.

— C'est non-seulement de Léon que je dois parler, c'est encore de vous, c'est non-seulement de ses sentiments, c'est encore des vôtres. Le sujet est difficile, délicat, soyez indulgente, soyez patiente. Léon n'a pas pu vous voir sans vous aimer...

— Oh! monsieur Byasson! s'écria-t-elle en détournant la tête.

— Je vous ai demandé toute votre confiance et toute votre indulgence; laissez-moi aller jusqu'au bout; il s'agit du bonheur, de l'honneur de Léon, de la vie de votre oncle et de votre tante. Lorsque Léon est revenu de Saint-Aubin avec vous, il s'est franchement ouvert à son père et à sa mère en leur disant qu'il désirait vous prendre pour femme. M. et madame Haupois-Daguillon ont refusé leur consentement à ce mariage, par cette seule raison que vous n'aviez pas une qualité qui, pour eux, à cette époque, passait avant toutes les autres, — la fortune. On a envoyé Léon en Espagne, et en son absence, à son insu, on a voulu vous faire épouser Saffroy. C'est alors que vous avez quitté la maison de votre oncle, entraînée par votre vocation pour le théâtre, et dominée plus encore, n'est-ce pas? par l'horreur que vous inspirait un mariage... qui vous blessait dans vos sentiments. Rassurez-vous, mon enfant; mon intention n'est pas de chercher à savoir quel était alors l'état de votre cœur. Lorsque Léon revint, il fut véritablement désespéré. Il vous chercha partout, à Paris, à Rouen, à Saint-Aubin, et, de retour à Paris, il continua ses recherches. Si vous aviez pu voir alors quelle était sa douleur, vous seriez revenue. Le temps amena pour lui, comme pour nous tous, la conviction qu'on ne vous reverrait jamais. Ce fut alors que Léon fit la connaissance de cette femme. Comment se laissa-t-il prendre par elle? Je vais vous répéter les mots mêmes dont il s'est servi en me l'expliquant et que je n'ai point oubliés.

« Puisque ma famille m'empêchait d'épouser celle auprès de laquelle j'aurais vécu heureux, j'ai pris pour maîtresse une femme qui a été assez habile, non pour me faire oublier celle que j'ai aimée, que j'aime toujours, car rien n'effacera de mon cœur le souvenir de Madeleine, mais pour me consoler. » Ainsi c'est la consolation, c'est l'oubli qu'il a cherché auprès de cette femme ; il y a trouvé la folie et la honte. Je vous ai dit qu'il s'était marié à New-York. Je vous ai dit que ses parents avaient demandé la nullité de ce mariage, laquelle a été prononcée. Mais Léon, de plus en plus aveuglé, affolé, a fait faire des sommations respectueuses à son père, et dans deux mois, si d'ici là rien ne l'arrête, il va épouser cette femme par un mariage cette fois indissoluble. Mon enfant, voulez-vous l'arrêter, voulez-vous le sauver?

— Moi !

— Vous seule le pouvez ; sans vous il est perdu, et ses parents réduits au désespoir meurent de chagrin et de honte, car cette femme est la plus misérable créature que la boue de Paris ait produite. Dites un mot, il est au contraire sauvé, car il vous aime, je vous le répète, il vous aime toujours, et le mot que je vous demande, c'est votre consentement à devenir sa femme. Vous allez me répondre que ses parents n'ont pas voulu de vous il y a trois ans ; chère enfant, que leur orgueil a refusé ce mariage, mais depuis cet orgueil a été cruellement humilié ; ils ont pendant ces trois ans durement expié leur faute, et aujourd'hui c'est en leur nom que je parle ; voulez-vous accepter Léon pour votre mari? Je vous l'ai déjà dit, laissez-moi vous le répéter, c'est son honneur qui est en jeu, c'est sa vie, c'est celle de ses parents.

Byasson se tut; mais, au lieu de répondre, Madeleine ne balbutia que quelques paroles à peu près inintelligibles; alors il reprit :

— Je comprends votre trouble, mon enfant; vos inquiétudes, vos angoisses, vos doutes, je les sens. J'admets très-bien qu'avant de me répondre, vous vous demandiez si celui que je vous propose pour mari est toujours digne de vous. Jamais craintes n'ont été mieux justifiées que les vôtres. Avant de vous engager, vous avez raison de vouloir voir; je serais le premier à vous donner ce conseil. Aussi n'est-ce point un engagement immédiat et définitif que j'attends de vous; ce n'est pas le oui sacramentel qu'on prononce à la mairie, c'est seulement, et pour le moment, votre aide et votre concours; voyez Léon, voyez-le, sachant à l'avance le danger qu'il court et comment il peut être sauvé, puis ensuite vous déciderez dans votre conscience et dans votre cœur, mon enfant.

— Mais je ne suis pas libre.

Ce mot abattit instantanément toutes les combinaisons de Byasson.

— Votre cœur... dit-il.

— Ce n'est pas de mon cœur que je parle, répondit-elle avec un sourire désolé, c'est de ma vie qui ne m'appartient pas, et qui, pour neuf années encore, est à celui qui a payé mon éducation musicale.

Byasson respira.

— Si ce n'est que cela qui vous retient, dit-il gaiement, quittez ce souci; ce contrat qui vous lie à votre entrepreneur se déliera avec de l'argent, et il est juste que mes amis, qui n'ont pas voulu de vous parce que vous n'aviez pas d'argent, soient en fin de compte, punis par l'argent.

— Mais j'appartiens au théâtre. Si lorsque j'ai embrassé cette carrière je n'étais pas poussée par une irrésistible vocation, cette vocation est venue, je suis une artiste, j'aime mon art.

— Ah ! je sais que c'est un sacrifice que je vous demande, et je ne viens pas vous éblouir de la fortune que vous trouverez dans ce mariage ; c'est le langage du sentiment et du cœur que je vous parle, celui-là seul et non un autre. Avez-vous eu..., je ne dirai pas de l'amour pour Léon, ce n'est pas moi qui peux vous poser une pareille question, je vous dis avez-vous eu de l'affection, de la tendresse pour votre cousin ? cette affection, cette tendresse existe-t-elle encore ? si oui, ayez pitié de lui, ma chère fille, tendez-lui la main, accomplissez un miracle dont seule vous êtes capable; sauvez-le.

Madeleine resta pendant quelques minutes sans répondre, suivant sa pensée intérieure, le cœur serré, ne respirant pas; tout à coup elle se leva et passa dans la pièce d'où elle était sortie quand Byasson avait été introduit dans le salon. Elle resta peu de temps absente : quand elle reparut, elle avait un chapeau sur la tête et un manteau sur les épaules.

— Voulez-vous me conduire chez mon oncle ? dit-elle.

IV.

Byasson offrit son bras à Madeleine, et ils se dirigèrent vers la rue Royale ; tout en marchant, il l'interrogea sur ses études, sur ses débuts, sur sa vie de théâtre, et elle lui raconta combien les commencements de cette existence si nouvelle pour elle lui avaient été durs ; elle lui fit aussi le récit de ses visites à Maraval et à Lozès.

— J'ai eu bien des défaillances ; j'ai eu aussi bien des dégoûts, dont le plus amer s'est trouvé dans l'existence en commun, une existence étroite, intime avec ceux à qui j'appartiens présentement, M. et madame Sciazziga. Au fond, ce ne sont point de méchantes gens, mais nos goûts, nos idées ne sont pas les mêmes, nous n'avons pas été élevés de la même façon, nous n'envisageons pas les choses au même point de vue. Depuis trois ans madame Sciazziga ne m'avait pas quittée d'une minute, je suis un capital pour eux et ils me gardent avec des précautions dont ils ne soupçonnent même pas l'inconvenance révoltante. C'est seulement lorsqu'il a été question de venir à Paris que j'ai stipulé une certaine liberté : pouvais-je consentir à paraître devant les personnes qui ont connu mon père ou qui connaissent ma famille, avec madame Sciazziga à mes côtés comme une duègne du théâtre espagnol ? C'est la peur que je ne consente pas à venir à Paris, qui a arraché cette concession à Sciazziga. Aussi, depuis mon arrivée, le mari et la femme vivent-ils dans des transes continuelles ; et, tout à l'heure, quand nous sommes sortis, si vous les aviez connus, vous auriez vu le mari et la femme nous observant ; je ne suis pas bien certaine que le mari ou la femme ne nous suive pas. Si j'allais me marier ? Si j'allais quitter le théâtre ? C'est là leur grande crainte. Quand Sciazziga m'a fait signer l'engagement qui me lie à lui, il a stipulé un dédit de 200,000 francs au cas où je quitterais le théâtre avant l'expiration de cet engagement. A ce moment 200,000 francs c'était une grosse somme ; mais maintenant je vaux mieux que cela, et je leur gagnerai plus de 200,000 francs en continuant de partager mes appointements avec eux.

Ils arrivaient devant la porte de la maison Haupois-Daguillon.

En montant l'escalier, Byasson sentit le bras de Madeleine trembler sous le sien.

Il s'arrêta, et se penchant vers elle en parlant à mi-voix :

— N'oubliez pas, chère enfant, que dans cette maison désolée vous allez remplir le rôle de la Providence.

La première personne qu'ils trouvèrent en entrant dans les magasins fut Saffroy, qui, lorsqu'il aperçut Madeleine au bras de Byasson, resta immobile comme s'il était pétrifié.

En ces derniers temps, sa situation dans la maison avait pris une importance de plus en plus prépondérante ; les chagrins, les préoccupations, les voyages avaient paralysé M. et madame Haupois-Daguillon, et chaque fois qu'ils avaient dû abandonner une part de leur autorité, c'était Saffroy qui s'en était emparé pour ne plus la céder. Il voyait le jour proche où il prendrait en main la direction entière de la maison. Léon marié par un vrai mariage avec Cara, M. et madame Haupois-Daguillon accablés, ne pourraient pas rester à Paris ; ils se retireraient sans aucun doute dans le calme de la campagne, à Noiseau ; alors qui hériterait de cette maison si ce n'est lui ? Qui se dévouerait si ce n'est lui ? Que venait faire Madeleine ? Que voulait-elle ? Qu'avait-il à craindre d'elle ?

Ces questions s'étaient à peine présentées à son esprit que Madeleine, ayant passé devant lui avec une courte inclination de tête, était entrée dans le bureau de M. et de madame Haupois-Daguillon.

— Voici mademoiselle Madeleine, dit Byasson, je lui ai fait part de vos désirs, et elle a voulu vous apporter elle-même sa réponse à vos propositions.

Puis, pendant que Madeleine embrassait son oncle et sa tante, — celle-ci la serrant avec effusion dans ses bras, — Byasson sortit en ayant soin de bien refermer la porte.

Après le premier moment donné aux embrassements, il y eut un temps d'embarras pour tous, qui, bien que court en réalité, leur parut long et pénible : ils ne disaient rien ; ils évitaient même de se regarder.

Ce fut M. Haupois qui rompit ce silence : il s'appuya le dos à la cheminée et, mettant sa main dans son gilet comme s'il voulait prononcer un discours, il se tourna à demi vers Madeleine :

— Ma chère enfant, dit-il, je n'ai pas à revenir sur

les propositions que notre ami Byasson a bien voulu te porter en notre nom : nous souhaitons que tu deviennes notre fille en acceptant de prendre Léon pour ton mari. Ceci bien entendu, je dois t'expliquer pourquoi nous n'avons pas cru devoir accueillir cette idée de mariage lorsque Léon nous en a parlé pour la première fois. D'abord il faut que tu saches qu'à ce moment Léon ne nous a pas dit qu'il éprouvait pour toi une passion toute-puissante ; il n'a alors parlé que d'un sentiment de vive tendresse, d'estime, de sympathie, d'affection ; et c'est seulement après ton départ qu'il nous a avoué cet amour. Cette explication préalable était indispensable, car elle te fait comprendre notre réponse. En principe, nous voulions pour notre fils une femme qui lui apportât une fortune égale à la sienne. Tu n'avais pas cette fortune, il s'en fallait de beaucoup, il s'en fallait de tout. Nous ne pouvions donc consentir à un mariage entre ton cousin et toi. Ce manque de fortune était le seul reproche que nous eussions à t'adresser, mais, avec nos idées, il était décisif. Et il l'était d'autant plus que nous ne savions pas, je viens de te le dire, quelle était la nature du sentiment que Léon éprouvait pour toi ; nous croyions à une simple inclination, à une affection entre cousins ; c'était un amour, un amour réel, profond. Aujourd'hui, ma chère Madeleine, les conditions ne sont plus ce qu'elles étaient alors, et ce que nous demandons à celle que nous choisissons pour bru, c'est qu'elle nous ramène notre fils, c'est qu'elle nous le rende, c'est qu'elle le sauve, lui et son honneur. Cela dit, je dois ajouter que nous ne renonçons pas entièrement à nos idées de fortune pour Léon. Nous les modifions, voilà tout.

Jusqu'à ce moment, M. Haupois avait parlé avec une certaine gêne ; mais, arrivé à ce point de son discours, car c'était bien un discours, il reprit toute son aisance. Evidemment il se sentait sûr de lui, et maintenant il avait confiance dans sa parole :

— Ce que nous voulons, c'est que Léon soit dans une belle position ; il a été élevé pour cette position, il doit l'occuper, et puisque sa femme ne peut pas lui donner la dot sur laquelle nous comptions, c'est à nous de fournir ce qu'elle n'apporte pas. Tu es notre nièce, il est tout naturel que nous te dotions. Nous donnerons donc une part de notre maison de commerce à notre fils le jour de son mariage, et à toi notre nièce et sa femme, nous donnerons un million.

C'est un gros chiffre qu'un million, mais dans la bouche de M. Haupois il devenait beaucoup plus gros et beaucoup plus prestigieux encore que dans la réalité. Un million de dot !

Il trouva habile de rester sur l'effet que ce mot avait dû produire.

— Je suis obligé de sortir pour quelques instants, dit-il, je te laisse avec ta tante, j'espère te retrouver.

Ce ne fut point la langue des affaires que madame Haupois-Daguillon fit entendre à Madeleine ; elle ne chercha point à l'éblouir en faisant miroiter des millions devant ses yeux ; elle ne lui parla que d'affection, que de tendresse, que de famille.

Et ce que Byasson avait dit elle le répéta ; mais en mère qui cherche à sauver son fils.

Madeleine fut beaucoup plus sensible à ce langage qu'elle ne l'avait été à celui de son oncle, qui plus d'une fois l'avait blessée.

Ce fameux million qu'on lui offrait, elle avait la conscience de pouvoir le gagner. Si elle acceptait de devenir la femme de Léon, ce ne serait point pour un million, ni pour deux, ni pour dix, ce serait par amour... si, comme on le lui disait, il l'aimait encore ; ce serait par un sentiment de dévouement.

Sa tante, en s'adressant à ce sentiment, produisit donc sur elle un tout autre effet que le million.

L'émotion de la mère, sa tendresse, ses angoisses passèrent en elle, et quand elle vit sa tante, naguère si haute et si fière, se mettre à ses genoux pour la prier, pour la supplier de sauver Léon, elle la releva en la serrant dans ses bras :

— Je verrai Léon, dit-elle.

— Mais il t'aime, chère enfant, il n'a jamais cessé de t'aimer, c'est pour t'oublier qu'il s'est jeté dans les bras de cette femme.

— Qui sait si elle n'a pas réussi ? avant que je vous réponde, permettez-moi donc de m'entretenir avec Léon, et soyez certaine que si je trouve dans son cœur le sentiment dont vous parlez, auquel vous voulez croire...

— Auquel nous croyons tous.

— Soyez certaine que je ne penserai qu'à ce sentiment. Je n'ai pas le droit, chère tante, de me montrer bien rigoureuse, bien exigeante. Moi aussi j'ai besoin d'indulgence. Moi aussi j'ai à me faire pardonner.

Sa tante la regarda avec une anxieuse curiosité :

— Et quoi donc ? demanda-t-elle.

— Ma profession. Ce n'est plus Madeleine Haupois que vous donnez pour femme à votre fils, c'est Madeleine Harol. Je suis comédienne, et, quoique ma conscience me permette de me tenir la tête haute partout et devant tous, il n'en est pas moins vrai qu'aux yeux du monde il y a une tache sur mon front.

A ce moment, M. Haupois rentra dans le bureau.

— Nous avons causé; Madeleine est la meilleure des filles, la plus tendre, la plus généreuse, nous nous entendrons.

Madeleine remarqua que son oncle avait fait toilette, et elle se rappela que pour lui c'était l'heure de sa promenade habituelle.

— Est-ce que vous voulez bien que je vous accompagne aux Champs-Elysées? dit-elle.

V

Comment faire savoir à Léon que Madeleine était à Paris?

Ce fut la question qu'on agita.

Comme on avait rompu toutes relations avec lui, on ne pouvait pas lui écrire; d'ailleurs, se décidât-on à employer ce moyen, il était à peu près certain que Cara recevait elle-même toutes les lettres qu'on adressait à Léon, et qu'elle ne les lui remettait qu'après un examen préalable; elle garderait donc celle où l'on parlerait de Madeleine.

Byasson fut d'avis que le mieux était de procéder ouvertement, publiquement : tous les journaux s'occupaient de Madeleine; il raconterait à un journaliste l'histoire vraie de celle-ci, c'est-à-dire l'histoire de son origine et de sa vocation, et le surlendemain dans tous les journaux de Paris on lirait cette histoire, arrangée avec la seule préoccupation de cacher plus ou moins habilement la source où on l'avait puisée.

Si Cara exerçait son contrôle sur les lettres, elle ne pouvait pas se défier des journaux. Léon serait donc sûrement informé de la présence de Madeleine à Paris; il est vrai que le public apprendrait aussi que mademoiselle Harol n'était autre que mademoiselle Madeleine Haupois, fille d'un ancien magistrat, et nièce de M. Haupois-Daguillon, le célèbre orfévre de la rue Royale; mais c'était là un secret qui devait éclater tôt ou tard, et mieux valait le révéler utilement que de laisser cette révélation au hasard, qui n'en tirerait pas profit.

Les choses s'arrangèrent ainsi, et grande fut la surprise de Léon lorsqu'en parcourant son journal d'un œil distrait il fut frappé par son nom. En ces derniers temps, il avait eu le désagrément de voir son nom assez souvent imprimé dans les journaux, pour le reconnaître à première vue, même lorsqu'il était noyé au milieu d'un article. Cette fois ce n'était pas à la rubrique des tribunaux que ce nom se montrait, c'était à celle des théâtres.

Madeleine à Paris! Madeleine était cette chanteuse qui venait de débuter à l'Opéra avec un succès que tous les journaux célébraient!

Justement Cara était absente; il n'eut point d'explication à donner, point de prétexte à inventer, il courut à l'Opéra et de l'Opéra rue Châteaudun.

— Qui dois-je annoncer? demanda la femme de chambre, lorsqu'il se présenta.

Il dit son nom ; et ce fut en marchant fiévreusement en long et en large, les mains contractées, les lèvres frémissantes, qu'il attendit dans le salon où on l'avait fait entrer, ne voyant rien, ne remarquant rien de ce qui l'entourait.

Une porte s'ouvrit : — c'était elle.

Il s'avança les bras ouverts.

Elle s'arrêta.

De part et d'autre, il y eut un moment d'embarras et d'hésitation.

Elle lui tendit la main.

Il ne la prit point, mais il ouvrit les bras.

Autrefois ils ne se donnaient pas la main, ils s'embrassaient : c'était donc avec les sentiments d'autrefois, c'est-à-dire ceux de l'affection familiale, qu'il l'abordait.

Elle l'embrassa comme lui-même l'embrassait.

— Chère Madeleine, dit-il en s'asseyant près d'elle, te voilà, te voilà donc enfin !

Sa voix était haletante, saccadée, ses mains tremblaient, évidemment il était sous l'influence d'une émotion profonde.

Il la regarda longuement ; puis avec un sourire :

— Tu as embelli, dit-il, oui certainement tu as embelli ; comme tes yeux ont de l'éclat sans avoir rien perdu de leur douceur, comme ta physionomie a pris de la noblesse ! Et c'est toi, mademoiselle Harol ?

— Mais oui.

Elle-même était profondément troublée, cette émotion l'avait gagnée ; elle voulut réagir et ne pas s'abandonner :

— Tu crois donc, dit-elle en s'efforçant de prendre un ton enjoué, qu'une comédienne ne peut pas avoir de la noblesse et que ses yeux ne peuvent pas être doux ?

— En lisant un journal ce matin, je n'ai rien cru, rien imaginé, j'ai été bouleversé, et dans mon trouble de joie je suis parti pour venir ici. C'est en te regardant que le souvenir de ce que j'avais lu m'est revenu et que j'ai, sans avoir bien conscience de ce que je faisais, comparé celle que je voyais, que je revoyais après l'avoir crue perdue, à celle dont j'avais gardé l'image dans mon cœur.

Tout cela était bien tendre, bien passionné, et tel que Madeleine devait croire que Byasson ne s'était pas trompé en disant que Léon l'aimait toujours ; mais comment l'aimait-il ? En cousin ? en amant ? d'amitié ? d'amour ?

Lorsqu'elle avait pensé à la visite de Léon, elle s'était dit qu'elle devait garder son sang-froid et s'appliquer à l'écouter avec un esprit calme, à l'examiner, à le juger pour savoir ce qui se passait en lui et quels étaient présentement ses sentiments ; mais voilà qu'elle n'était plus maîtresse de sa volonté, voilà qu'elle l'écoutait avec un cœur palpitant et troublé, voilà qu'au lieu de voir ce qui se passait en lui, elle voyait ce qui se passait en elle et se trouvait irrésistiblement entraînée par un sentiment dont elle ne pouvait se cacher ni l'étendue ni la force, — elle l'aimait. malgré tout, malgré sa liaison, malgré son mariage avec cette femme, elle l'aimait comme dans la nuit où, faisant son examen de conscience, elle avait dû s'avouer cet amour, et même plus passionnément, puisque depuis elle avait souffert pour lui, elle avait souffert par lui.

— Mais comment t'es-tu décidée à entrer au théâtre, dit-il, quand tu m'avais promis de m'écrire ?

— Je t'ai écrit.

— Pour me dire que tu quittais la maison de mon père ; c'était avant de prendre cette résolution que tu devais m'écrire. Que ne l'as-tu fait !

Il prononça ces derniers mots avec un accent qui la remua jusqu'au plus profond de son cœur. Que de choses dans ces quelques paroles, que de regrets, que de reproches, que de douleurs !

— Tu ne pouvais venir à mon secours qu'en te mettant en opposition avec tes parents, et je n'ai pas voulu être la cause d'une rupture entre vous.

— Que n'est-elle survenue alors cette rupture, et à ton occasion !

Il s'arrêta brusquement ; puis, ayant passé sa main sur son front, il continua :

— Mais ce n'est pas de cela, ce n'est pas de nous qu'il s'agit ; il ne convient plus de parler de nous, c'est de toi, de toi seule ; dis-moi donc ce que tu as fait, où tu as été, où tu t'es cachée ? Ta lettre reçue, je suis accouru à Paris pour te chercher, j'ai été à Rouen, à Saint-Aubin. Revenu à Paris, j'ai même fait faire des recherches par la police, car je voulais te retrouver non-seulement pour toi, mais pour...

Il allait dire : « pour moi », il se retint et reprit :

— Je voulais te retrouver ; tu n'avais donc point pensé au chagrin, au désespoir que tu me causerais ; oui, Madeleine, au désespoir, le mot n'est pas trop fort appliqué au sentiment... à l'affection que j'éprouvais pour toi. Mais voilà que je me laisse entraîner, ce n'est pas à moi de parler, c'est à toi.

Alors elle lui fit le récit qu'elle avait déjà fait à Byasson, mais plus longuement, avec plus de détails, de manière à ce qu'il la suivît dans son existence à Paris, en Italie, à ce qu'il vît et connût ceux qui l'avaient entourée, particulièrement Sciazziga.

Au moment où l'on parlait de lui, Sciazziga, annoncé par la femme de chambre, entra dans le salon; il savait qu'un jeune homme était chez Madeleine, et il venait voir quel était ce jeune homme. Bien entendu il avait un prétexte, un bon prétexte bien arrangé, pour se présenter et interrompre, malgré tout, la signora *una raison impérieuse;* mais Madeleine, qui ne se laissa pas prendre à cette raison *impérieuse,* lui répondit qu'elle ne pouvait rien entendre en ce moment, qu'elle avait à causer d'affaires sérieuses avec son cousin, — ce fut toute la présentation, — et que plus tard elle l'entendrait.

— Tu vois que mon cornac fait bonne garde autour de moi, dit-elle en riant lorsque Sciazziga fut sorti; au reste, je ne suis qu'à moitié fâchée de cette visite, elle te montre, au moins pour un côté, quelle a été ma vie depuis que j'ai quitté la rue de Rivoli : il y a un mois, Sciazziga ne serait pas parti; il se serait arrangé pour assister à notre entretien.

Puis elle acheva son récit.

— Tu vois, dit-elle en le terminant, que je n'ai pas été trop malheureuse; les commencements, il est vrai, ont été durs, mais enfin j'ai été favorisée par la chance; maintenant que j'ai vu de près les dangers auxquels je m'exposais, je comprends combien je dois me trouver heureuse. Mais c'est assez parler de moi, et toi?

Il ne répondit pas tout de suite, et ce fut après quelques secondes d'embarras qu'il la regarda :

— Tu as vu mes parents? demanda-t-il.

— Oui; M. Ryasson est venu me prendre pour me conduire chez eux.

— Alors, je n'ai rien à t'apprendre.

— Ce n'était pas cela que je voulais te demander, puisque, tu le devines bien, tes parents m'ont parlé de toi; je te disais que je me trouvais assez heureuse dans ma position, et je te demandais tout naturellement, affectueusement : et toi?

Il lui tendit la main :

— Oui, dit-il, tu as raison; je dois te répondre franchement, car c'est l'amitié qui inspire ta question.

Cependant, bien qu'il annonçât qu'il voulait répondre, il resta pendant assez longtemps silencieux, la tête basse :

— Eh bien ! non, dit-il enfin, non, ma chère Madeleine, je ne suis pas heureux. Le bonheur pour moi aurait été dans la vie de famille, avec la femme aimée, avec des enfants qui auraient été ceux de mon père et de ma mère. C'était là le rêve que j'avais fait quand j'étais jeune... il y a trois ans. La fatalité a voulu qu'il ne se réalisât point. Je n'ai pas d'enfants. Je n'aurai pas de famille. Mais je dois accepter sans me plaindre la vie que je me suis faite.

Il se leva brusquement, comme s'il avait peur de se laisser entraîner à en dire davantage.

— Je te verrai bientôt, dit-il.

— Quand tu voudras; tous les jours, tu peux venir le matin avant que je sois prise par le théâtre. Et quand veux-tu m'entendre ? Faut-il dire que je serais heureuse de chanter pour toi ?

— Tu chantes ce soir ?

— Oui.
— Eh bien ! j'irai t'applaudir ce soir.
Il se dirigea vers la porte.
— Si j'osais, dit-elle, je te demanderais de rester à dîner avec moi : tu ferais un mauvais dîner, car je mange peu quand je dois chanter; mais nous remplacerions le festin manquant par un dialogue vif et animé ; et après dîner tu me conduirais au théâtre ; tu aurais ainsi le plaisir de faire la connaissance de madame Sciazziga, mon chaperon femelle, qui tous les soirs marche dans mon ombre et ne dédaigne pas de remplacer mon habilleuse pour porter la queue de ma robe.

Il eut un moment très-court, un éclair d'hésitation.

Pour Madeleine, cette hésitation fut cruelle.

— Qui va-t-il préférer ? se demanda-t-elle avec angoisse.

Elle voulut cacher son émotion sous un sourire :

— Eh bien ! petit cousin, ne feras-tu pas la duetto avec ta cousine ?

— Avec bonheur !

VI

Léon fut obligé d'inventer une histoire bien compliquée pour expliquer et justifier son absence, car il ne crut pas pouvoir avouer tout simplement qu'il était resté à dîner avec sa cousine Madeleine et qu'après dîner il avait passé sa soirée à l'Opéra. Qu'eût dit Cara qui, pour un retard de dix minutes, lui faisait d'interminables scènes de jalousie ? Combien souvent l'avait-elle interrogé curieusement sur cette cousine, lui demandant toujours et cherchant de toutes les manières à savoir s'il l'avait aimée ! Ne serait-elle pas malheureuse de ce dîner et de cette soirée ? Pourquoi lui imposer cette souffrance par un aveu inutile ? Pourquoi éveiller ses soupçons ? Pourquoi la faire souffrir dans le présent et la tourmenter dans l'avenir ? Il les connaissait, les souffrances de la jalousie, et il tenait à les épargner à celle envers qui il se sentait des torts.

Mais si cette histoire fut acceptée sans éveiller les défiances de Cara, celles qu'il dut inventer le lendemain et le surlendemain pour expliquer ses absences, ne le furent point de la même manière : jusqu'alors il sortait peu ; pourquoi maintenant sortait-il ainsi ?

Il ne suffit pas de vouloir, pour mentir, il faut savoir ; et l'art du mensonge ne s'acquiert pas facilement ; à des dispositions naturelles, il faut en effet joindre un talent qu'on n'obtient que par le travail et par le métier : inventer est peu de chose ; se souvenir de ce qu'on a inventé de manière à le répéter la vingtième fois à l'improviste, comme on l'a dit la première après une savante préparation, voilà ce qui exige des qualités de mémoire et d'assurance qui sont rares. Ces qualités, Léon ne les possédait pas ; non-seulement il n'avait pas le don de l'invention, mais encore il manquait de métier ; ses histoires, qu'il cherchait laborieusement quand il revenait de chez Madeleine, il les disait tout simplement, mollement, et sans leur donner le coup de pouce de l'artiste, le tour qui seuls eussent pu leur imprimer un caractère de vraisemblance et d'autorité.

S'il avait prudemment confisqué le journal où il avait lu le nom de Madeleine, Cara n'en avait pas moins bien vite appris que mademoiselle Harol, dont tout Paris parlait, était la cousine de Léon, et de là à conclure que c'était pour voir cette cousine que Léon s'absentait, il n'y avait qu'un pas, qu'elle avait bien vite aussi franchi.

— Pourquoi ne me dis-tu pas que tu viens de voir ta cousine, mademoiselle Harol ? lui avait-elle demandé le lendemain du jour où elle avait su qui était mademoiselle Harol.

Il fut obligé de dire et de soutenir malgré l'évidence qu'il ne l'avait point vue encore.

— Pourquoi ne la vois-tu pas ?

— Parce que je ne vois plus personne de ma famille.

— Oh ! une comédienne ne doit pas, il me semble, avoir la bégueulerie de tes parents bourgeois. En tout cas, moi, j'ai envie de la voir, ma cousine ; nous irons ce soir à l'Opéra.

— Tu iras si tu veux ; moi, je n'irai pas.

— Parce que ?

— Parce que je ne veux pas m'exposer à rencontrer mon père ou ma mère qui doivent suivre les représentations de leur nièce.

C'était la première fois que Cara rencontrait une résistance sérieuse chez son amant, ou, comme elle disait, chez son mari, et, ce qui fut bien caractéristique, quoi qu'elle fît, elle ne parvint point à la briser. Elle alla à

22.

l'Opéra, mais Léon ne l'accompagna point, au moins dans la salle, car il profita de sa liberté pour aller rendre visite à Madeleine dans sa loge et passer trois entr'actes avec elle.

Si Cara avait appris ces visites, elle eût vu tous les dangers de sa situation ; mais n'ayant pas pris de précautions pour surveiller Léon, elle ignora où il avait passé sa soirée.

— Je me suis promené, dit-il, quand elle lui demanda comment il avait employé son temps.

Mais bientôt un fait beaucoup plus grave que son refus d'aller à l'Opéra vint jeter sur cette situation une éblouissante lumière.

Le moment était venu pour Léon d'adresser à ses parents le troisième acte respectueux après lequel, selon le langage de la loi, il pourrait passer outre à la célébration de son mariage. Deux jours avant l'expiration du délai dans lequel cet acte pouvait être signifié, il reçut une lettre de son notaire, par laquelle celui-ci le priait de passer à son étude. Bien entendu, ce fut à Cara qu'on la remit ; mais en voyant la griffe de Mᵉ de la Branche, elle n'eut garde de retenir ou de décacheter une lettre dont elle croyait connaître le contenu. C'était par Riollé que lui avait été recommandé le notaire de la Branche comme un homme capable de donner un peu de la considération dont il jouissait à ses clients ; et elle avait toute confiance dans les recommandations de son ami Riolle.

Léon se rendit donc à l'invitation de son notaire ; celui-ci le reçut avec une figure grave et un air recueilli :

— Monsieur, lui dit-il, le moment arrive où, selon

vos instructions, je dois notifier à M. votre père et à madame votre mère, le troisième et dernier acte prescrit par l'article 152 du Code ; avant de procéder à cet acte, j'ai cru devoir vous demander si vos intentions n'avaient pas changé. De tous les actes de notre ministère, celui-là est peut-être le plus grave, et c'est chose tellement sérieuse qu'un mariage contracté en opposition avec la volonté de nos parents, que je croirais manquer aux devoirs de ma profession si, avant d'instrumenter, je ne provoquais une nouvelle et dernière affirmation de votre volonté calme et réfléchie. Il ne m'appartient pas de vous conseiller, je sortirais de mon rôle, puisque je ne suis pas votre conseil, mais je dois vous avertir, et c'est ce que je fais en vous demandant de ne me répondre qu'après vous être recueilli.

Léon se leva, mais le notaire le pria d'un geste de lui prêter encore quelques instants d'attention :

— En tout état de cause, dit-il, je vous aurais fait entendre ces observations, qui pour moi, je vous le répète, sont affaire de conscience ; mais je dois vous dire, pour ne rien vous cacher, que j'ai reçu une visite qui enlève à mon intervention tout caractère de spontanéité, celle d'un de vos anciens amis, d'un ami de votre famille, M. Byasson. Il m'a apporté des documents dont il m'a, jusqu'à un certain point, obligé à prendre connaissance, lesquels documents portent contre la personne que vous vous proposez d'épouser, des accusations de la plus haute gravité. M. Byasson voulait que je m'en chargeasse pour vous les communiquer. Je n'ai pas cru pouvoir accepter cette mission ; mais j'ai pris l'engagement de vous avertir et en tous cas de ne pas procéder à la dernière sommation avant que vous m'ayez dit que vous avez vu M. Byasson.

Léon aimait peu qu'on lui donnât des leçons ; cette façon de disposer de lui l'exaspéra :

— Il me semblait, dit-il, que vous étiez mon notaire et non celui de M. Byasson ou de ma famille.

M. de la Branche, bien que jeune encore, avait cette qualité rare de ne pas se fâcher et de ne jamais se laisser emporter :

— Parfaitement, dit-il, de son ton calme ; aussi est-ce comme votre notaire, c'est-à-dire, en prenant à cœur ce que je crois vos intérêts, que j'agis en tout ceci, selon ma conscience ; et je vous adjure, monsieur, d'écouter la vôtre plutôt que votre susceptibilité qui, j'en conviens, peut en ce moment se trouver blessée. Mais réfléchissez, surtout voyez M. Byasson, et, après avoir fait acte d'homme raisonnable qui ne ferme point de parti pris les yeux à la lumière, nous reprendrons cet entretien. D'aujourd'hui en huit, à pareille heure, si vous le voulez bien, je serai à votre disposition.

Léon resta pendant cinq jours sans aller chez Byasson, fâché contre celui-ci, irrité contre son père et sa mère, furieux contre Cara qui ne l'avait jamais vu de pareille humeur, exaspéré contre lui-même et changeant d'avis dix fois par heure sur la question de savoir s'il suivrait ou ne suivrait pas l'avis du notaire. Comme pendant ces cinq jours il ne vit point Madeleine, il s'enfonça de plus en plus dans sa colère. Enfin, se disant qu'il ne devait point paraître avoir peur des révélations qu'on lui annonçait, il arriva un matin chez Byasson.

Celui-ci, qui ne l'avait pas vu depuis leur voyage à

Liverpool, le reçut sans un mot de reproches, doucement, affectueusement :

— Je t'attendais, lui dit-il en lui serrant la main ; si j'avais pu pénétrer jusqu'à toi, je t'aurais évité la peine de venir jusqu'ici, ce qui te fera peut-être gronder, et je t'aurais porté certains renseignements que tu dois connaître.

— Ces renseignements sont des accusations, m'a dit M. de la Branche.

— Ce n'est pas notre faute si l'homme qui a été chargé par tes parents de surveiller Cara...

— Vous voulez dire ma femme, sans doute.

— Je ne pourrai jamais lui donner ce titre. Enfin n'argumentons point là-dessus, je te prie. Tes parents ont donc chargé un homme de surveiller celle dont nous parlons, et ce n'est point de notre faute s'il a dressé contre elle un acte d'accusation au lieu d'écrire un panégyrique en sa faveur. Il a dit ce qu'il avait vu, tout simplement, sans phrases, avec des faits, rien que des faits. C'est cet acte d'accusation que je veux te remettre et que tu serais un enfant de ne pas lire. Tu penses bien que tes parents n'ont point eu la naïveté de vouloir te convaincre par de belles phrases que celle dont tu veux faire ta femme était... était indigne de toi. Il n'y a donc dans ces pièces que des faits dont tu pourras contrôler l'exactitude. Quand tu auras lu, tu seras fixé. Ne sachant pas si tu suivrais le conseil de M. de la Branche, et me trouvant assez embarrassé pour te faire parvenir ces pièces, j'ai pensé un moment à charger Madeleine de te les remettre.

— Vous n'auriez pas fait cela !

— Voilà un mot qui est une cruelle condamnation.

Je n'ai rien à ajouter. Prends ces pièces, tu les liras seul.

Il hésita.

— Prends-les ; si tu ne veux pas les lire, tu les brûleras.

Il ne les brûla point.

La plus longue de ces pièces était la copie des rapports de police dressés au moment où la duchesse Carami avait voulu arracher son fils des mains de Cara, et ils racontaient la vie de celle-ci jusqu'à cette époque : les noms, les dates, les chiffres, rien n'était omis.

Les autres pièces étaient les rapports de l'agent qui, depuis que Cara était revenue d'Amérique, l'avait surveillée jour par jour. Ils relataient les visites à Salzondo et à Otto dont M. Haupois avait parlé à Byasson ; mais, bien que détaillés et amplement circonstanciés avec ce soin méticuleux des gens de la police, pour qui la chose la plus insignifiante a de l'importance, ils ne s'appuyaient sur aucune preuve matérielle. C'étaient des allégations qui avaient tous les caractères de la vraisemblance ; mais étaient-elles fondées ?

Il fallait les contrôler.

VII

Le temps n'était plus où le soupçon ne pouvait pas s'élever jusqu'à la zone sereine et pure dans laquelle

Hortense planait immaculée ; elle était descendue de ce trône et n'était plus qu'une simple mortelle.

Pourquoi pas après tout?

Pourquoi croire aveuglément qu'elle valait mieux que les autres?

Terrible question que celle-là, et, à l'heure où elle se pose devant un amant, il y a déjà bien des chances pour qu'il admette que la femme qu'il a aimée et qu'il veut aimer encore pour telle ou telle raison, vaut moins que les autres, — et surtout moins qu'une autre.

Fatalement elle conduisait à une seconde : pourquoi tant d'accusations contre Cara (elle était Cara maintenant), et pas une seule contre Madeleine? pour celle-ci, l'unanimité dans l'éloge, pour celle-là l'unanimité dans le blâme.

Il saisirait la première occasion qui se présenterait pour faire ce contrôle, et si les rapports étaient vrais, elle ne tarderait pas à se présenter, ils indiquaient le jeudi pour la visite à Salzondo; il verrait le jeudi suivant; et pour Otto, qui n'avait pas de jour, il verrait plus tard.

Mais le jeudi suivant, qui justement était le lendemain, cette occasion ne se présenta pas. Cara ne sortit point: le vendredi elle ne sortit pas davantage.

Se savait-elle surveillée, ou bien ces rapports étaient-ils faux?

En réalité elle se tenait sur ses gardes.

Tant qu'elle avait été sûre de Léon, elle avait agi librement, sans gêne et selon ses fantaisies : pourquoi eût-elle pris des précautions inutiles pour un homme qui ne voyait que ce qu'elle voulait bien qu'il regardât, qui n'entendait que ce qu'elle voulait bien qu'il écoutât? Pourquoi se cacher d'un aveugle et d'un sourd !

Mais du jour où elle avait remarqué des changements chez Léon et où elle s'était sentie menacée dans la toute-puissance de son influence, Salzondo et Otto lui-même l'avaient attendue inutilement; ce n'était pas le moment de faire des imprudences; peu de mois restaient à courir avant le mariage, il fallait les consacrer à la raison et à la prudence; Pâques arriverait après ce temps de carême.

Et, comme elle voulait que ce carême fût aussi court que possible, elle veillait avec soin à ce que les délais imposés par la loi pour les sommations respectueuses fussent rigoureusement observés. Grande fut sa surprise lorsqu'elle apprit que le notaire de la Branche n'avait point notifié à M. et madame Haupois-Daguillon le troisième et dernier acte.

Que pouvait signifier un pareil retard? Etait-il le fait du notaire ou de Léon?

Elle s'en expliqua avec celui-ci :

— Qui t'a dit que cette sommation n'avait pas été faite? demanda Léon.

— Riolle.

— Riolle se mêle de ce qui ne le regarde pas : c'est à moi de demander la notification de cet acte, et non à d'autres.

— Et tu ne l'as pas demandée?

— Elle est inutile en ce moment; il vaut mieux attendre l'arrêt de la cour ; si la cour infirme le jugement du tribunal qui déclare notre mariage nul, nous n'avons pas besoin de procéder à un nouveau mariage, et dès lors les actes respectueux sont inutiles; si au contraire elle le confirme, il sera temps à ce moment de recourir au dernier acte respectueux.

— Tu sais bien qu'elle le confirmera. Si tu étais franc tu dirais que tu espères qu'elle le confirmera, et c'est parce que tu as cette espérance que tu ne veux pas que cette dernière sommation soit notifiée.

— Je ne veux pas qu'elle le soit, parce qu'il ne me convient pas en ce moment de pousser les choses à l'extrémité ; mon père et ma mère sont malades de chagrin, il ne me convient pas de les tuer.

— C'était lors de la première sommation qu'il fallait faire ces touchantes réflexions.

— Lors de la première sommation, j'étais exaspéré par le procès en nullité de mariage, et tu as su mettre cette exaspération à profit pour m'arracher l'ordre de faire cette sommation ; aujourd'hui je ne suis plus sous ce coup immédiat de la colère, je me suis calmé.

— Dis que tu as réfléchi.

— Si tu le veux : j'ai réfléchi et j'ai compris ; j'ai senti que j'avais des devoirs envers mes parents.

— N'en as-tu pas envers moi ?

— Il me semble que je les ai remplis ; tu as voulu ce mariage pour calmer ta conscience qui s'éveillait ; e l'ai accepté, bien qu'il ne me parût pas sérieux...

— Parce qu'il ne te paraissait pas sérieux plutôt.

— Tu cherches une querelle ; je ne suis point d'humeur en supporter une ; au revoir.

Elle se jeta sur lui pour le retenir :

— Léon, je t'en conjure, si tu m'aimes encore, par pitié...

Il se dégagea assez brusquement, descendit l'escalier quatre à quatre, et, courant toujours, il se rendit de la rue Auber à la rue de Châteaudun.

Il était furieux en sortant de chez Cara; il entra souriant chez Madeleine.

Il resta trois heures rue Châteaudun à écouter Madeleine travailler: jamais il n'avait entendu chanter avec tant d'âme et tant de charme; il était ravi, émerveillé, transporté.

Cependant il fallut quitter Madeleine pour retourner près de Cara.

— Quand te verrai-je ? demanda Madeleine.
— Bientôt.
— Sais-tu que tu as été cinq jours sans venir.
— Pardonne-moi, j'ai été très-occupé... et surtout très-préoccupé, très-peiné.
— Raison de plus pour venir; si je ne t'avais pas consolé, au moins j'aurais essayé de te distraire.
— A bientôt.
— Quand tu pourras, quand tu voudras.

S'il s'était sauvé pour éviter une scène, il était peu disposé à en subir une à son retour.

Bien que ce fût l'heure du dîner, il ne trouva ni lumière allumée ni couvert mis dans la salle à manger; il sonna Louise, elle ne répondit pas; que signifiait ce silence? Hortense serait-elle sortie pour dîner dehors, et Louise, se voyant libre, en aurait-elle profité pour aller se promener?

S'il en était ainsi, il allait bien vite retourner chez Madeleine et dîner avec elle.

De la salle à manger il passa dans le salon, il n'y trouva personne; dans la chambre, elle était vide. Il crut entendre un bruit dans le cabinet de toilette, comme un soupir plaintif. Au moment où il se dirigeait de ce côté, son flambeau à la main, une odeur douceâtre et vireuse le frappa. Il entra vivement. Dans l'ombre, sur un divan, il aperçut Hortense couchée tout de son long. Il s'approcha d'elle. Elle ne bougea pas. Ses yeux étaient clos, sa face était décolorée, une légère écume moussait au coins de ses lèvres. Il la prit et la releva, elle fit entendre un faible soupir et retomba sur le coussin. Il regarda autour de lui. Sur la table où il avait posé son flambeau se trouvait une fiole noire entourée d'étiquettes rouge et blanche. Il la prit, elle était vide : sur l'étiquette blanche, il lut : *Laudanum de Sydenham*. Il revint à Hortense et, la prenant dans ses bras brusquement, il la mit debout sur ses pieds.

Ce n'était pas la première fois qu'elle s'empoisonnait, c'était la seconde. A leur retour d'Amérique, au moment où il était question d'adresser des sommations à M. et madame Haupois et où il se refusait à cette mesure, elle avait déjà vidé une fiole de laudanum; il l'avait soignée et secourue en perdant la tête, ne sachant trop ce qu'il faisait, la pressant dans ses bras l'entourant de caresses, de tendresse, la couvrant de baisers, se jetant à ses genoux, lui disant de douces paroles, et il l'avait sauvée ; peu d'instants après lui avoir dit qu'il ferait faire ces sommations, elle avait ouvert les yeux.

Cette fois, ce ne fut point de la même manière qu'il la soigna, ce ne fut point par la tendresse et la douceur, ce fut vigoureusement. Après l'avoir plantée sur les pieds, il la prit dans son bras, et, la poussant, la secouant, il l'obligea à marcher jusqu'à la cuisine; là, il l'assit sur une chaise et, prenant dans une armoire une bouteille où se trouvait le café que Louise préparait à l'avance pour ses déjeuners, il lui en fit boire une grande tasse, et comme elle ne pouvait desserrer les dents, il les lui écarta avec une cuillère, de force, et il lui entonna le café dans la bouche. Puis, la prenant de nouveau dans son bras, il la fit marcher en long et en large à travers tout l'appartement; quand elle s'abandonnait, il la relevait énergiquement.

Quelle différence entre ce second traitement et le premier; entre les caresses de l'un et les bousculades de l'autre!

Cependant l'effet du second fut beaucoup plus rapide que ne l'avait été celui du premier: elle ne tarda pas à ouvrir les yeux et à prononcer quelques paroles sans suite. Puis elle voulut s'asseoir. Alors, à plusieurs reprises, elle passa ses deux mains sur son visage en regardant Léon, et tout à coup elle éclata en sanglots.

Il s'était assis devant elle; il resta immobile, la regardant, attendant que cette crise nerveuse fût calmée avant de lui parler.

Ils demeurèrent ainsi en face l'un de l'autre pendant plus d'un quart d'heure, elle pleurant et sanglotant, lui réfléchissant; ce fut elle qui la première rompit ce silence:

— Pourquoi n'as-tu pas voulu me laisser mourir! s'écria-t-elle.

— Parce que tu ne voulais pas mourir.

— Si tu as cru cela, pourquoi m'as-tu secourue?

— Parce que, n'y eût-il qu'une chance contre mille pour que ton suicide fût vrai, je devais te soigner.

— Brutalement; mais comment m'étonner de cette brutalité chez un homme qui me trompe? Tu viens de chez elle; en sortant d'ici, c'est chez elle que tu as couru; c'est après t'avoir vu entrer au numéro 48 que je suis revenue ici et que j'ai bu ce laudanum; j'en ai trop pris sans doute; la prochaine fois je serai moins maladroite. Ah ! l'infâme ! la misérable !

— Qui infâme ? qui misérable ? s'écria-t-il.

— Et quelle autre si ce n'est ta cousine, cette comédienne, la maîtresse de celui qui la traîne de ville en ville : tout le monde sait que ce vieil Italien est son amant : il est payé en nature.

D'un bond il fut sur ses pieds et il leva au-dessus d'elle ses deux poings crispés; le geste fut si furieux qu'elle courba la tête, mais il ne frappa pas. Après l'avoir regardée durant une ou deux secondes, il s'élança dans le salon; elle courut après lui; mais quand elle arriva dans la salle à manger, il fermait la porte de l'entrée; elle l'ouvrit; il avait déjà descendu deux étages : le rejoindre était impossible, l'appeler était inutile, elle rentra, puis allant dans sa chambre, elle prit un paletot et un chapeau avec une voilette noire épaisse; ainsi habillée elle descendit à son tour l'escalier; quand elle fut dans la rue, une voiture vide passait; elle arrêta le cocher et lui dit de la conduire rue de Châteaudun, n° 48; là il attendrait.

VIII

En sortant de la rue Auber, il gagna les boulevards, puis les quais ; il avait besoin de marcher ; la colère grondait dans son cœur et dans sa tête, la fièvre bouillonnait dans ses veines, il fallait qu'il calmât l'une et qu'il usât l'autre par le mouvement.

Il alla ainsi à grands pas, droit devant lui, sans rien voir, sans savoir où il était pendant près de deux heures. Puis, se trouvant sur la place de la Concorde, l'idée lui vint d'entrer rue de Rivoli ; il savait par Madeleine que son ancien appartement était dans l'état où il l'avait quitté ; il s'y installerait, et ce serait fini, bien fini avec Cara. S'il avait eu sa clef, il aurait réalisé cette idée ; mais, à la pensée d'aller sonner à la porte de son père pour demander cette clef à Jacques, un mouvement de fausse honte le retint : ce n'était pas ainsi qu'il devait rentrer chez lui, s'il y rentrait.

Depuis longtemps, il n'avait point osé passer rue Royale, mais à cette heure il n'avait point à craindre la rencontre d'un employé. Arrivé devant la maison de son père, il vit une faible lumière à une fenêtre, celle du bureau de ses parents ; sa mère était là penchée sur ses livres, travaillant encore : pauvre femme ! et une douloureuse émotion le serra à la gorge.

Il continua sa marche jusqu'à la gare Saint-Lazare,

et là il se souvint qu'il n'avait pas dîné. Il entra dans un restaurant, et dit au garçon de lui servir à manger, n'importe quoi, ce qui se trouverait de prêt.

Qu'allait-il faire en sortant de ce restaurant? Il ne pouvait pas errer toute la nuit dans les rues; il ne pouvait pas davantage rentrer chez lui rue Auber, puisqu'il était décidé à ne revoir jamais Cara.

A ce moment, une personne qui occupait la table voisine de la sienne dit au garçon de se presser, afin de ne pas lui faire manquer le train du Havre.

Ce nom, tombant par hasard dans son oreille, lui suggéra l'idée d'aller au Havre, la mer le calmerait. Justement il avait changé un billet de cinq cents francs le matin et il en avait gardé la monnaie, c'était plus qu'il ne lui fallait pour ce petit voyage.

Bien qu'il fût seul dans son compartiment, il ne put pas dormir, il était trop agité, trop fiévreux, et puis il soufflait au dehors un vent de tempête qui secouait les vitres du wagon à croire qu'elles allaient se briser. Quand il regardait dans la campagne, il voyait, éclairés par la lune, les arbres sans feuilles se tordre sous l'effort du vent; puis tout à coup il ne voyait plus rien, la lune se voilait de gros nuages noirs, et des ondées rapides fouettaient les vitres.

A Motteville, il aperçut une rangée d'énormes sapins couchés dans le champ les racines en l'air.

En débarquant au Havre, au petit jour, il prit une voiture et dit au cocher de le conduire à la jetée, mais celui-ci ne put aller beaucoup plus loin que le musée.

— Ma voiture serait culbutée par le vent, dit-il, en criant ces quelques mots dans l'oreille de Léon.

Léon descendit et s'en alla jusqu'au pavillon des

signaux, marchant en zigzag, la figure cinglée par le gravier; contre ce pavillon et contre la batterie des gens se tenaient abrités, risquant de temps en temps un œil pour regarder la mer.

Le jour se levait, sale et livide, obscurci par les nuages qui arrivaient de l'ouest en traînant sur la mer; çà et là dans ce mur noir s'ouvraient des trouées jaunes qui éclairaient l'horizon, mais, aussi loin que la vue pouvait s'étendre on n'apercevait qu'une immense nappe d'écume, sans une seule voile; bien que la marée ne fût pas encore haute, des gerbes d'eau passaient par-dessus la jetée.

Léon resta environ une heure à regarder ce spectacle, puis l'idée lui vint d'aller faire une promenade en mer s'il trouvait un bateau prêt à sortir : ce temps était à souhait pour son état moral.

Pour revenir à l'avant-port il n'eut qu'à se laisser pousser par le vent, mais ni les bateaux d'Honfleur ni ceux de Trouville ne se préparaient à sortir; seul le bateau de Caen chauffait. Il irait à Caen. Que lui importait un pays ou un autre jusqu'à ce qu'il sût ce qu'il ferait? pour aller à Caen la traversée serait plus longue, et cela ne pouvait pas lui déplaire. Il embarqua donc et il se trouva le seul passager qui eût osé braver ce gros temps; un matelot à qui il s'adressa, une pièce blanche dans la main, lui prêta une vareuse et un *surouet* imperméables, et ainsi équipé, il resta pendant toute la traversée appuyé contre le mât d'artimon, secoué par la mer, bousculé par le vent, arrosé par les vagues, mais éprouvant intérieurement un sentiment d'apaisement.

Arrivé à Caen, il ne s'y arrêta pas. Qu'avait-il à y faire?

Il s'en alla à Saint-Aubin pour penser à Madeleine et revoir le pays où ils avaient vécu ensemble pendant huit jours. Le village était désert, ou tout au moins les maisons bâties au bord du rivage étaient closes; il semblait qu'on était dans une ville morte, dont tous les habitants avaient miraculeusement disparu : Pompéi ou le château de la *Belle au bois dormant.* Il trouva cependant un hôtel où l'on voulut bien le recevoir, et un marchand qui lui vendit une vareuse, un bonnet de laine, une chemise de flanelle et des bottes ; alors il put descendre sur la grève où les vagues furieuses venaient s'abattre en creusant des sillons dans le sable : suivant le rivage, il alla jusqu'à Courseulles, dîna dans une auberge et s'en revint le soir lentement par la plage, s'arrêtant de place en place pour regarder les nuages qui passaient sur la face de la lune, ou pour chercher les deux phares de la Hève qui disparaissaient souvent dans des embruns.

Comme cette nuit ressemblait à celle où il était venu avec Madeleine et les pêcheurs, chercher à cette même place le cadavre de son oncle ! cette lune qui le regardait maintenant solitaire les avait vus alors tous les deux, et sur ce sable elle avait joint leurs ombres.

Que n'avait-il parlé alors, ou tout au moins quelques jours plus tard, à Paris, elle n'eut pas quitté la maison de la rue de Rivoli, elle ne serait pas devenue chanteuse, et lui...

Il voulut chasser la pensée qui se présenta à son esprit, mais il n'y parvint qu'en évoquant l'image de Madeleine.

Ah ! comme il l'aimait !

Et c'était là justement le malheur de sa situation : il

aimait une femme qui ne pouvait être à lui, et il n'aimait plus celle à laquelle il était lié.

Si les rapports qu'il avait lus disaient vrai, et maintenant il le croyait, il devait être un objet de risée ou de mépris pour ceux qui le connaissaient, et aux yeux de ceux qui le connaissaient, elle, il était déshonoré ; on peut donner sa fortune, son cœur à une femme perdue, on ne lui donne pas son nom.

Et pendant toute la soirée, pendant la nuit surtout où il dormit peu, réveillé qu'il était à chaque instant par le hurlement de la tempête, le tumulte des vagues, les plaintes du vent dans la cheminée, les secousses qu'il imprimait à la porte et à la fenêtre, le balancement de la maison, cette pensée lui revint sans cesse, l'obséda, l'hallucina. Quand il s'endormait, il continuait d'entendre le vent, et il sentait ses idées tumultueuses rouler dans sa cervelle, se heurter, se confondre en tourbillon comme les vagues qui venaient frapper et se briser sur la côte avec des coups sourds qu'il percevait douloureusement.

Quand il se leva le lendemain matin, le vent était calmé et la pluie tombait à torrents ; comme il était impossible de sortir, il resta au coin du feu ; enfin les nuages passèrent et le temps s'éclaircit. Il put alors quitter sa chambre ; mais, au lieu de descendre à la mer, il remonta dans le village pour aller au cimetière, à la tombe de son oncle. Comme il longeait l'église, il aperçut devant cette tombe une femme inclinée dans l'attitude du recueillement et de la prière : bien qu'enveloppée dans un gros manteau et encapuchonnée, cette femme ressemblait à Madeleine.

Il avança vivement : c'était elle.

Mais, soit qu'elle ne l'eût pas entendu marcher sur la terre humide, soit qu'elle fût absorbée dans ses pensées, elle ne tourna pas la tête ; alors à quelques pas d'elle, derrière elle, il s'arrêta et resta silencieux, la regardant, le cœur ému, l'esprit troublé.

Enfin elle se retourna, et, en l'apercevant ainsi tout à coup, elle eut un geste de surprise qui la fit reculer d'un pas ; mais en même temps un sourire se montra sur son visage baigné de larmes.

— Toi ! s'écria-t-elle en lui tendant les deux mains.

Il les prit et les serra longuement.

— Comment, tu as pensé à l'anniversaire de sa naissance ! dit-elle d'un ton heureux et avec l'accent de la gratitude.

— Non, dit-il, je dois avouer que ce n'est pas pour cet anniversaire que je suis ici ; j'ai quitté Paris parce que j'étais malheureux, et je suis venu à Saint-Aubin parce que j'avais besoin de penser à toi et de revoir le pays où nous avions vécu ensemble pendant huit jours.

Il dit ces dernières paroles comme si elles lui étaient arrachées par une force à laquelle il ne pouvait résister, puis, mettant le bras de Madeleine sous le sien, ils sortirent du cimetière.

Ils se dirigèrent du côté de la mer, et jusqu'à ce qu'ils fussent descendus sur la grève déserte, Léon ne parla que de choses insignifiantes, là seulement il revint au sujet qu'il avait abordé dans le cimetière :

— Sais-tu que ton arrivée ici est vraiment providentielle pour moi ? dit-il ; elle va me permettre de ne pas rentrer à Paris.

— Tu veux ne pas revenir à Paris ?

— Chère Madeleine, je suis dans une situation horrible ; follement, par chagrin, je me suis jeté dans une liaison honteuse, et plus follement encore je me suis laissé entraîné à un mariage, qui, pour être nul légalement, n'en fera pas moins le désespoir de ma vie. Cette liaison, je veux la rompre, comme je ne veux jamais revoir celle qui m'a poussé à cette folie. Pour cela, j'ai pris le parti de quitter la France et de me cacher en Amérique. Seulement, il faut que tu saches que je suis sans ressources et que, pourvu d'un conseil judiciaire, je ne puis pas emprunter. Or, m'en aller en Amérique sans rien, c'est m'exposer à mourir de faim. Veux-tu m'aider à aller en Amérique et à y gagner ma vie en me prêtant l'argent nécessaire à cela ? Cela est étrange, n'est-ce pas, que moi, héritier de la maison Haupois-Daguillon, j'emprunte quelques milliers de francs à une pauvre fille comme toi ; enfin, c'est ainsi ; ta pauvreté te permet-elle de me prêter ; de me donner ce que je demande à ton amitié, à notre parenté ?

— Je le pourrais, mais je ne le veux pas, car je ne peux pas t'aider à partir.

— Il faut que je parte, cependant.

— Pourquoi partir si tu sens, si tu es sûr que cette rupture est irrévocable ?

— Parce que... — il hésita assez longtemps, — parce que, quand je me suis jeté dans cette liaison, ça été pour oublier une personne que... j'avais aimée, et que je croyais ne jamais revoir. Depuis que j'ai revu cette personne, j'ai reconnu que je l'aimais toujours, que je l'aimais plus que je ne l'avais aimée. Mais cette personne ne peut m'aimer ; et le pût-elle, je ne puis pas lui demander d'être ma femme, car elle n'a pas de fortune et mes parents ne consentiraient jamais à l'accueillir comme leur fille : tu comprends, n'est-ce pas, que je ne me marierais pas une seconde fois sans le consentement de mon père et de ma mère; et tu comprends aussi que dans ces conditions, je dois partir.

— Mais, si tu avais ce consentement, partirais-tu?

— Je ne pourrais pas l'avoir.

— Si je te disais que je l'aurai moi, que je l'ai... partirais-tu?

— Madeleine!...

— Si je te disais que ton père et ta mère m'ont demandé d'être ta femme... Partirais-tu? Si je te disais que tu te trompes en croyant que celle que tu aimes ne pourra pas t'aimer... partirais-tu?

IX

Ils allèrent jusqu'au sémaphore de Bernières, et tous deux, à côté l'un de l'autre, Madeleine lisant ce que Léon écrivait, Léon lisant ce qu'écrivait Madeleine, ils rédigèrent leurs dépêches :

« Cher oncle,

» Tuez le veau gras; invitez pour dîner demain M. Byasson, et faites mettre le couvert de Léon ainsi que celui de votre fille.

» MADELEINE. »

« Chère mère,

» Je te prie de vouloir bien faire préparer mon ancien appartement pour recevoir Madeleine; quant à moi, je demande à te remplacer rue Royale et à réparer le temps perdu.

» LÉON. »

Lorsque le lendemain soir ils arrivèrent rue de Rivoli, ils trouvèrent l'escalier plein d'arbustes fleuris, les portes de l'entrée de l'appartement de M. et de madame Haupois étaient grandes ouvertes, et dans le vestibule se tenait Jacques en habit noir, cravaté de blanc, ganté, prêt à annoncer les invités comme en un jour de grande fête.

Et quelle plus grande fête pouvait-il y avoir, pour ce père et cette mère si tristes la veille encore, que le retour de l'enfant prodigue à la maison paternelle!

Madeleine avait voulu prendre le bras de Léon, mais il ne s'était pas prêté à cet arrangement.

— Non, dit-il, prends-moi par la main, je tiens à ce qu'il soit bien marqué que c'est toi qui me ramènes.

Mais ni le père ni la mère n'étaient en état de faire cette remarque : dans leur élan de bonheur, ils ne virent que leur fils, Byasson seul l'observa :

— C'est bien cela, dit-il en baisant la main de Madeleine; sans vous il ne serait jamais revenu dans cette maison, et c'est à vous seule qu'est dû ce miracle.

La dépêche de Madeleine avait été exécutée à la lettre par madame Haupois-Daguillon : « Elle avait tué le veau gras, » et jamais dîner plus splendide et plus exquis en même temps n'avait été servi chez elle; ce fut ce que Byasson constata en accompagnant son compliment d'un regret :

— Il ne faut pas être trop heureux pour bien manger, dit-il, nous manquons de recueillement pour apprécier ce merveilleux dîner.

Madeleine et Léon croyaient passer la soirée dans une étroite intimité, mais à neuf heures Jacques, ouvrant la porte du salon, annonça M. Le Genest de la Crochardière, le notaire de la famille.

Que venait-il faire?

M. Haupois-Daguillon se chargea de répondre à cette question que Léon s'était posée : il le fit avec une dignité tempérée par l'émotion.

— Comme tu nous as fait part de ton désir de rentrer dans notre maison, dit-il, nous avons pensé, ta mère et moi, que ce ne pouvait pas être dans les mêmes conditions qu'autrefois; nous avons donc prié M. le Genest de dresser un projet d'acte de société dont il va te donner lecture et que nous réaliserons quand tu auras été relevé de ton conseil judiciaire. Notre Société est formée pour cinq années; elle te reconnaît une part de propriété égale à la nôtre; la raison sociale sera : Haupois-Daguillon et fils; et la direction de notre maison de Madrid sera, si tu le veux bien, confiée à Saffroy.

Ces derniers mots s'adressèrent à Madeleine autant qu'à Léon.

La lecture de cet acte et les commentaires dont l'accompagna M. Le Genest de la Crochardière, homme discret et prolixe, — presque aussi prolixe en ses discours qu'en son nom, — occupèrent tout le reste de la soirée.

Léon voulut conduire Madeleine jusqu'à la porte de son ancien appartement, puis avant de rentrer rue

Royale, il voulut aussi reconduire Byasson, car il avait à entretenir celui-ci d'une affaire délicate dont il ne pouvait parler ni devant Madeleine ni devant ses parents.

— Mon cher ami, dit-il, avez-vous assez confiance dans l'associé de la maison Haupois-Daguillon pour lui prêter trois cent mille francs?

— Je te préviens que si tu veux employer cet argent à payer le dédit de Madeleine, tu n'as pas besoin de t'endetter; il est convenu que ton père prend ce dédit à sa charge et qu'il traitera avec Sciazziga. Quant à l'engagement que Madeleine a signé à l'Opéra, il sera expiré avant que vous puissiez vous marier.

— Ce n'est point de Madeleine qu'il s'agit, c'est de Cara; elle a vendu son mobilier pour moi, et cette vente lui a fait subir une perte.

— On prétend, au contraire, qu'elle lui a donné un gros bénéfice.

— Ceci est affaire d'appréciation : de plus elle m'a prêté diverses sommes; j'estime que ces sommes et que l'indemnité que je lui dois valent trois cent mille francs. Voulez-vous les payer en mon nom, car je ne veux pas la revoir. Si vous me refusez, je serai obligé de m'adresser à mes parents, et cela me coûtera beaucoup; je ne voudrais pas mettre cette nouvelle dépense à leur charge, je voudrais, au contraire, l'acquitter avec mes premiers bénéfices.

— Eh bien ! je te les prêterai, mais à une condition qui est que je ne les verserai à Cara que le jour de ton mariage ; et dès demain j'irai régler cette affaire avec elle.

Le lendemain matin, en effet, Byasson se rendit rue Auber : il fut reçu avec empressement.

— Où est Léon? demanda-t-elle avec anxiété.
— Rassurez-vous, il n'est pas perdu ; il est chez ses parents dont il devient l'associé : cette association est consentie en vue de son prochain mariage avec sa cousine Madeleine qui se célébrera quand la nullité du vôtre aura été prononcée par la cour de Rome.

Cara ne broncha pas.

— Si je vous annonce ce mariage, continua Byasson, vous sentez que c'est parce que nous avons la certitude que vous ne pouvez pas l'empêcher : Léon aime sa cousine, et rien ne guérit mieux un ancien amour qu'un nouveau ; toute tentative de votre part serait donc inutile, vous savez cela mieux que moi. Cependant, comme vous pourriez avoir la fantaisie d'engager une lutte qui, pour n'être pas dangereuse, n'en serait pas moins agaçante, je vous offre trois cent mille francs que je prends l'engagement d'honneur de vous payer le jour de notre mariage, si d'ici là vous nous laissez en paix.

— Et combien m'offrez-vous pour que je ne soutienne pas la validité de mon mariage?

— Rien ; nous sommes sûrs d'obtenir la nullité que nous demandons, nous ne pouvons donc pas vous la payer : d'ailleurs trois cent mille francs c'est une belle somme et qui représente largement les sacrifices que vous avez pu faire en vue d'assurer votre mariage avec mon jeune ami.

Elle pâlit et ses lèvres se décolorèrent ; mais elle se raidit et, par un effort de volonté, elle parvint à amener un sourire sur ses lèvres frémissantes :

— Vous aviez voulu m'étrangler comme une bête

malfaisante, dit-elle, vous réalisez aujourd'hui votre désir.

— Convenez au moins que l'empreinte de mes doigts est adoucie par les chiffons de papier qui les enveloppent.

Cara, ainsi que l'avait dit Byasson, savait mieux que personne toute la force d'un nouvel amour; cependant elle voulut voir si elle ne pouvait pas reconquérir Léon en perdant Madeleine, ce qui était sa seule chance de succès; mais Sciazzlga, sur qui elle comptait, ne put pas l'aider; d'ailleurs, après un moment de dépit, il s'était résigné à toucher ses deux cent mille francs, et maintenant il n'attendait plus que ce moment pour aller vivre en Italie heureux et tranquille, n'ayant d'autre regret « *qué dé* voir *oune grande* artiste finir misérablement dans *oune mariaze bourzeois.* »

Battue de ce côté, Cara, qui ne voulait pas exposer ses trois cent mille francs, n'eut plus d'espérance que dans la validité de son mariage, car il était bien certain que si la famille Haupois-Daguillon croyait ne pas pouvoir obtenir de la cour de Rome la nullité de ce mariage, elle lui payerait cher son acquiescement à la demande en nullité: c'était une dernière carte à jouer, et il fallait la jouer sérieusement; malheureusement pour elle, elle perdit encore cette partie.

Malgré l'apparente confiance de Byasson, il n'était pas du tout prouvé que Rome prononçât jamais cette nullité.

M. et madame Haupois s'étaient adressés à un personnage influent, disait-on, et qui déjà avait fait prononcer la nullité d'un mariage conclu entre un banquier allemand et une Française; mais ce personnage, tout en se faisant donner de l'argent, n'avançait à rien, et répondait toujours que l'affaire était grave, qu'il fallait attendre, etc.

Impatientée d'attendre, madame Haupois entreprit le voyage de Rome, et, se jetant aux pieds du pape, elle lui expliqua avec l'éloquence d'une mère comment son fils avait été marié. Elle obtint alors qu'une enquête serait ouverte à l'archevêché de Paris, conformément à la bulle de Benoît XIV (*Dei miseratione*) et que le résultat en serait transmis à la sacrée congrégation du concile qui examinerait la validité de ce mariage.

Ce fut devant ce tribunal de l'officialité diocésaine que comparurent Léon et Cara, M. et madame Haupois, Byasson et tous ceux qui avaient eu connaissance des faits se rapportant à ce mariage ; malgré l'habileté de sa défense, Cara fut convaincue de n'avoir été en Amérique que pour éluder la loi canonique et d'avoir trompé l'abbé O'Connor. Comme il fallait innocenter celui-ci de la légèreté avec laquelle il avait célébré ce mariage, elle fut chargée de toute la responsabilité, et la nullité fut prononcée.

Aussitôt les publications légales furent faites à Noiseau et à Paris, et tout se prépara pour le mariage de Léon et de Madeleine.

Bien que Cara eût paru subir les conditions qui lui avaient été imposées par Byasson, celui n'était pas sans crainte pour le jour de la cérémonie. Comment l'empêcher d'entrer à l'église, et au pied de l'autel de se jeter entre Léon et Madeleine.

Elle était parfaitement capable de jouer cette scène mélodramatique, et le souvenir de son discours devant le tribunal lors du procès engagé à propos du testament du duc de Carami prouvait que dans certaines circonstances elle pouvait très-bien préférer la vengeance à l'intérêt.

La peur de ce scandale détermina Byasson à aller voir l'ami qu'il avait à la préfecture de police, de sorte que l'on remarqua pendant la cérémonie à l'église et à la mairie, plusieurs invités à l'air martial, paraissant assez mal à l'aise dans leurs gants et que personne ne connaissait.

Rien ne troubla cette double cérémonie, ni le dîner, ni le bal qui eut lieu sous une tente dressée dans la cour d'honneur du château de Noiseau.

De tous les amis de la famille, Byasson seul manqua à cette soirée ; il quitta Noiseau après le dîner, et à dix heures, il arrivait rue Auber, portant dans ses poches trois cent mille francs.

Cara l'attendait ; elle reçut les billets et les compta avec un calme parfait :

— Maintenant, dit-elle, nous avons une dernière affaire à traiter : combien m'achetez-vous les trente-trois lettres que voici : elles sont de Léon, très-tendres, quelquefois passionnées, d'autres fois légères, et si j'en envoie une chaque jour à madame Haupois jeune, je crois que celle-ci passera une assez vilaine lune de miel.

Byasson resta un moment embarrassé, puis il allongea la main vers le paquet de lettres :

— Vous permettez ? dit-il.

— Si vous voulez, je vais vous en lire deux ou trois.

— Non, merci, je ne tiens pas à entendre, il me suffit de voir.

Et il feuilleta les lettres qui étaient rangées dépliées les unes par-dessus les autres :

— Elles n'ont ni enveloppes ni adresses, dit-il après son examen, cela leur ôte pour nous une valeur qu'elles auraient, je l'avoue, si elles portaient votre nom et le timbre de la poste ; mais, telles quelles sont en cet état, elles ne signifient rien, car si vous les envoyez à madame Haupois jeune, celle-ci, qui a entendu parler de vous, croira que vous avez fait fabriquer ces lettres en imitant l'écriture de son mari. Désolé de ne pouvoir faire cette petite affaire ; mais j'espère que celle des trois cent mille francs vous suffira pour vivre dignement en veuve de Léon, comme vous en manifestiez le désir autrefois.

Les trois cent mille francs ne suffirent pas à cela cependant, car deux ans après, le lendemain du baptême de son second petit-fils, M. Haupois-Daguillon reçut la lettre suivante, qui lui apprit que Cara était dans une fâcheuse situation :

« Monsieur,

» Vous trouverez ci-inclus, un paquet de trente-trois lettres, ce sont celles que votre fils m'écrivit, et c'est tout ce qui me reste de lui.

» Je vous les remets ne voulant pas m'adresser à lui pour me secourir dans la position désespérée où je me trouve : je vais être expulsée de mon logement et mon pauvre mobilier va être vendu si jeudi je ne paye pas, ou si quelqu'un ne paye pas pour moi, une somme de quatre mille francs, entre les mains de l'huissier qui me poursuit : Bonnot, 1, rue Drouot.

» Veuillez agréer, monsieur, l'assurance des sentiments de respect d'une femme qui a eu l'honneur de porter votre nom et qui n'est plus, qui ne sera plus pour tous que

» CARA »

FIN

NOTICE SUR « CARA »

Dans la notice sur une *Belle-Mère*, j'ai dit combien facilement on était disposé à se reconnaître ou à reconnaître les autres, dans les personnages d'un roman : je peux le répéter en tête de celle-ci, car ce qui est arrivé pour madame Daliphare, s'est reproduit pour Cara et bien plus largement encore ; si les femmes d'affaires sont assez rares, les femmes de plaisir courent les rues.

Tant qu'avait duré la première partie de *Cara* qui paraissait en feuilleton dans le *Temps*, elle n'avait provoqué aucune réclamation, et comme elle se passe dans un monde propre, cela s'expliquait tout naturellement, les honnêtes gens ou les braves gens ne réclamant jamais, même quand on peut mettre les noms sur leurs portraits, comme cela eût été facile pour Maraval, Lozès et d'autres encore.

Mais la seconde partie était à peine commencée, et Cara ne faisait qu'entrer en scène, que les choses changèrent.

Un jour, un de mes amis m'aborda avec la mine des commissions délicates :

— Vous doutez-vous qu'on va vous envoyer des témoins ?

— Quels témoins ?

— Pour obtenir de vous une rectification ou une réparation.

— Et à propos de quoi ? ou à propos de qui ?

— A propos de Cara, parbleu, du portrait que vous faites d'elle, et de l'aventurier qui l'aurait ruinée : ils se sont reconnus.

— Qui s'est reconnu ?
— Elle et lui.
— Mais qui sont-ils ?

Deux noms furent prononcés que je ne connaissais même pas.

Ce fut ce que je répondis, et j'ajoutai :

— Si ceux qui se plaignent m'envoient des témoins, ce qui serait drôle, je ne les écouterai même pas, mais pour leur épargner cette démarche originale, dites-leur comment j'ai écrit ce roman. L'idée m'en est venue en suivant, comme spectateur, les démarches qu'une femme du genre Cara prodiguait pour tâcher d'arranger, au mieux de ses intérêts, les suites d'une rupture de mariage conclu comme celui que raconte le roman. En la voyant, et en assistant à ses manœuvres, il me sembla qu'il y avait là un roman tout bâti. Mais quand je le commençai j'eus tout de suite conscience que l'histoire, dont une partie s'était passée sous mes yeux, n'était pas aussi facile à exécuter que je l'avais imaginé tout d'abord. Les romans, en effet, se font avec l'imagination et l'observation : trop d'imagination et pas assez d'observation, ils sont en l'air ; trop d'observation et pas assez d'imagination, ils se traînent à terre ; pour écrire un roman parfait, il faudrait donc mêler dans de justes proportions ces deux facultés sans que l'une l'emporte sur l'autre. Or, dans le roman de Cara tel que je l'avais bâti d'après ce que je savais de la réalité, l'imagination ne tenait pas assez de place, en cela surtout que le caractère du personnage manquait de traits généraux : elle était Cara, elle n'était pas le représentant de l'espèce que je voulais qu'elle devînt : bons pour les personnages de second plan, les portraits sont insuffisants pour ceux de premier. Il fallait donc compléter celui-là et fondre en lui les traits de caractère qui composent la femme de l'espèce à laquelle elle appartenait, mais dont elle n'était pas un représentant assez typique pour être copié avec une rigoureuse fidélité. Voilà pourquoi la personne qui se plaint, se trompe : elle peut avoir des traits de l'espèce Cara, et même elle ne peut pas ne pas en avoir puisqu'elle appartient à cette espèce, mais elle n'est pas Cara, pas plus que ne le seront celles qui se reconnaîtront encore... s'il s'en trouve d'autres.

Il s'en trouva, et même plusieurs.

Parmi ces plaintes, une me toucha, et je veux la rapporter

ici, pour montrer combien doit être délicate la main du romancier, qui ne recherche pas les personnalités et la cruauté.

— Quant à moi, dit celle-là, je ne réclame pas, je ne me plains pas ; j'ai été cela, j'ai été pire ; je pourrais plaider les circonstances atténuantes qui montreraient qu'on a été plus dur pour moi, que je ne l'ai été pour les autres peut-être ; ce n'est pas la peine. Mais les enfants ! pourquoi avoir parlé des enfants ? pourquoi avoir raconté les visites à la rue Legendre ? Comment n'avoir pas pensé que les enfants pouvaient plus tard lire ce roman et se reconnaître ?

Et quand cela me fut dit, moi aussi je me demandai :
— Pourquoi avoir parlé des enfants ?

H. M.

www.ingramcontent.com/pod-product-compliance
Lightning Source LLC
Chambersburg PA
CBHW070923230426
43666CB00011B/2290